Heinrich Kramer / Walter von Lom: **Licht**

Licht

Bauen mit Licht

Dr.-Ing. Heinrich Kramer

Lichtplaner
Geschäftsführer der LICHTDESIGN GmbH in Köln

Dipl.-Ing. Walter von Lom

Architekt BDA
Leiter eines Architekturbüros in Köln

unter Mitarbeit von:

Dipl.-Ing. Andrea Trolle

Dipl.-Ing. Jörn-Hendrik Liebich

Die Deutsche Bibliothek – CIP-Einheitsaufnahme

Kramer, Heinrich:
Licht : Bauen mit Licht /
Heinrich Kramer ; Walter von Lom.
Unter Mitarb. von Andrea Trolle ; Jörn-Hendrik Liebich. –
Köln : Müller, 2002
ISBN 3-481-01691-3

© Verlagsgesellschaft Rudolf Müller GmbH & Co. KG, Köln 2002
Alle Rechte vorbehalten
Umschlaggestalltung: Kombo Design, Köln
Satz und Litho: Satzstudio Widdig GmbH, Köln
Druck: Media-Print Informationstechnologie GmbH, Paderborn
Printed in Germany

Das vorliegende Werk wurde auf umweltfreundlichem Papier
aus chlorfrei gebleichtem Zellstoff gedruckt.

ISBN 3-481-01691-3

Geleitwort

Kaum ein Vermögen hat die Menschheit in ihrer Entwicklung so beeinflusst, wie die Beherrschung des Lichts.

Was uns heute so selbstverständlich erscheint, fand in den Mythen nahezu aller Kulturen besonderen Ausdruck. Wer kennt nicht den Prometheus der griechischen Sage, der für seine Tat, den Menschen das Feuer der Erkenntnis gebracht zu haben, durch die Götter hart bestraft wurde. Licht zu machen und dort sehen zu können, wo in der Natur Dunkelheit herrscht, ist den Menschen wie eine göttliche Macht erschienen.

Wenig ist heute vom Spektakel dieser gottgleichen Fähigkeit spürbar, die sich über den Wechsel von Tag und Nacht erhebt. Im Zeitalter universell verfügbarer Energie wird unser Alltag von der Erfahrung bestimmt, dass Licht überall zu jeder Zeit von jedem benutzt werden kann. Licht ist im Wesentlichen zu einem praktischen Hilfsmittel geworden, über welches wir den Tag verlängern, Informationen vermitteln und die immateriellen Bild-Welten des Internets und Fernsehens zur Wirklichkeit erheben.

Doch weit über die technischen Qualitäten hinaus beeinflusst das Licht unsere Stimmungen und seelischen Zustände. Wir leben im Wechsel von Helligkeit und Dunkelheit, im Durchschreiten von Räumen, die durch Licht und Schatten geprägt sind. Die Geborgenheit und Uneinsichtigkeit des privaten Lebens bestimmt unser soziales Verhalten in gleichem Maße, wie die Transparenz des öffentlichen.

Vor diesem Hintergrund hat die Gestaltung von Architektur durch Licht immer eine herausragende Bedeutung besessen. Die mythischen Orte archaischer Kulturen legen davon ebenso Zeugnis ab, wie die gotischen Kathedralen nach Abt Suger, die Stahl-Glas-Konstruktionen des 19. Jahrhunderts und der Umbau des Reichstages in Berlin. Licht hebt hervor oder lässt unberücksichtigt, teilt mit oder verschweigt, schafft Raum für Wohlbefinden oder Unbehagen.

Es wird immer ein Privileg der Architektur bleiben, über die Gestaltung von Licht und Raum die Seele, das Gefühl und den Intellekt der Menschen in gleicher Weise und beeindruckender Tiefe ansprechen zu können. Das vorliegende Buch stellt in aller Ausführlichkeit das Phänomen Licht in der Architektur dar und zeichnet die vielfältigen Facetten kultureller, psychologischer und ästhetischer Dimensionen nach.

Dr. Johannes Busmann

Wuppertal, im Herbst 2001

Inhaltsverzeichnis

1	Geschichte des Umgangs mit Licht	12
1.1	Frühgeschichte der Menschheit	14
1.2	Erste Hochkultur in Ägypten	20
1.3	Griechen	26
1.4	Römer	28
1.5	Mittelalter, Romanik, Gotik	32
1.6	Renaissance und Barock	38
1.7	Klassizismus, industrielle Revolution, Moderne	46
1.8	Evolution, Erkenntnis, Wahrnehmung, Sprache, Schrift und Bilder	56
1.9	Entwicklung der Wahrnehmung von Raum, Zeit und Licht	71
2	Gestalten mit Licht	85
2.1	Aufgaben des Lichtplaners	88
2.2	Qualitative Gestaltungskriterien	89
2.2.1	Anforderungen der Nutzer ans Ambiente und ans Licht	98
2.2.1.1	Orientierung in Raum und Zeit	98
2.2.1.2	Privatheit und Kommunikation	116
2.2.1.3	Information und Aufklärung	118
2.2.1.4	Abwechslung und Überraschung	120
2.2.2	Raum- und Lichtqualitäten/Atmosphäre	122
2.2.2.1	Raumqualitäten	122
2.2.2.2	Lichtqualitäten	122
2.2.3	Ausstattung	134
2.3	Quantitative Gestaltungskriterien – Dimensionierung des Lichtes	146
3	Lichtanwendungen Gesellschaft, Architektur und Licht	148
3.1	Stadträume	152
	Lichtkonzept Lyon	154
	Hafengebiet, St. Nazaire	158
	Beweglicher Bogensteg, Duisburg	160
	Kaianlagen Kuip van Zuid, Rotterdam	162
3.2	Verkehr	164
	Jubilee Line, London	166
	Parkhaus, Heilbronn	170
	Waterloo Station, London	172
	U-Bahn-Station Westfriedhof, München	176
	Stadtbahnzugang Reinoldi-Kirchplatz, Dortmund	178

3.3	Wohnen		180
	Wohn- und Bürogebäude, Rathenow		182
	Apartmenthaus, Paris		184
	Wohnungen Rheingasse 14 – 16, Köln		186
	Wohnhaus mit Atelier, Almere		188
3.4	Arbeiten		190
	Reichstag, Berlin		192
	Laserfabrik und Logistikzentrum, Stuttgart		198
	Rodelschlittenfabrik, Böhen		200
	Rathaus, Murcia		202
	Werbeagentur, Gelsenkirchen		204
	Architekturbüro Rheingasse 14 – 16, Köln		206
	Rhenag-Betriebsgebäude, Siegburg		208
3.5	Bildung		210
	Musikgymnasium, Weimar		212
	Wirtschaftsfakultät, Magdeburg		216
	Kindertagesstätte, Berlin		218
	Europäisches Ausbildungszentrum der Wohnungsbauwirtschaft, Bochum		220
3.6	Kultur		224
	Guggenheim-Museum, Bilbao		226
	Beyeler Foundation, Basel		230
	Kreismuseum Burg Friedestrom, Zons		234
	Krematorium Baumschulenweg, Berlin		236
	Kulturhaus, San Sebastian		238
3.7	Freizeit		242
	Multiplex-Kino, Dresden		244
	Café Bravo, Berlin		248
	Thermalbad »Blaue Lagune«, Reykjavik		250
	Eishotel, Nordkalotten		252
3.8	Fürsorge		254
	Krankenhaus, Meißen		256
	Müritz-Klinik, Müritz		260
	Altenheim, Nofels-Feldkirch		262
3.9	Temporär		264
	»Fiber Wave« Lichtinstallation, Tokio		266
	Studentenpavillon »Crescendo«, Leipzig		268
	Audi Messestand, Frankfurt/Paris		270
3.10	Landschaft		274
	Landschaftskunst, Schweizer Alpen		276
	Landesgartenschau, Weil am Rhein		278
	Literaturverzeichnis		280
	Quellenverzeichnis		284

Einleitung

Bei Licht in der Architektur denkt man heute meist an farbig und hell illuminierte Gebäude in der Nacht, an Neonwerbung in Las Vegas, an Lyon als *cité lumière* oder an die Pyramiden von Gizeh, die Tempel von Abu Simbel und Carnac mit den »Son et lumière«-Inszenierungen. Man erinnert sich an die beeindruckende Bühnenlichtgestaltung einer neuen Theater- oder Popshow und das brillante Lichterlebnis einer festlichen Galaveranstaltung. Fernsehproduktionen und Hochglanzphotos in Architekturmagazinen erwecken den Eindruck, dass für die Menschen nur aufwendige und farbige Kunstlichtinszenierungen von Bedeutung sind.

Obwohl diese Entwicklung erst in den letzten fünf Jahrzehnten des 20. Jahrhunderts stattfand und die erste elektrische Lichtquelle, die Glühlampe, gerade einmal 100 Jahre alt ist. scheinen wir zu vergessen, dass das Leben der Menschen nur durch das Licht der Sonne möglich ist. Das natürliche Licht hat die Psyche und Physis der Menschen in den 5 Millionen Jahren ihrer Evolution so tief beeinflusst, dass selbst ein kurzzeitiger Mangel an Tageslicht zu ernstlichen Gesundheitsschäden führen kann. Das Licht der Sonne hat unsere Sicht der Welt geprägt und die Fähigkeiten, die als typisch menschlich angesehen werden, maßgeblich geformt. Es gibt zahlreiche wissenschaftliche Veröffentlichungen, die die gemeinsame Entwicklung von Licht und Bewusstsein untermauern.

In allen Kulturen wird Licht als Synonym für Leben verstanden, und in allen Religionen erfuhr die Sonne eine gottähnliche Verehrung. Alle großen Architekten haben ihre Gebäude im Licht der Sonne entworfen, und für die meisten bildeten Licht und Architektur eine enge Verbindung. Architektur soll die Innenräume von Gebäuden mit der Außenwelt verknüpfen und ihre Bewohner mit dem lebensnotwendigen Sonnenlicht versorgen. Sie soll Innenräume schaffen, die gute Lebens- und Arbeitsbedingungen bieten. Für die Gestaltung der öffentlichen Räume gilt das Gleiche. Man kann daher sagen:

Architektur ist Raum, Zeit und Licht

Die enge Verknüpfung von Raum, Zeit und Licht bildet die Grundlage unserer Wahrnehmung:

Wir **sehen** die Welt so, wie wir sie uns **vorstellen.**

Unsere heutige Beziehung zum Licht ist sehr stark durch die naturwissenschaftliche Denkweise bestimmt, die ihren Ursprung in der Renaissance hat. Diese Sichtweise vernachlässigt die emotionalen Wirkungen des Lichtes ebenso wie die architektonischen, ästhetischen und sinnlichen. Die Entwicklung der Lichttechnologien und die preiswerte Verfügbarkeit von elektrischer Energie hat das Kunstlicht in den Mittelpunkt des Interesses gestellt und die Bedeutung des Sonnenlichtes aus unserem Bewusstsein verdrängt. Wir sind heute zwar davon überzeugt, dass wir, um uns in unserer Umwelt sicher zu bewegen, unbedingt das richtige Licht benötigen, jedoch keineswegs davon, dass Licht unseren Körper und Geist maßgeblich geformt hat und wir für unser physisches und psychisches Wohlbefinden täglich eine so hohe Dosis von Sonnenlicht benötigen, wie wir es mit Kunstlicht wirtschaftlich nicht erreichen können. Diese »moderne« Vorstellung ist auf die Quantität und die vordergründigen Effekte des Kunstlichtes gerichtet. In der Architektur hat Transparenz heute eher die Aufgabe, ein Gebäude in der Nacht gut nach außen wirken zu lassen, als die Nutzer des Gebäudes am Tage und in der Nacht über die Außenwelt, das Wetter und die Tages- und Jahreszeit zu informieren.

Der erste Teil dieses Buches soll die Bedeutung des natürlichen Lichtes in der Entwicklung der Menschen, ihrer Kultur, Kunst, Architektur, Sprache und Schrift wieder bewusst machen. Der zweite Teil zeigt denen, die mit Licht umgehen, dass die Bewertungs- und Gestaltungskriterien für Licht weniger durch lichttechnische als durch architektonische, gestaltungsbestimmte und ästhetische Maßstäbe gegeben sind. Der letzte Teil stellt exzellente Lichtanwendung dar und erläutert die Gestaltungsintension der Planer.

Dieses Werk streift die technischen Aspekte des Lichtes nur kurz. Hierzu wird auf spezielle lichttechnische Literatur verwiesen.

1.1.1
Malereien aus einer Wohnhöhle bei Lascaux, 15.000 vor Christus

1 Geschichte des Umgangs mit Licht

An das Licht stellen wir heute Anforderungen, die ausschließlich das künstliche, nicht jedoch das natürliche Licht erfüllen kann. Wir machen uns wenig Gedanken darüber, wie unsere Vorstellungen von Licht entstanden sind und welche Umstände sie geformt haben, sondern nehmen sie als gottgegeben hin. Nach heutigen Erkenntnissen ist es wahrscheinlich, dass sich unsere »Sicht« der Welt in einem etwa 6 Millionen Jahre dauernden evolutionären Prozess gebildet und dabei das Licht der Sonne eine ganz entscheidende Rolle gespielt hat. Schließlich nahmen unsere Vorfahren vor 5 Millionen Jahren, genauso wie wir heute, die sie umgebende Welt im stetigen Rhythmus des wiederkehrenden Sonnenlichtes wahr. Dieses Licht setzte das für alle Lebewesen gültige Zeitmaß, und durch die farbige und kontrastierende Anleuchtung wurde »Raum« erfahrbar. So hat unser »Weltbild« die vom Sonnenlicht vorgegebenen zeitlichen und räumlichen Dimensionen erhalten. So wie die Menschen die Welt sahen, fühlten und dachten sie. Diesen Vorstellungen haben sie in Religion, Kultur, Architektur und Technik Ausdruck verliehen. Somit hat der Mensch nicht das Licht geformt, sondern das Licht den Menschen und dies nicht unmittelbar, sondern indirekt über die Raum- und Zeitvorstellungen. Die Menschen werden bis heute in ihrer Persönlichkeit und ihrem Weltbild durch die Lebensumstände, in die sie hinein geboren werden, und durch das Licht, so wie es ihre Welt »erhellt«, geformt.

Da wir unsere Vorfahren nicht mehr fragen können, wie sie dachten und fühlten und welche Vorstellungen von Raum, Zeit und Licht sie hatten, müssen wir die Kulturleistungen, die von ihnen erhalten geblieben sind, analysieren und deuten. In den letzten Jahrzehnten hat dies zu grundlegend neuen Erkenntnissen geführt, so dass wir inzwischen ein sehr viel genaueres Bild von der Evolution des Homo sapiens haben. In den folgenden Kapiteln werden diese Erkenntnisse in verkürzter Form dargestellt, und dabei besonders berücksichtigt, was uns Aufschluss über die Raum-, Zeit- und Lichtvorstellungen unserer Vorfahren gibt. In der Baukunst werden diese Vorstellungen besonders deutlich, auch wenn sie, wie vorher schon angedeutet, nur aus den Bauwerken interpretiert werden können. Sehr viel schwieriger lassen sich Erkenntnisse aus den Anfängen der Menschheit erlangen.

1.1.2
Die Vorfahren des Homo sapiens

1.1 Frühgeschichte der Menschheit

Vor etwa 5 bis 6 Millionen Jahren begann das Klima auf der Erde erheblich kälter und trockener zu werden. Dadurch wurde der Urwald in Ostafrika auf Kosten einer sich ausweitenden Savanne zurückgedrängt.

Dies zwang affenähnliche Lebewesen erstmals dazu, ihren angestammten Lebensraum, den Urwald, zeitweilig zu verlassen und die Nahrungsressourcen der offenen Savanne zu nutzen. Diese Lebewesen hatten durch ihr an die Baumkronen des Urwaldes angepasstes Leben hoch entwickelte Greifhände und -füße, und ihre Motorik und Sensorik war für diesen Lebensraum hervorragend geeignet. Bei der Nahrungssuche auf dem Waldboden mussten sie öfter auf zwei Beinen stehen oder gehen. Daher stellte es für sie keine große Umstellung dar, in der offenen Savanne hauptsächlich den aufrechten Gang zu praktizieren. Er bot hier erhebliche Vorteile und gab die Hände für andere Aufgaben frei. [1]

Die offene Savanne wurde nach und nach zum Hauptlebensraum unserer Vorfahren, und sie mussten sich diesem und dem damit verbundenen Nahrungsangebot auf Dauer anpassen. So wurde das Sammeln von Früchten der Bäume, Sträucher und Gräser sowie das Ausgraben von Wurzeln und Knollen eine wichtige Tätigkeit. Das Jagen von Wild (anfangs wahrscheinlich hauptsächlich das Suchen von Aas) war die zweite große Aufgabe. Mit dem Fleisch nahmen diese Lebewesen Proteine zu sich und damit die notwendige Energie für die Entwicklung ihres Gehirns.

Während ein Teil unserer Vorfahren für das Zerkleinern der harten Früchte der Savanne (die Körner der Gräser) ein sehr kräftiges Gebiss entwickelte, hat ein anderer durch Einsatz des Feuers und mit Hilfe von Steinwerkzeugen die Nutzung des Nahrungsangebotes verbessert. Wir wissen heute, dass schon vor ca. 2 Millionen Jahren die »freien Hände« erste primitive Steinwerkzeuge und Waffen fertigten und seit ca. 1 Million Jahren das Feuer beherrschten. [1]

Während also der eine Teil der frühen Menschen zur Erschließung der Nährstoffe gewaltige Kauwerkzeuge benötigte, entwickelte der andere ein größeres Gehirn, mit dem er geeignete Strategien und Hilfsmittel zum Finden und zum Zubereiten der Nahrung entwickeln konnte.

Offensichtlich war dieser Teil der Menschen mit seinen Entwicklungen so erfolgreich, dass unsere Vorfahren vor ca. 1,5 Millionen Jahren erstmals Ostafrika verlassen konnten und sich von dort über ganz Afrika, Asien und später auch Europa ausbreiteten. Mit Hilfe des Feuers konnten sie jetzt auch in anderen Klimazonen leben, die deutlich kälter waren als die ostafrikanische Heimat. [2] (Europa wurde wegen des Einflusses der Eiszeiten nach bisherigen Erkenntnissen erst vor ca. 800.000 Jahren erstmalig besiedelt.)

Man nimmt heute an, dass die damaligen Menschen zwar einfache Werkzeuge und Waffen benutzten und das Feuer für die Nahrungszubereitung verwendeten, jedoch diese Fähigkeiten noch nicht systematisch einsetzten. Die Sozialstrukturen waren noch nicht so gestaltet, dass man von einer Arbeitsteilung sprechen konnte, die ein vorausschauendes Planen vorausgesetzt hätte. Man geht davon aus, dass die geistigen Fähigkeiten dieser Menschen etwa dem eines heutigen zwei- bis dreijährigen Kindes entsprachen. [3]

Trotzdem konnten sich diese Vorfahren aus ihrer direkten Umweltabhängigkeit lösen. Diese zunehmende Unabhängigkeit vom Lebensraum war offensichtlich der Beginn und Erfolg der Gattung des Homo sapiens. Er hatte Fähigkeiten erworben, die ihm ein flexibleres Reagieren auf Veränderungen seiner Umwelt ermöglichten.

Durch die Verknüpfung der Vorgänge und Ereignisse in der Natur mit den Lebensumständen der eigenen Umgebung entdeckte der Mensch Kausalzusammenhänge, die es ihm ermöglichten, durch eigenes Handeln Einfluss auf seine Lebensumstände zu nehmen. Es entwickelte sich sozusagen ein neues Verständnis für Raum und Zeit. Die daraus folgenden geistigen und körperlichen Anpassungen verstärkten diese Möglichkeiten weiter, und es entstand eine sich selbst verstärkende Entwicklung. Das zunehmende Erkennen dieser Zusammenhänge ließ das Gehirn wachsen. Dies war die Voraussetzung für die bessere Koordination der Hände und auch der Sprachmuskeln. Die Auswirkungen auf die Entwicklung der Werkzeuge, Waffen und der Sprache zeigt die weitere Entwicklung der Menschen.

ALTSTEINZEIT

PRÄ-OLDOWAN
2,6–2 MIO
HACKGERÄTE
ABSCHLÄGE

AUSTRALOPITHECUS
H. RUDOLFENSIS

Erste Steingeräte in Äthiopien; Verwertung von Kadavern

2,5–1,8 MIO JAHRE

OLDOWAN
2–1 MIO
GERÖLLGERÄTE
ABSCHLÄGE

H. RUDOLFENSIS
H. HABILIS

Transport von Werkzeugrohstoffen; Steinabschläge, als Schneidegeräte verwendet, um Kadaver zu entfleischen; Zertrümmerung von Markknochen

2,1–1,5 MIO

PLIOZÄN

2,0 MIO JAHRE

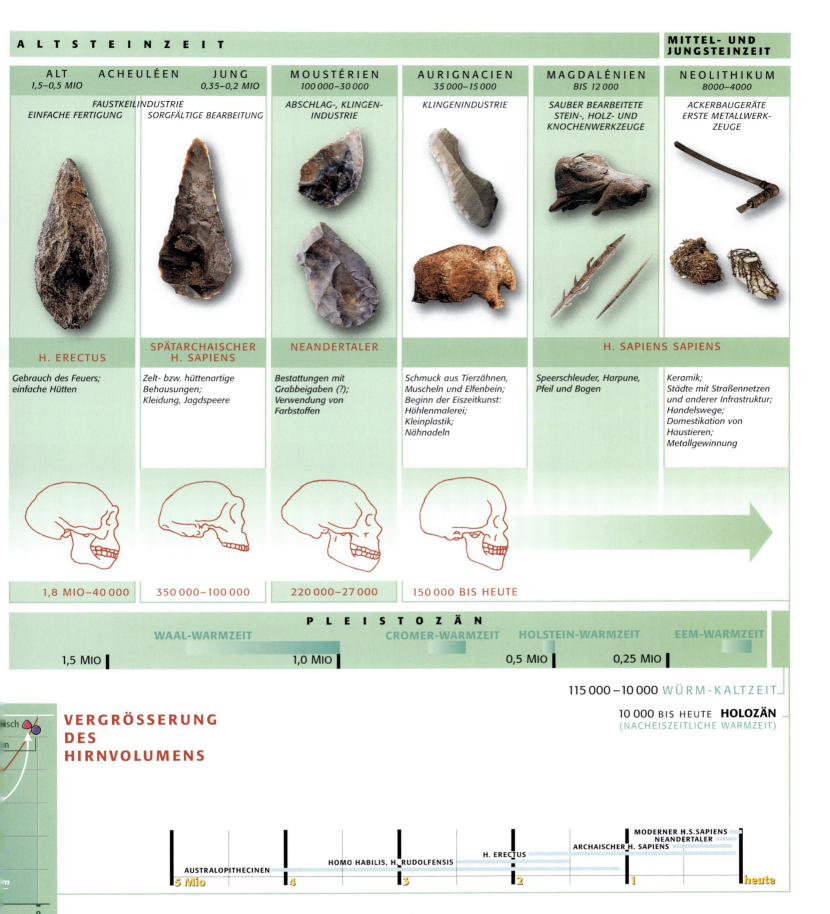

1.1.3
Die evolutionäre Entwicklung der handwerklichen und geistigen Fähigkeiten

Die Fähigkeiten, sich Hilfsmittel für die Nahrungssuche und -zubereitung nutzbar zu machen, wurden immer weiter entwickelt, und es wurden geeignete Sozialstrukturen erprobt. Waffen und Werkzeuge wurden immer raffinierter und wirkungsvoller.

Schmuck, Textilien und Keramik entstanden sowie ritueller (Toten)-Kult, Kunst und Höhlenmalerei. Die jagenden und sammelnden Menschengruppen fanden allmählich eine Arbeitsteilung. Während eine Gruppe dem jagdbaren Wild folgte, zog die andere umher und sammelte Früchte und Wurzeln, die dritte ließ sich an einem günstigen Ort nieder, bereitete Nahrung zu und stellte Werkzeuge und Waffen her. Während die beiden ersten Gruppen oft tagelang unterwegs waren, konnte sich die letztere Gruppe der Aufzucht und Erziehung der Nachkommen widmen.

Für ein so organisiertes Zusammenleben war die Kommunikation zwischen den Gruppenmitgliedern äußerst wichtig. Man geht daher davon aus, dass sich im Laufe dieser gesellschaftlichen Entwicklung eine differenzierte Sprache gebildet hat, die dann für die Weiterentwicklung der Menschen und ihrer Fähigkeiten von ganz besonderem Wert war. Auf der einen Seite war bei der Jagd und beim Sammeln eine präzise und schnelle Abstimmung der Mitglieder untereinander möglich, während andererseits einmal entwickelte Fähigkeiten und Fertigkeiten an die nächste Generation weitergegeben werden konnten.

Offensichtlich beruht das Beherrschen einer differenzierten Sprache bzw. das abstrakte Denken auf den gleichen mentalen Fähigkeiten, die auch zum systematischen und vorausplanenden Gebrauch der Hände benötigt werden. Das heißt, die für den Gebrauch der Hände entwickelten Gehirnstrukturen ermöglichten unseren Vorfahren erst das abstrakte Denken und das Beherrschen einer differenzierten Sprache. [4]

Hier wird deutlich, welche Bedeutung das Feuer und die Sprache für die Entwicklung der Menschheit gehabt hat. Das Feuer bot die Möglichkeit, neue Nahrungsquellen zu erschließen, und gleichzeitig lieferte es Wärme und Licht, zum Teil auch in den damaligen »Innenräumen«, den Höhlen. Es ist daher nicht verwunderlich, dass es in allen Kulturen eine Prometheus-Sage gibt.

Somit bildete das Feuer den Mittelpunkt der damaligen Jäger- und Sammlergesellschaft. Das Feuer war der Ort, um Informationen zwischen den Gruppenmitgliedern in einer differenzierten Sprache auszutauschen und Pläne für den nächsten Tag und die Zukunft zu schmieden. Daher war das »Lagerfeuer« auch der Ort für den Kulturtransfer zur nächsten Generation. Hier begann die gemeinsame Entwicklung von Licht und Bewusstsein. [5]

Diese Bedeutung hat das Feuer für die Menschen bis zum Beginn der industriellen Revolution behalten. Schon in der Frühgeschichte zeigte sich, dass die Menschen durch ihre evolutionäre Entwicklung extrem abhängig von Brennmaterial, d. h. Wärmeenergie, geworden waren. Diese Abhängigkeit hat sich in der Bronze- und Eisenzeit weiter verstärkt.

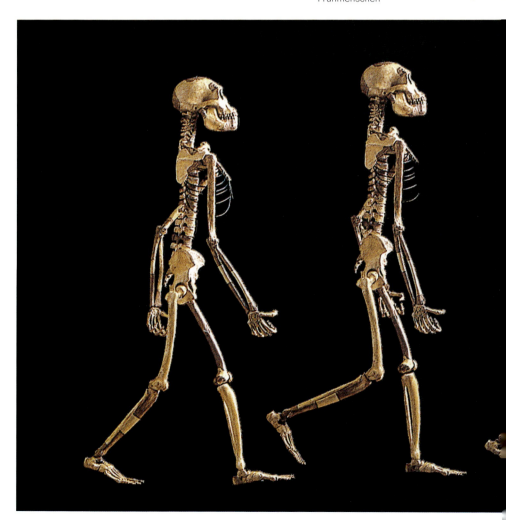

1.1.4
Fußspuren, deren eingedrückter Fersenteil den aufrechten Gang vermuten lässt; Rekonstruktion des aufrechten Ganges eines Frühmenschen

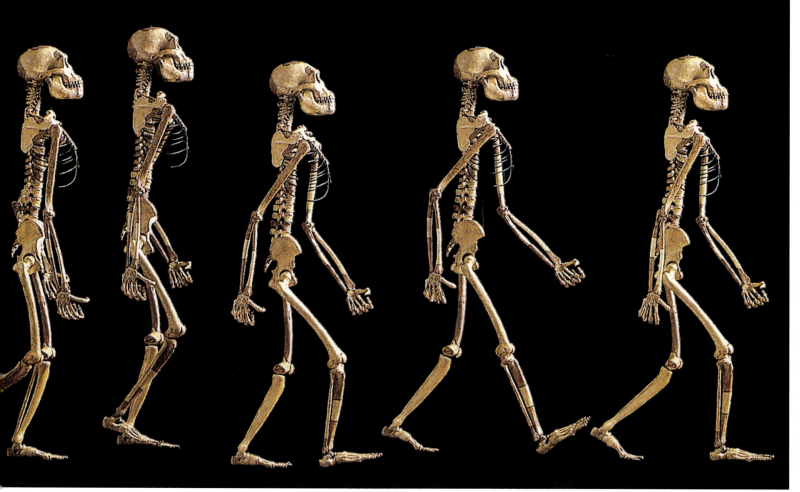

Vor ca. 150.000 Jahren hatte die Entwicklung der Menschen einen Stand erreicht, der sich von den heute lebenden Menschen nicht mehr wesentlich unterschied. Das Gehirn hatte die gleiche Größe erreicht und die Menschen konnten damit assoziativ, abstrakt und vorausschauend denken. Mit Hilfe der Sprache konnten sie sich über komplexe Zusammenhänge präzise und schnell verständigen. Die Sonne, der Mond und die Sterne wurden als Gottheiten verehrt. Dies fand Ausdruck in Höhlenzeichnungen, Kult- und Grabstätten sowie in Tänzen und Gesängen.

Die neuen Kenntnisse und Fähigkeiten waren so erfolgreich, dass in Afrika eine Überbevölkerung entstand und die Menschen hier zum zweiten Mal aufbrachen, um die gesamte Welt zu besiedeln. [2, 3]

Wegen des kalten Klimas dauerte die Ausbreitung nach Europa wiederum länger. Als der hoch entwickelte »moderne« Mensch (Homo sapiens) sich schließlich bis Europa ausgebreitet hatte, hat er den dort lebenden Neandertaler verdrängt, der sich an die eiszeitlichen Verhältnisse Europas über viele Generationen angepasst hatte.

Während sich in Ägypten, im Zweistromland sowie rund um das Mittelmeer schon vor ca. 12.000 Jahren die ersten Menschen auf Dauer niederließen, waren in Europa gerade die Anfänge der Megalithkulturen zu sehen.

Inzwischen hatten die Menschen so viel Kenntnisse über den Gang der Gestirne und deren Einfluss auf ihre Umwelt erworben, dass sie dieses Wissen in Religion und Architektur ausdrückten. Die Alignements von Carnac, die Anlagen in Newgrange und Stonehenge sowie die Pyramiden in Gizeh waren Ausdruck ihrer Kenntnisse in der Astronomie und ihrer Verehrung der Gottheiten, denen sie anscheinend die Verbesserung ihrer Lebensumstände zu verdanken hatten. Mit den gleichen Bauwerken, die sie zur Verehrung ihrer Götter errichteten, empfahlen sie ihre Toten der Obhut dieser Gottheiten. Gleichzeitig waren diese Bauten Uhren, Kalender und Observatorien für die Vertiefung der astronomischen Kenntnisse.

Wie Religion, Licht und Architektur zusammen hängen, zeigt sich in einem Grabhügel bei Newgrange in Irland. Hier fällt am Tag der Wintersonnenwende durch einen Schacht ein Lichtstrahl ins Innere des Grabhügels auf eine an der Rückwand aufgestellte, kunstvoll verzierte Steinplatte. [8]

Ähnliche Bezüge kann man aus einem Steinkreis im Kultbezirk in Stonehenge/Südengland deuten. Stonehenge gilt als letztes Bauwerk der Megalith-Zeit und war besonders für die Beobachtung der Gestirne eingerichtet. [9]

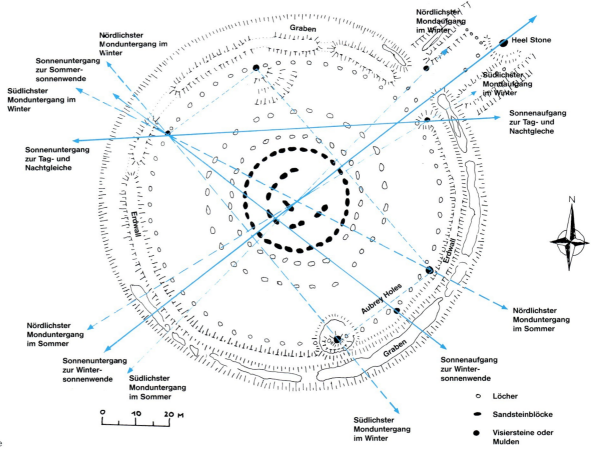

1.1.5
Grundrissanordnung der Steinmonumente von Stonehenge

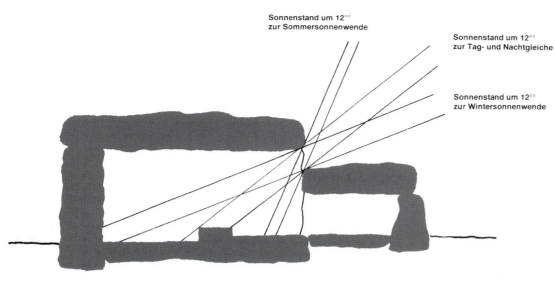

Sonnenstand um 12°° zur Sommersonnenwende
Sonnenstand um 12°° zur Tag- und Nachtgleiche
Sonnenstand um 12°° zur Wintersonnenwende

1.1.6
Sonneneinstrahlung im Grab von Newgrange

1.1.7
Ansicht aus der Tiefe des Grabes zum Eingang und zur Lichtöffnung

1.1.8
Ansicht der Anordnung der Steine von Stonehenge

1.2 Erste Hochkultur in Ägypten

Ähnlich wie die Monumente der Megalithkulturen sind die Pyramiden und Tempel der ägyptischen Pharaonen sehr subtil nach der Sonne und den Sternen ausgerichtet.

Vor mehr als 5.000 Jahren entwickelte sich aus einer größeren Anzahl unterschiedlicher Stämme von Bauern und Viehzüchtern in Ägypten der erste politisch und religiös geeinte sowie zentral gesteuerte Staatsapparat der Welt. Mit seinen bekannten und vermutlich größten Kulturleistungen, den Pyramiden von Gizeh, die ca. 2.600 vor Christus gebaut wurden, gibt er bis heute Rätsel auf. Die drei Pyramiden von Gizeh sind mit ihren Grundrissen exakt nach Nord–Süd bzw. Ost–West ausgerichtet. Die Neigung der Pyramidenflächen beträgt exakt 51,7°. Für die Wahl dieses Winkels gibt es unterschiedliche Erklärungen, die jedoch alle nicht sehr überzeugend sind. [6, 7]

Die bisherigen Erklärungen beziehen sich auf den Gang der Sonne, die den Ägyptern als Gott Re heilig war. Da, wie im Folgenden gezeigt wird, alle wesentlichen Details auf die Sternbilder ausgerichtet sind, ist für die Neigung der Pyramiden hier vielleicht auch eine Deutung zu finden.

In je zwei Seitenflächen der Cheopspyramide münden Gänge, die wie Tuben von Fernrohren exakt auf den Himmelspol bzw. auf die Sternbilder Stier und Orion gerichtet sind (siehe Bild 1.2.3). Für die Ägypter repräsentierten diese Sternbilder Isis und Osiris. Dies deutet auf die Nutzung der Pyramiden nicht nur als Grabstätten, sondern auch als Observatorien hin. Die Grundrissanordnung der Cheops-, Chefren- und der Mykerinos-Pyramide bildet zusammen mit zwei weiteren Pyramiden nördlich und südlich von Gizeh exakt das Sternbild des Orion nach. Wenn man den Verlauf des Nils mit der Anordnung der Pyramiden vergleicht, erhält man exakt die Konfiguration des Sternbildes Orion und der Milchstraße, wie sie sich 10.500 Jahre vor Christus den Ägyptern darbot. Auch die Sphinx wurde auf die Sterne ausgerichtet, sie schaute damals auf das Sternbild des Löwen (siehe auch Seiten 22/23). Durch die Präzession, die Verschiebung der Erdachse, im Rhythmus von 26.000 Jahren befindet sich das Sternbild des Löwen heute an einer anderen Stelle des Himmels. Es befand sich aber auch schon zur Zeit Cheops an einer anderen Stelle. Es gibt z. Z. die Vorstellung, dass der Rumpf der Sphinx etwa vor 10.500 Jahren errichtet wurde und sich an der Stelle des Pharaokopfes ein Löwenkopf befand. Cheops hat diesen wahrscheinlich entfernen und sein Abbild darauf errichten lassen. [6]

1.2.1
Sonnenaufgang bei den Pyramiden in Gizeh

Die Erbauer der Sphinx waren wahrscheinlich die Vorfahren der Pharaonen, über die wir jedoch bis heute keine detaillierten Kenntnisse haben. Es muss jedoch solche Vorkulturen gegeben haben, weil die herausragenden Kulturleistungen der Ägypter nicht plötzlich, ca. 3.000 Jahre vor Christus, in dieser Vollendung entstanden sein können.

Neben diesen besonderen Leistungen beim Bau von Pyramiden und Tempeln (siehe auch Seiten 24/25) war dafür auch ein großer Verwaltungsapparat notwendig. So haben z.B. an der Cheopspyramide ca. 25.000 Arbeiter und Handwerker drei Jahrzehnte lang gearbeitet. Die Versorgung, Entlohnung, Einweisung und Kontrolle so vieler Menschen erforderte einen großen Priester-, Handwerker- und Beamtenapparat, der geleitet und zusammengehalten werden musste.

Dazu war eine hoch entwickelte Schrift notwendig, weil viele Informationen nicht mehr nur mündlich weitergegeben werden konnten. Man weiß, dass die Pharaonen damals schon mit China und Indien Handel trieben. Die Händler waren oft Jahre unterwegs und mussten ihre Bestellungen daher in schriftlicher Form mitnehmen. Die Hieroglyphenschrift hatte schon die drei möglichen Bedeutungen: die bildliche, die phonetische und die übertragene (abstrakte). Es fehlte zu den Schriften der meisten Sprachen nur noch eine Entwicklung, nämlich die der Silbenschrift. Diese wurde im Zweistromland von den Sumerern vollzogen und dann von den Griechen vervollkommnet. Damit hatten die Kulturleistungen der Ägypter einen Stand erreicht, der für die weitere Entwicklung der abendländischen Kultur bestimmend und vorbildlich war.

Die Pyramiden zählten in der klassischen Antike zu den sieben Weltwundern. Die Hethiter, Kreter, Phönizier und Etrusker haben diese Kulturleistungen der Ägypter (aber auch die des Zweistromlandes) gekannt und zum Teil übernommen. An verschiedenen Orten rund um das Mittelmeer haben sie dann durch ihre eigene Kultur das Abendland maßgeblich beeinflusst.

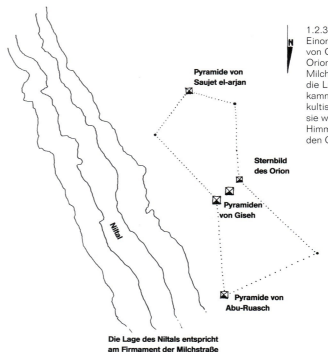

1.2.3
Einordnung der Pyramiden von Gizeh in das Sternbild des Orion, das Niltal ist hierbei die Milchstraße;
die Lüftungsschächte der Grabkammern dienten vermutlich rein kultischen Bräuchen;
sie waren im Norden auf den Himmelspol und im Osten auf den Orion ausgerichtet.

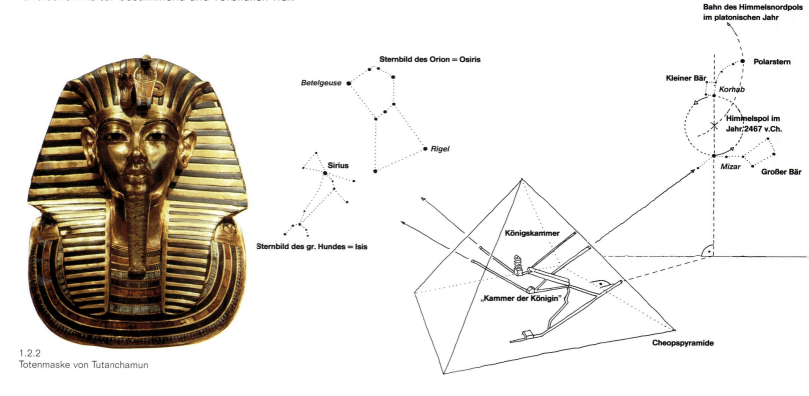

1.2.2
Totenmaske von Tutanchamun

1.2.4
Luftaufnahme der Pyramiden von Gizeh

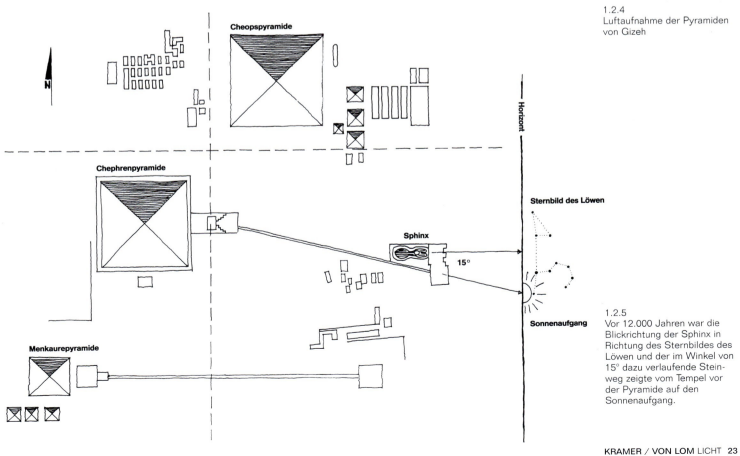

1.2.5
Vor 12.000 Jahren war die Blickrichtung der Sphinx in Richtung des Sternbildes des Löwen und der im Winkel von 15° dazu verlaufende Steinweg zeigte vom Tempel vor der Pyramide auf den Sonnenaufgang.

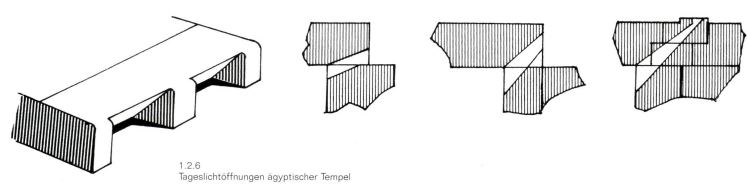

1.2.6
Tageslichtöffnungen ägyptischer Tempel

1.2.7
Großrelief am Ramses-Tempel von Karnak

1.2.8
Tutanchamun-Relief, 1346 bis
1337 vor Christus

1.2.9
Relief Ramses II., 1290 bis
1224 vor Christus

1.3 Griechen

Mit der kulturellen und politischen Entwicklung Mykenes im 16. Jahrhundert vor Christus begann die schnell wachsende Vormacht der Griechen im Mittelmeerraum. Sie bildete die wirtschaftliche Grundlage für eine vielfältige und bis in die heutige Zeit reichende Kultur. Gelehrte wie Herodot hinterließen uns Schriften, die als Grundstein der Geschichtsschreibung gelten. Erkenntnisse von Archimedes und Pythagoras sind die Grundlagen der mathematischen Wissenschaften. Aristoteles, der Lehrer von Alexander dem Großen, Sokrates und Platon schufen mit ihren Lehren die Anfänge heutiger Philosophie. Die Griechen haben sozusagen ihren Gedanken freien Lauf gelassen und ausgelotet, wie weit die Welt durch Denken erfasst werden kann. Sie waren die ersten »Theoretiker« der Menschheitsgeschichte.

Die Gebäude der Griechen waren sehr offen. Ihre Architektur gestaltete sich zum Außenraum hin sehr transparent. Die Umgebung wurde in die Tempelbauten hineingezogen, so dass der Bau eine Verbindung mit der Landschaft einging. Diese Tempel haben anstelle geschlossener Wände Säulengänge, die in einer einmaligen Art und Weise das Zusammenspiel von offen und geschlossen demonstrieren. Nur die Cella, das Allerheiligste, war rundherum geschlossen. Tageslicht gelangte nur zu bestimmten Zeiten dort hinein, um das Götterstandbild zu erhellen. Die dämmrige Cella bildete so den harten Gegensatz zu den umgebenden Säulengängen.

Öffentliche Plätze wie die Agora (Stadtplatz), eingerahmt von Kolonnaden, ließen die Besucher an der umgebenden Stadt oder Landschaft teilhaben. Die Agora war das politische und kulturelle Zentrum der Stadt, denn in dem milden Klima Griechenlands fand öffentliches Leben unter freiem Himmel statt. Das Volk lebte auf der Straße. [10]

Die Innenräume der Wohnhäuser und der öffentlichen Gebäude konnten nur spärlich mit dem künstlichen Licht von Fackeln und Öllampen beleuchtet werden, deshalb war nur eine sehr unzureichende Verlängerung des Tages in die Nacht möglich.

Die griechische Architektur zeigt erstmalig, dass Räume über ihre Transparenz die Formen des öffentlichen und privaten Lebens in einer Gesellschaft widerspiegeln. Während bei den Ägyptern der Pharao uneingeschränkter religiöser und weltlicher Herrscher war und dadurch für die Menschen die Einheit von Glaube, Denken und Handeln bestand, nahmen bei den Griechen alle angesehenen Bürger Einfluss auf die Politik (Demokratie). In der griechischen Mythologie gab es nicht einen, sondern zahlreiche Götter, deren Wohlwollen sich die Menschen durch Opfergaben und Verehrung sichern mussten. Die Vielzahl der Meinungen und Vorstellungen führte zur Freiheit des Denkens, die die Griechen in Sprache, Schrift und Kunst ausdrückten.

Es gab zwei grundsätzlich verschiedene philosophische Richtungen über die Zusammenhänge zwischen Natur und Denken. Während die Pythagoräer die Zahlen und die Mathematik an sich als das Wesen und die Harmonie der Natur ansahen, war für die Schule des Aristoteles Mathematik nur eine

Möglichkeit, die Natur zu beschreiben. Bis zur Zeit Galileis herrschte die philosophische Auffassung von Aristoteles vor, mit Galilei wendete sich die Vorstellung zu Gunsten der Pythagoräer. Pythagoras, Euklid und Archimedes blieben mit ihrer Sicht der Natur und Mathematik die großen Vorbilder bis ins 20. Jahrhundert.

Die weitere Geschichte des Abendlandes zeichnet sich zunehmend durch diese unterschiedliche Entwicklung in Natur- und Geisteswissenschaften aus.

1.3.1
Parthenon auf der Akropolis in Athen, 447 bis 422 vor Christus

1.3.2
Hermes-Statue aus der Mitte des 5. Jahrhunderts vor Christus

1.3.3
Homer, 8. Jahrhundert vor Christus

1.3.4
Grundriss eines griechischen Tempels der klassischen Zeit

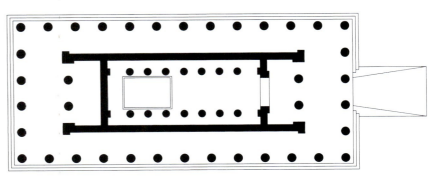

1.4 Römer

Etwa um die Mitte des ersten Jahrtausends vor Christus begann die Stadt Rom ihren Einfluss über den gesamten Mittelmeerraum auszudehnen. Ihre Kultur wurde von den Etruskern und ganz besonders von den griechischen Kolonien in Italien beeinflusst. Während die Griechen in den Wissenschaften und »schönen« Künsten Besonderes geleistet haben, waren die Kulturleistungen der Römer realitätsnäher, erdgebundener und technischer.

Die aufstrebende Weltmacht Rom schuf zunächst zur Sicherung ihrer Macht einen funktionierenden Staatsapparat. Zur Verwaltung des Imperiums wurde ein funktionierendes Militär-, Finanz-, Rechts- und Wirtschaftswesen in den eroberten Gebieten aufgebaut und durch ein riesiges System von Straßen miteinander verbunden. Dafür waren besondere Ingenieurleistungen im Straßen-, Viadukt- und Aquäduktbau nötig. Die Entwicklung von geeigneten Handels- und Kriegsschiffen wurde vertieft.

Roms geistiges und architektonisches Schaffen kann nur unter dem Gesichtspunkt der Machterhaltung des Imperiums richtig gewürdigt werden. Das Gleiche gilt für die Entstehung vieler Bauwerke der Profanarchitektur.

Ihre gigantischen Bauvorhaben verdanken die Römer in erster Linie der Erfindung des *opus caementitium*, einem Gemisch aus Steinen, Mörtel und Pozzuolanerde. [10] Damit konnten erstmalig Bausteine miteinander »verklebt« werden, während bei den Ägyptern und Griechen die Standfestigkeit einer Mauer von der Bearbeitungsqualität der Auflageflächen ihrer Marmorblöcke abhing. Das neue Material, das die Fugen zwischen den Bausteinen füllte und diese miteinander verband, ermöglichte Bögen und Kuppeln größerer Spannweite, was sich besonders vorteilhaft beim Brückenbau auswirkte. Bauwerke wie die *cloaca maxima* oder das Pantheon mit seiner riesigen Kuppel sind z. B. eine Folge dieses Zusammenspiels. Ohne das neuartige Bindemittel wäre eine solche Konstruktion in dieser vorhandenen Präzision und Haltbarkeit nicht möglich gewesen. [11]

Besonders die Profanarchitektur der Römer partizipierte von der neuen Technik. Thermen mit hohen Kuppeldecken, die Villa Hadrian in Tivoli mit hohen Bögen und Nischen in den Wänden ermöglichten neue architektonische Raumformen.

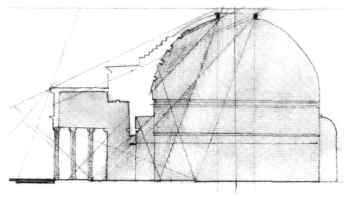

1.4.1
Schnitt durch das Pantheon mit Einfallswinkeln der Sonnenstrahlen

1.4.2
Pantheon: der Sonnenfleck über dem Eingangsbereich

1.4.3
Pantheon: der Lichtsee, der sich am längsten Tag im Jahr in der Mitte des Raumes abzeichnet

Die Wohnhäuser der Römer waren so gestaltet, dass Privatsphäre und Öffentlichkeit, die *res publica,* deutlich voneinander getrennt waren. Alle Räume öffneten sich zu einem Innenhof (Atrium), der Verteiler, Mittelpunkt und Herzstück des Hauses oder der Villa war.

Auch das Pantheon, unter Hadrian 118 bis 128 nach Christus umgebaut, offenbarte das neue Raum- und Lichtverständnis der Römer gegenüber den Griechen. Durch sein 8 m großes *occulum* in der Kuppel wird dieser Tempel einerseits mit Tageslicht versorgt, andererseits werden die römischen Götter ebenso wie die der unterworfenen Völker des Imperiums der kosmischen Ordnung, d.h. dem Gang der Sonne, unterstellt.

Zur Tag- und Nachtgleiche lenkt die Kuppelöffnung die Sonne in den Eingangsbereich. Der Besucher betritt den zentralen Raum über diesen Lichtteppich. Solange das gerichtete Licht der Sonne die Öffnung auf den Boden oder die Wände des zentralen Raumes projiziert, wird die Aufmerksamkeit der Menschen so stark fokussiert, dass der nicht beleuchtete Teil des Raumes dunkel erscheint. Erst diffuses Himmelslicht lässt die enormen Ausmaße des Raumes und der Kuppel erkennen. Die neue Bautechnik und die freie Öffnung im Zenit der Kuppel ermöglichten ein solch überwältigendes Raumerlebnis, das durch die starke Introvertiertheit weiter überhöht wird (siehe auch Seiten 28/29).

Das Pantheon, das den Göttern Mars, Venus und dem zur Gottheit erhobenen Cäsar gewidmet worden war, zeigt, wie die Römer mit ihrer Architektur, den gebauten Räumen, die Verbindung zu den Göttern herstellten.

Ähnlich wie bei den Griechen war auch bei den Römern die Technik der Talg- und Öllampen hoch entwickelt, doch war damit nur eine begrenzte Verlängerung des Tages in die Nacht möglich.

Die Römer haben die Freiheit des Denkers, mehr als die Griechen, zum Machterhalt als zur Verehrung ihrer Götter eingesetzt.

1.4.4
Modell der Stadt Rom aus der Zeit zwischen 307 und 337 vor Christus

1.4.5
Colosseum, 72 nach Christus

1.4.6
Pont du Gare in Nîmes, ein römisches Aquädukt aus der Zeit um 30 nach Christus

1.4.7
Das Loch in der Kuppel des Pantheons

1.4.8
Pantheon: der wandernde Lichtfleck im oberen Bereich der Kuppel

1.4.9
Das Innere der Hagia Sophia in Konstantinopel 360 nach Christus vollendet und 532 umgebaut

1.5 Mittelalter, Romanik, Gotik

Mit der Verlagerung des Machtzentrums von Rom nach Byzanz im 4. Jahrhundert nach Christus verlangsamte sich in Italien und Mitteleuropa die Kulturentwicklung. Der Einfluss Roms im Mittelmeerraum nahm gegenüber dem von Byzanz ab. Erst Kaiser Konstantin, der Byzanz seinen Namen gab und in Konstantinopel umwandelte, brachte mit seiner Duldung des christlichen Glaubens eine neue Dimension in die Kulturentwicklung Europas. Damit begann sich in Ost- und West-Rom eine andere Weltsicht zu entwickeln.

Die Vielgötterei, jene von den Griechen und Römern übernommene Religionsform, wurde mit der Duldung des Christentums und der sich daraus entwickelnden neuen Staatsreligion 312 nach Christus von Konstantin aufgehoben. Der Papst als Vertreter Christi auf Erden beanspruchte im weiteren Verlauf weltliche und religiöse Macht für die Kirche und stritt um seine Anerkennung und Akzeptanz mit Königen und Kaisern. Mit der Anerkennung seiner Rolle stellte für die Christen in den nächsten Jahrhunderten den wichtigsten Bezugspunkt dar. Der große Einfluss der Kirche begann erst in der Renaissance zu weichen.

Alles Wissen über die Zusammenhänge von Gott und der Welt lag damals bei Priestern und Mönchen. Sie konnten schreiben und lesen, daher stand ihnen das Wissen der Antike offen. Deshalb war das »Weltbild« der Kirche bis zur Gotik durch die Griechen und besonders durch Aristoteles geprägt (Scholastik).

Die Völkerwanderung und der sich ausbreitende christliche Glaube führten zu einer Vermischung der Kulturen Nord- und Mitteleuropas mit denen des Mittelmeerraumes. Nördlich und südlich der Alpen setzten Gläubige in ihrer Sakralarchitektur die Traditionen römischer Vorbilder fort. Ihre Grundrisse ähnelten sehr dem Pantheon in Rom, wie Ravenna, Aachen und Goslar beweisen. Die Kirchen waren ähnlich introvertiert wie die römischen Tempel; man begegnete Gott in Ehrfurcht und in einem Dämmerlicht. [12] Die Fassaden waren nach außen stark geschlossenen und mit wenigen, schießschartenartigen Fenstern versehen. Es fiel nur sehr wenig Tageslicht in die Gotteshäuser. Die Gläubigen mussten zum Altar der Kirche kommen, die Kirche kam nicht in die Häuser der Menschen. Gott war eine fiktive, allgegenwärtige, nicht fassbare Größe.

Auch der bauliche Bezug zur kosmischen Ordnung wurde weiter gepflegt, wie die Architektur des Castel del Monte [13] (siehe auch Seiten 32/33) und der Hagia Sophia zeigen.

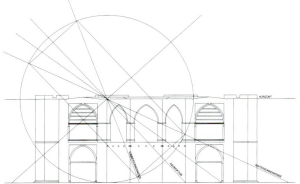

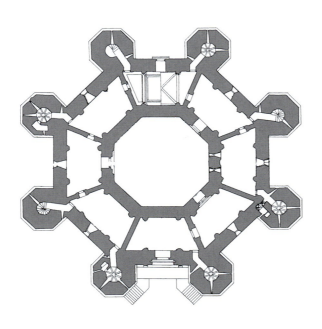

1.5.1
Ein typisch romanischer Innenraum – hier die Stiftskirche St. Marien + Nicolaus in Jerichow, Mittelschiff ab 1144, auffällig die durch große Fenster erleuchtete Apsis

1.5.2
Schnittschema des Castel del Monte in Apulien

1.5.3
Castel del Monte, gebaut im 13. Jahrhundert

1.5.4
Stiftskirche St. Servatius in Quedlinburg, 1070 bis 1129

1.5.5
Grundriss des Castel del Monte

1.5.6
Der Mensch als Maßstab, eingeschrieben in das Portal von Castel del Monte

KRAMER / VON LOM LICHT 33

Während die griechischen Tempel mit ihren nach außen offenen Kolonnaden eher extrovertiert waren, wirkten die Kirchen der Romanik stark introvertiert und ähnlich geschlossen wie die Cella.

In dem unwirtlichen Klima Mittel- und Nordeuropas hatten geschlossene Außenwände mit kleinen Fenstern den Vorteil eines Klimaausgleiches zwischen innen und außen. Bei den Profanbauten mussten Fenster- und Gebäudeöffnungen gerade so groß sein, dass der Rauch des wärmenden Feuers abziehen konnte.

Die Architektur des römischen Atriumhauses bot zu wenig Schutz vor den Klimabedingungen Germaniens. Hier wurde erstmalig die besondere Bedeutung von Fenstern für Licht und Klima der Innenräume eines Hauses deutlich. Einerseits schützten kleine Fenster vor dem Einfluss des Außenklimas, andererseits schirmten sie die Bewohner des Hauses vom Sonnenlicht und der Außenwelt ab.

Durch Verbesserung in der Agrarwirtschaft kam es um die Jahrtausendwende zu einem starken Bevölkerungsanstieg in Europa. Handwerk, Handel und Geldwesen brachten vielen Menschen Wohlstand. Damit entwickelte sich in den Städten ein neuer Mittelstand, der auch gesellschaftlich Einfluss gewinnen wollte, ein Anspruch, der im Laufe der Zeit zu erheblichen Konflikten mit dem Adel und der Kirche führte. Diese Mittelschicht aus Handwerkern und Kaufleuten bildete in den Städten den neuen Dienstleistungssektor, der weitere Menschen in die Städte zog. Der Ausspruch »Stadtluft macht frei« ist ein Zeuge dieser Zeit, in der freie selbstbestimmte Städte anfingen, das Land zu prägen. Der neue Reichtum und Machtanspruch machte das erstarkende Bürgertum in seinem Kampf um gesellschaftliche Anerkennung zu einem wichtigen Geldgeber der Kirche. Steuern, Pacht und Absolution waren deren Druckmittel in einer Zeit, in der Machtverlust durch Inquisition gestoppt werden sollte. Die Kathedralen waren Gotteshäuser und Schulen zugleich. Die Gotik, die in den Kathedralen von St. Denis und Chartres ihre Vorbilder fand, breitete sich über Mittel- und Nordeuropa aus.

Im 12. Jahrhundert hatte sich mit der Gotik eine neue Sakralarchitektur herausgebildet. Statische Prinzipien und bautechnische Veränderungen machten große, nach oben strebende Fenster möglich, die zu einer viel stärkeren Aufhellung des kirchlichen Innenraumes führten. Sie signalisierten aber auch, dass sich die Kirche den Bürgern stärker geöffnet hatte.

Mit der Architektur der gotischen Kathedralen (siehe auch Seiten 36/37) wird allgemein eine besondere Lichtmystik verbunden. Ich nehme an, dass das Ziel der gotischen Architektur weniger das Schaffen von besonderem Licht war, als viel mehr das erwähnte Öffnen der Kirche zu den Gläubigen und Bürgern. Ein Gebäude öffnet sich, indem es einen höheren Fensteranteil und damit eine größere Transparenz erhält. Eine Institution wie die Kirche öffnet sich, indem sie ihre Philosophie den Bürgern in verständlicher Form (Bildergeschichten der Glasfenster) erzählt. Erst als Folge dieser Intensionen entsteht das »gotische Licht«.

Die Bildergeschichten der gotischen Kirchenfenster sollten die Gläubigen, die weder schreiben noch lesen konnten, über die Bibel informieren; denn die Menschen waren auch nicht des Lateinischen mächtig, in dem die Priester die biblische Geschichte vom Altar verkündeten.

Epidemien wie Cholera oder die verheerende Pest von 1347 bis 1351, der ein Drittel der Bevölkerung Europas zum Opfer fiel, ließen Zweifel an der kirchlichen Allmacht aufkommen.

1.5.7
Eine Gutenbergbibel, 1455; mit ihr begann die Vereinheitlichung der deutschen Schriftsprache

1.5.8
Blick in die Apsis der Kirche Groß St. Martin in Köln von 1211; der Kronleuchter in der Vierung von J. Schürmann, 1985

Es ist verständlich, dass in Zeiten eines solchen grundlegenden Umbruchs die damals Herrschenden versuchten, ihre Macht mit allen Mitteln zu erhalten, sei es durch Aufrufe zu Kinderkreuzzügen oder durch Inquisitionsprozesse.

Leonardo da Vinci, Tycho de Brahe und Kopernikus schufen mit ihren Untersuchungen und Erkenntnissen gegen Ende der Gotik die Voraussetzungen für das neue Denken der Renaissance.

1.5.9 (Seite 36)
Sainte-Chapelle, ehemalige Schlosskapelle, 1264 in Paris geweiht

1.5.10 (Seite 37)
Kathedrale von Lincoln, 1256 bis 1280, der so genannte Engelschor

1.6 Renaissance und Barock

Mit dem sich etablierenden Bürgertum in den Städten nahm auch dessen Bedürfnis nach Bildung zu. Universitäten, an denen zunächst nur Geistliche unterrichteten, wurden gegründet. Man erinnerte sich an das klassische Bildungsideal der Griechen, und der Humanismus wurde Grundlage bürgerlichen Denken und Handelns. Die bildenden Künste hielten Einzug in das bürgerliche Leben.

In diese Zeiten des geistigen und technischen Umbruchs wurden bis heute geachtete Gelehrte hinein geboren, z.B. Filippo Brunelleschi, geboren 1377, der mit der Erfindung der Zentralperspektive den Malern seiner Zeit einen unschätzbaren Dienst erwies. Diese Darstellungsart wurde nun als die »objektive« und »wahre« Sicht der Welt angesehen, die erste konstruierte scheinbare Wirklichkeit. 1452 wurde Leonardo da Vinci geboren, der sich als Universalgelehrter, Künstler und Forscher, als Maler, Architekt und Kriegsmaschinenkonstrukteur bei seinen Arbeitgebern anpries. [14]

Das 15. Jahrhundert war das Jahrhundert neuer Erkenntnisse in der Astronomie. Kepler und Kopernikus stellten durch ihre Untersuchungen das bis dahin gültige geozentrische Weltbild des Ptolemäos in Frage und plädierten für das heliozentrische. Ein neuer Geist beflügelte die Gelehrten. Die Kirche sah ihren Einfluss schwinden, da der Glaube an ihre Sicht der Welt nachließ. Mit der Inquisition versuchte die Kirche, die neuen Denkrichtungen zu beeinflussen.

Als Gutenberg 1445 die erste Bibel in Bleisatz druckte, wurde der Grundstein für eine weitreichendere und schnellere Verbreitung des Wissens gelegt. Die Kirche versuchte diesem durch Indizierung unerwünschter Bücher und Inquisitionsprozesse entgegenzuwirken. Wenn Gelehrte in Ungnade fielen, wechselten sie in eine andere Stadt, wo sie sich Denk- und Glaubensfreiheit erhofften und ihre Lehre an Universitäten verbreiten durften.

Das Handwerk und die Feinmechanik machten einen gewaltigen Schritt in der Entwicklung. Winkelmessgeräte, wie der Sextant und das Nürnberger Ei als erste Taschenuhr wurden gefertigt. Optische Geräte, wie Brillen, Fernrohre (siehe Bild 1.6.7) und Mikroskope, erweiterten das Blickfeld der Menschen. [15, 16]

1492 entdeckte Christoph Kolumbus bei der Suche neuer Handelswege nach Indien Amerika. Mit der Entdeckung Amerikas wurde erstmalig die Sicht der Erde erweitert und gleichzeitig rückten die Kontinente näher zusammen.

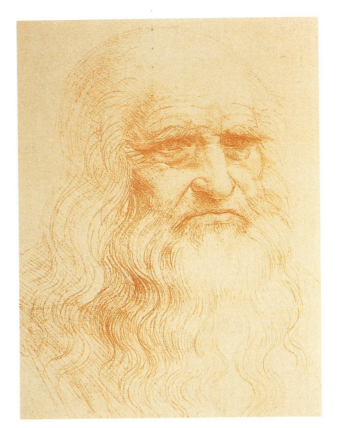

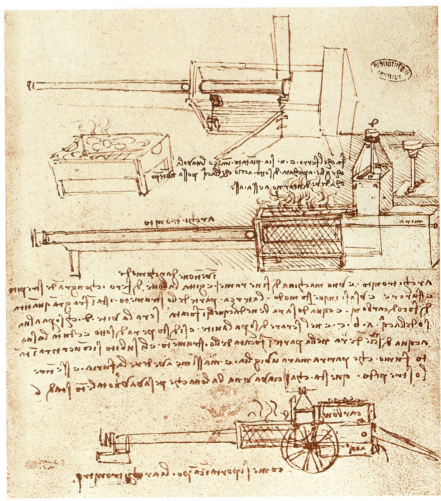

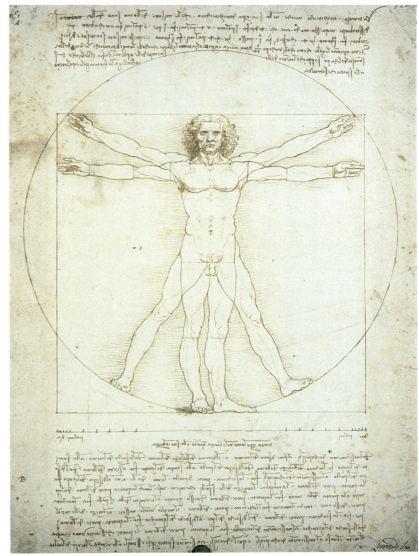

1.6.1
Selbstbildnis des Leonardo da Vinci

1.6.2
Prinzipzeichnung einer Dampfkanone von Leonardo da Vinci, um 1490

1.6.3
Proportionsschema der menschlichen Gestalt nach Vitruv von Leonardo da Vinci, 1490

1.6.4
Prinzip einer Luftschraube von 1452 von Leonardo da Vinci

1.6.5
Konstruktion einer perspektivischen Darstellung von Albrecht Dürer, 1525

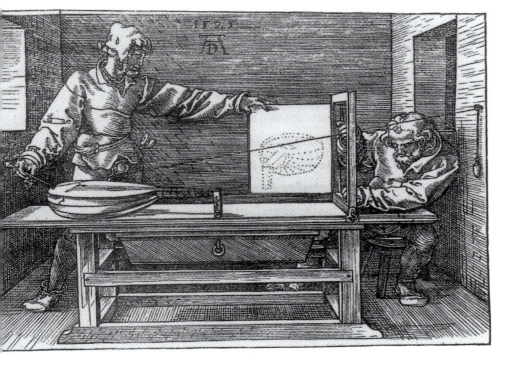

Mit dem Thesenanschlag Luthers im Jahre 1517 in Wittenberg begann die Reformation, und die Allmacht des Papstes, als alleiniger Vertreter Christi auf Erden, wurde weiter geschmälert.

Die Architektur der Renaissance lehnt sich in ihrem formalen Ausdruck an die Antike an. Die Außenfassaden der Bauten stellten eine perfekte Inszenierung des zeitgenössischen Wissens dar. Während die Gotik eine von innen nach außen gerichtete Architektur war, bildeten in der Renaissance die symmetrischen Fassaden eine perfekte Kulisse für eine extrovertierte Architektur.

Stein, besonders Marmor, wurde in einem reinen, weißen Farbton gewählt, ohne dass man sich darüber Gedanken machte, welche Farbigkeit die Römer ihrer Architektur gegeben haben.

Das neue Wissen über die kosmischen Zusammenhänge floss in Repräsentationsbauten ein. So baute Pius II. in seiner Heimatstadt Pienza nicht nur die Idealstadt der Renaissance, sondern überlieferte uns mit ihr auch das Wissen seiner Zeit über die Zusammenhänge von Sonnenstand und Schattenwurf. [10]

Während in der Renaissance klare Formen und flächige Muster vorherrschten, entdeckte man im Barock das reiche Ornament und die ausdrucksvolle Form wieder (siehe auch Seiten 42 bis 45).

Räume wurden prächtig geschmückt, verspannte und klare Reliefs lockerten sich und wurden plastischer. Während Michelangelo im Dom St. Peter karge Räume kolossaler Ausmaße verwirklichte, bekamen Mitte des 17. Jahrhunderts die Räume durch Dekorationen eine andere Wirkung. Anstelle des Hell-Dunkel-Reliefs trat im Barock die dramatische, flächige Schattenwirkung. Licht und Schatten gewannen die Herrschaft über den Raum. Die Kirchenkuppeln wurden als Himmelsgewölbe ausgebildet, in die das Licht sehr differenziert geführt wurde.

1.6.6
Buchdeckel des Buches »Il Saggiatore«, 1623 in Rom erschienen

1.6.7
Galilei überzeugt den Dogen, welche Vorteile Fernrohre für das Militär haben

1.6.8
Inquisitionsprozess gegen Galileo Galilei

1.6.9
Galileis Darstellung des heliozentrischen Weltbildes

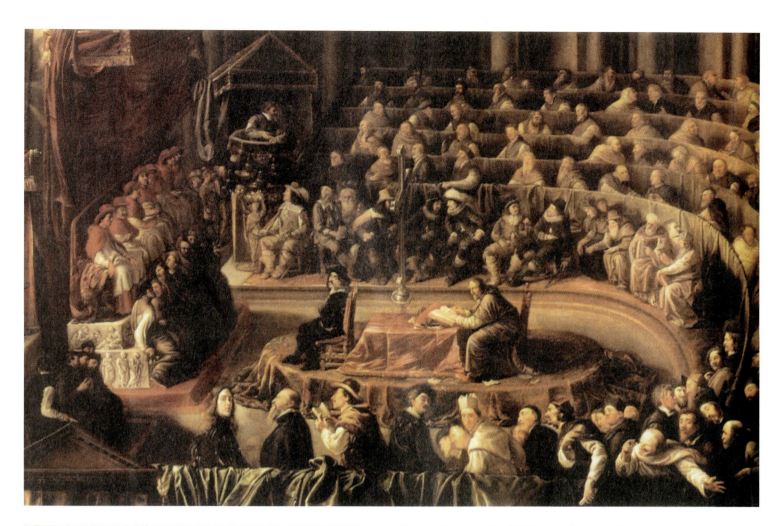

Im Barock begann das Licht, den Raum zu interpretieren. Es betonte die Materialstruktur der Oberflächen und belebte somit den Gesamteindruck der jeweiligen Räume. Das Barock war auch das Zeitalter, in dem die künstliche Beleuchtung erstmalig und nachhaltig in Erscheinung trat. Kerzenleuchter an Wänden und Kandelaber begannen die Innenräume durch ihr Licht zu gestalten und zu erhellen. Der barocke Kronleuchter, der durch seine zahlreichen Reflexionen und Brechungen das schwache Licht der Kerzen zu vervielfachen schien, steht noch heute für das festliche Licht.

Der Wandel in den Vorstellungen der Menschen, veranlasst durch Reformation und Gegenreformation, die Auswirkungen der Glaubenskriege, die Entdeckung neuer Länder und Naturgesetze führten zu großer Schaffensfreude in Architektur, Musik, Malerei, Philosophie und in den Naturwissenschaften.

1.6.10
Campo di San Giacomo in Venedig, 12. bis 14. Jahrhundert

1.6.11
Architekturperspektive aus der Zeit um 1480

1.6.12
Innenraum des Domes San Marco in Venedig, 8. bis 14. Jahrhundert

1.6.13
Blick in die Kuppel von San Marco

1.6.14 (Seite 44)
Die barocke Pracht der San Nicola da Tolentino vom Anfang des 16. Jahrhunderts in Venedig

1.6.15 (Seite 45)
Das Innere der Kuppel von Santa Maria Assunta dei Gesuiti aus dem Anfang des 18. Jahrhunderts

1.7 Klassizismus, industrielle Revolution, Moderne

Nach den geschwungenen Formen und reichen Ornamenten des Barocks, die noch eine graziöse Steigerung im Rokoko fanden, kamen in der Architektur wieder Formen vor, die der klassischen Antike oder der Renaissance entlehnt waren. Rechteckige Gebäudegrundrisse, klare Lochfassaden und sparsames Ornament ließen eine Rückbesinnung auf die Antike erkennen. Die Herrscher fühlten sich unabhängig von der Macht der Kirche. Deshalb legten sie ihre Einkünfte hauptsächlich in Profanbauten wie Schlösser, Villen und Akademien an. Mit Beginn der industriellen Revolution um 1740 begann die Zeit der bürgerlichen Architektur.

In England wurden die ersten Manufakturen errichtet. Arbeitsprozesse wurden rationalisiert, indem man sie in wiederholbare Vorgänge zerlegte. Die anfänglichen Antriebsmittel wie Wasser- und Windkraft wurden durch Dampfkraft ersetzt. Einfache Arbeitsvorgänge konnten durch Maschinen automatisiert werden. Mit zunehmender Industrialisierung begann ein grundlegender Wandel in der Gesellschaft.

Ein großer Teil der handwerklichen Produktion wurde mechanisiert. Dadurch konnten Produkte mit filigraneren, komplexeren und auch größeren Dimensionen hergestellt werden. Die Steinkohle ersetzte das Holz und die Holzkohle als Energiequelle beim Verhütten von Eisen und anderen Metallen. Das Gießen von Eisen ermöglichte größere Maschinen und Produkte. Die Dampfmaschine wurde zum wichtigsten Erzeuger mechanischer Energie und ermöglichte dadurch die industrielle Revolution. Stephenson baute 1814 die erste dampfbetriebene Eisenbahn. Die Bahnhöfe waren jetzt die Zentren der Städte, nicht mehr die Kirchen.

Die Dampfmaschine eignete sich auch hervorragend zum Antrieb von Schiffen. So wurde ab 1841 die erste deutsche Transatlantiklinie zwischen Bremen und New York regelmäßig mit Dampfschiffen befahren. Da Amerika leichter zu erreichen war als jemals zuvor, kam es zu großen Auswanderungswellen. Besonders den Armen und Missliebigen wurde die Flucht aus dem eigenen Lande ermöglicht. So wanderten viele Iren und Schotten nach Amerika aus, als eine Kartoffelkäferplage in ihren Ländern zu verheerenden Hungersnöten führte.

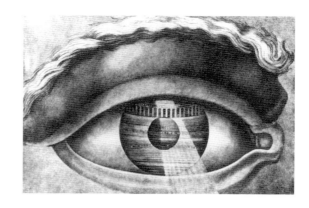

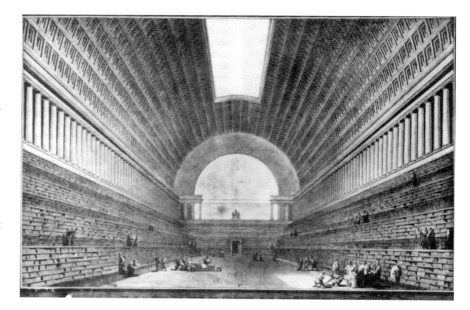

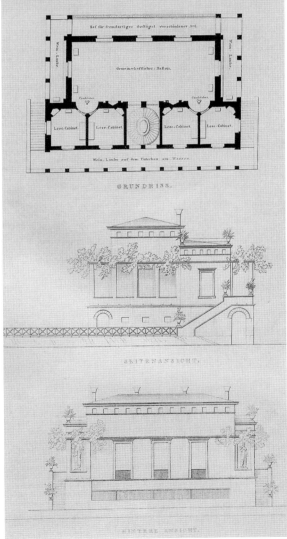

1.7.1
Auge, in dem sich der Saal des Theaters von Besançon spiegelt, Nicolas Ledoux 1775 bis 1784

1.7.2
Étienne-Louis Boullée: Lesesaal als Erweiterung der Bibliothèque Nationale, um 1785

1.7.3
Ein monumentaler Friedhof von Étienne-Louis Boullée, um 1887

1.7.4
Karl Friedrich Schinkels Entwurf eines Lusthauses in der Nähe von Potsdam

Bei der Verkokung der Kohle entstand Leuchtgas, das durch Leitungen als Wärme- und Lichtspender in die Haushalte geführt werden konnte. Die öffentliche Beleuchtung der Städte wurde auf Gas umgestellt, weil dadurch das sehr aufwendige Nachfüllen von Öl in die Laternen entfiel. 1830 führte London und 1840 Wien die öffentliche Gasbeleuchtung ein. Herdfeuer und Kerzenschein waren nicht länger der familiäre Mittelpunkt.

Die erwähnte industrielle Produktion erforderte hohe Investitionen in Grundstücke, Gebäude und Maschinen. Der Erlös aus den verkauften Produkten musste diese amortisieren. Um mit den handwerklich hergestellten Produkten konkurrieren zu können, mussten die industriell hergestellten entweder besser oder billiger sein.

Da sich die industrielle Produktion nur für große Serien lohnte, musste entsprechender Bedarf geweckt werden. Niedrige Preise heizten den Konsum an und garantierten wirtschaftliche Produktserien. Dies führte besonders zu Beginn der industriellen Revolution zur Ausbeutung der Arbeiter, langen Arbeitszeiten und geringen Löhnen. Das Fachwissen vieler Handwerker war nicht für die Arbeit an Maschinen geeignet. So wurden sie arbeitslos, und es entstand ein Proletariat, das außer der eigenen Arbeitskraft weder Besitz noch Fachkenntnisse anbieten konnte. Außerdem führte die Trennung von Wohn- und Arbeitsplatz zu grundlegenden gesellschaftlichen Veränderungen.

Die Produktions- und Arbeitsprozesse in den Industriehallen wirkten sich mehr und mehr auf die Architektur der Gebäude aus. Das reichlich verfügbare Gaslicht ermöglichte neue Gebäudeformen, die sich nicht am Tageslicht orientieren mussten. Bereiche, die weit entfernt von Fenstern waren, konnten jetzt als Arbeitsplätze und Maschinenstandorte genutzt werden. Hier begann der Siegeszug des Kunstlichtes. Elektrische Stromnetze und die Glühlampe verhalfen dem Kunstlicht zum endgültigen Durchbruch. Die leichte Verfügbarkeit der Energie aus der Steckdose, die erheblich geminderte Brandgefahr durch den hermetisch eingeschlossenen Glühdraht sowie der entfallende Verbrauch von Sauerstoff des offenen Feuers ebneten dem elektrischen Licht den Weg. Die Architektur und unsere Lichtvorstellungen sind dadurch bis heute nachhaltig geprägt.

Durch die Fortschritte in der Gusseisen- und Floatglasherstellung wurde es technisch und wirtschaftlich möglich, große Glashäuser herzustellen. Dies zeigte Praxton 1851 mit seinem Kristallpalast für die erste Weltausstellung in London (siehe Bilder 1.7.6 und 1.7.7).

1.7.5
Eiffelturm in Paris, erbaut 1889, wird hier auf der Weltausstellung von 1900 mit Scheinwerfern bestrahlt

1.7.6
Kristallpalast in London von Praxton, 1851

1.7.7
Innenansicht des Kristallpalastes

1.7.8
Elektrizitätspalast (Palais d'Électricité) der Weltausstellung, 1900 in Paris

Für exotische Flora wie Palmen und Orchideen wurde so das geeignete Klima geschaffen, und die Menschen konnten diese – quasi vor der Haustür – in Glashäusern und Orangerien bewundern. Die Transparenz und Größe der Glaspaläste sind bis heute Thema in der Baugeschchte.

Mitte des 19. Jahrhunderts wurden vorgefertigte gusseiserne Säulen entwickelt, um die enormen Druckkräfte eines Gebäudes nach unten abzuleiten. Damit begann eine neue Periode der Stadtentwicklung, bei der auf minimaler Fläche größtmögliche Bauvolumen entstanden. Die industrielle Vorfertigung von Bauteilen war Voraussetzung für die *skyscraper* von New York. Da Hochhäuser im Laufe der Zeit immer höher wurden und ihre Zahl immer mehr zunahm, musste zur natürlichen Beleuchtung der öffentlichen Straßen sowie der unteren Stockwerke ein neues Baugesetz geschaffen werden. Mit der *height and setback resolution* von 1916 wurden die Bauherren und Architekten gezwungen, ihre Häuser so zu bauen, dass Straßen und Plätze genügend Licht erhielten. [17, 18]

In Europa wurde auf der Weltausstellung 1900 in Paris zum ersten Mal das elektrische Licht als Architekturbeleuchtung in Szene gesetzt. Grundvoraussetzung dafür war die leichtere Erzeugung von elektrischer Energie durch Generatoren, die nach dem elektromagnetischen Prinzip arbeiteten. Mit dieser Erfindung von Siemens und Halske war es bei dem *Palais d'Électricité* (siehe Bild 1.7.8) erstmals möglich, mit elektrischer Beleuchtung ein Gebäude selbst zur Licht- und Farbquelle werden zu lassen.

In Deutschland wuchs zu dieser Zeit eine neue Architektur-Avantgarde heran. Peter Behrens und Muthesius wurden Mitbegründer des Deutschen Werkbundes. Im Architekturbüro von Peter Behrens (siehe Bild 1.7.19) arbeiten zeitweilig W. Gropius, Mies van der Rohe (siehe Bild 1.7.21) und Le Corbusier (siehe Bild 1.7.22). Behrens plante zahlreiche Industriegebäude für die AEG. Die Gebäude sind klar und ohne Schnörkel entworfen, und große Fensterbänder schaffen helle Arbeitsplätze, Maschinen- und Turbinenhallen. Mit den 1911 in Alfeld an der Leine entstandenen Faguswerken (siehe Bild 1.7.20) hat Walter Gropius die Ideen von Peter Behrens weiterentwickelt.

In der Zeit vor dem Ersten Weltkrieg gab es wenig Aufträge für junge Architekten. Privataufträge waren rar, und die staatlichen und öffentlichen wurden an etablierte Architekten vergeben. In dieser Zeit fanden sich der Schriftsteller Paul Scheerbart und die jungen Architekten Max und Bruno Taut, Hans Scharoun und Walter Gropius in der *Gläsernen Kette* zusammen. In dieser Künstlervereinigung wurden Visionen über Transparenz in der Architektur und neue Stadtzentren entwickelt. Auf der Werkbundausstellung 1914 in Köln konnten Walter Gropius eine gläserne Musterfabrik mit einem lichtdurchfluteten Treppenhaus und Bruno Taut den Pavillon für die deutsche Glasindustrie (siehe Bild 1.7.18), ein Gebäude, dessen Hülle zu großen Teilen aus buntem Glas bestand und im Inneren durch das Tageslicht in allen Farben erstrahlte, verwirklichen.

1919 schuf Hans Poelzig mit einem großen Schauspielhaus (siehe Bild 1.7.11) ein weiteres herausragendes Beispiel für Architektur und Licht. Seine expressionistische Kuppelverkleidung wurde aus Lichtvouten indirekt mit Glühlampen angestrahlt. Die Säulenkapitelle waren als Licht-Springbrunnen konzipiert. Erich Mendelsohn gestaltete Fassaden (siehe Bilder 1.7.14 bis 1.7.17), bei denen der Hell-Dunkel-Kontrast nachts durch Kunstlicht umgekehrt wurde.

1919 wurde das Bauhaus gegründet, das die Einheit von Kunst und Handwerk am Bau wieder herstellen wollte. Walter Gropius verpflichtete namhafte Künstler und Architekten für das Bauhaus, um Gebrauchsdesign und Gestaltung neu zu definieren. Viele unserer heutigen Gebrauchsgegenstände haben ihren Ursprung in dieser Schule. Viele Leuchten-Entwürfe sind mit Bauhausmitgliedern wie Wagenfeld und Gropius verbunden. Der wohl bekannteste Architekt des Bauhauses war Mies van der Rohe. Durch Fortschritte in der Bautechnik (Stahlskelett-Bauweise) war es ihm möglich, Grundrisse zu entwickeln, die einen völlig neuen Wohnstil ermöglichten. Seine Räume öffneten sich zu den Nachbarräumen und zur Landschaft. Dies führte zu der Bezeichnung »fließender Grundriss«. Sein Pavillon zur Weltausstellung 1929 in Barcelona ist hierfür wohl das bekannteste Beispiel. [19]

In Frankreich verwirklichte Le Corbusier 1929 eine völlig neue und doch sehr klassische Art von Transparenz. Von der Terrasse seiner Villa Savoye in Poissy hatte man durch unverglaste Fenster einen freien Blick in die Landschaft (siehe auch Bild 1.9.16).

1.7.9
Kino Universum in Berlin von Erich Mendelsohn

1.7.10
Kino Universum: perspektivisch auf die Bühne zulaufende Kassettendecke

1.7.11
Innenraum des Großen Schauspielhauses von Hans Poelzig

1.7.12
Bildliche Darstellung aus der Zeit, in der umliegende Architektur entstand

1.7.13
Schauspielhaus: Säulen im Foyer, die als Lichtbrunnen gestaltet sind; in der expressionistischen Architektur begann Kunstlicht ein wichtiger Faktor zu werden.

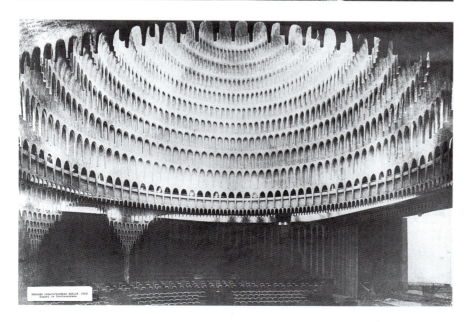

Nach der Weltwirtschaftskrise von 1929 begann eine starke Bautätigkeit im Wohnungs- und Siedlungsbau. Walter Gropius plante nach einem Wettbewerbsgewinn die Siedlung *Dammerstock* in Karlsruhe. Bruno Taut plante in Berlin die Siedlung *Onkel Toms Hütte*. Rudolph Salvisberg errichtete Beamtenwohnsiedlungen in Berlin und Coswig. [19]

Das Dritte Reich bevorzugte einen »faschistischen Klassizismus«, der in seinen Dimensionen die Menschenverachtung der Nazis widerspiegelte und einer puren Demonstration von Macht Ausdruck verlieh.

Der Wiederaufbau des durch den Zweiten Weltkrieg fast gänzlich zerbombten Deutschlands erforderte neue Ideen für die Stadtentwicklungen und auch neue Technologien für das Bauen. Maßgeblich dafür verantwortlich waren Architekten der Vorkriegsgeneration wie z.B. Walter Gropius, der für Berlin die nach ihm benannte Gropius-Stadt plante. Sie bildete ein neues Stadtzentrum an der Peripherie Berlins.

Stahl und Glas waren die vorherrschenden Materialien. Sie ermöglichten ein immer reduzierteres und transparenteres Bauen. Zwei Gebäude von Mies van der Rohe sind als Beispiele dafür zu nennen:

Das *Seagram Building* an der Park Avenue in New York, eine komplette Stahl-Glas-Konstruktion, berücksichtigt erstmalig die Verschattungswirkung auf die Nachbargebäude. Durch Zurücksetzen von der Straßenflucht erhält selbst die Eingangsebene mehr Tageslicht.

Die 1969 fertig gestellte *Nationalgalerie* in Berlin besteht aus einem durch vier Stützen getragenen Stahldach und vollständig in Glas aufgelösten Wänden. Tageslicht kann ungehindert eindringen, und nichts verbaut den Ausblick ins Freie.

Für die Verwendung von Tageslicht in Gebäuden stellte die Gemäldegalerie keine typische Anwendung dar. In den 60er, 70er und 80er Jahren wurde im Gegenteil im Wesentlichen so gebaut, dass die Innenraumbeleuchtung vom Kunstlicht getragen wurde und die Menschen immer stärker vom Tageslicht abgekoppelt wurden. Museen und sogar Schulzentren wurden völlig ohne Tageslichtöffnungen gebaut.

Über DIN-Normen und Arbeitsstättenrichtlinien wurde das Licht für Arbeitsplätze genormt; Tageslicht und Kunstlicht werden in getrennten Normen behandelt. Eine Abhängigkeit zwischen beiden gibt es nicht. Die Arbeitsstättenrichtlinien normieren zwar Kunstlicht und Tageslicht, lassen jedoch eine Substitution des Tageslichtes durch Kunstlicht zu. Die dafür empfohlenen Helligkeiten bewegen sich um Größenordnungen unter den Tageslichtwerten. Weiten Teilen der Öffentlichkeit ist nicht bewusst, dass zur physischen und psychischen Gesundheit der Menschen qualitätvolles Tageslicht essentiell notwendig ist. Lichtgestaltung gilt, wie in der Einleitung schon beschrieben, weitgehend nur für das Kunstlicht und ist durch vordergründige, bühnenähnliche Inszenierungen gekennzeichnet.

1.7.14
Modehaus Herpich in Berlin
von Erich Mendelsohn

1.7.15
Modehaus Herpich bei Nacht:
Die Gliederung der Fassade
wird durch die Lichtvouten
deutlich.

1.7.16
Kaufhaus Schocken von Erich
Mendelsohn in Chemnitz bei
Nacht, 1923

1.7.17
Kaufhof Schocken bei Tag:
Die beiden Aufnahmen
verdeutlichen den Hell-
Dunkel-Effekt und seine
Umkehrung in der Nacht.

1.7.18
Pavillon der deutschen Glasindustrie auf der Werkbundausstellung in Köln 1914, Entwurf Bruno Taut

1.7.19
Die 1912 für die AEG errichtete Turbinenhalle von Peter Behrens

1.7.20
Faguswerke von Walter Gropius; hier fallen besonders die großen Fensterfronten auf, 1911 bis 1912

1.7.21
Entwurf eines Glashochhauses in der Berliner Friedrichstraße von Mies van der Rohe, 1921

1.7.22
Nôtre-Dame-du-Haut in Ronchamp von Le Corbusier, 1954; im Inneren ein introvertierter Raum mit einer unnachahmlichen Lichtwirkung; außen eine kaum sichtbar gerichtete Formenvielfalt

1.8 Evolution, Erkenntnis, Wahrnehmung, Sprache, Schrift und Bilder

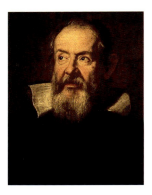

1.8.1
Galileo Galilei
1564 bis 1642

Evolution

In den vorhergehenden Kapiteln wurde aufgezeigt, wie sich die Denkfähigkeit der Menschen entwickelt hat und welch enge Verknüpfung zwischen dem Sehen und Verstehen *(Begreifen)* der Umwelt sowie dem Planen und Handeln (der Hände sowie der Sprachorgane) besteht. [4, 20]

Es wurde gezeigt, dass sich die denkenden Zentren des menschlichen Gehirns in einem ca. 5 Millionen Jahre dauernden Evolutionsprozess zu der heutigen Größe entwickelt haben und welche wichtige Rolle dabei die Hände und die Sprache gespielt haben. [4, 21, 22]

Erkenntnis

Fast alle höheren Lebewesen *erkennen* mit Hilfe ihrer Sinnesorgane Veränderungen in ihrem Umfeld. Wenn sich ihre Lebensbedingungen verschlechtern, werden geeignete Gegenmaßnahmen ausprobiert. Wenn sie den Eindruck haben, ihre »Aktionen« seien von Erfolg gekrönt, werden sie diese beim nächsten Mal erneut anwenden. Damit eine bestimmte Handlungsweise sich erfolgreich entwickeln kann, muss sie zum einen **häufig** geübt werden, zum anderen muss der Handelnde den Erfolg seiner Tätigkeit selbst erleben, empfinden und erkennen können, sonst wird er keinen Grund dafür sehen, diese Verhaltensweise weiterzuentwickeln. Interessanterweise steht am Anfang und am Ende dieses Prozesses das *Erkennen*, obwohl es sich um zwei unterschiedliche Bedeutungen des Wahrnehmungsprozesses handelt: Erst das *Erkennen* des Erfolges einer Aktion gibt dem Akteur die Bestätigung, dass er zu Beginn seiner Handlung die Zusammenhänge richtig *erkannt* und damit auch erfolgreich gehandelt hat.

Die gesamte Kette der Vorgänge vom *Sehen* über das erfolgreiche *Handeln* bis zum *Erkennen* des Erfolges dieses Handelns nennt man Wahrnehmung. [23 bis 26] Es muss darauf hingewiesen werden, dass man bis heute im Allgemeinen unter Wahrnehmung etwas anderes versteht. [27 bis 30] Wie es dazu kam, wird im Folgenden dargestellt.

Wahrnehmung

Determinismus

Wie wir über unsere Sinnesorgane Eindrücke aus unserer Umwelt gewinnen, wie wir diese bewerten, welche Schlüsse wir daraus ziehen und wie wir letztendlich handeln, wird heute, wie schon gesagt, unter dem Begriff *Wahrnehmung* zusammengefasst. Das Wort *Handeln* beinhaltet nicht nur das bewusste Tätigwerden, sondern auch das Verhalten, das scheinbar unbewusst abläuft, wie z.B. Emotionen. Die Kette vom Erkennen bis zum Handeln kann man auch als eine Ursache-Wirkungs-Verknüpfung (Kausalität) verstehen.

In der Renaissance formulierte Galilei erstmals einen anderen Weg, Erkenntnisse aus der Natur zu gewinnen. Er erläutert dies im *Il Saggiotore* [15]:

Aber dass jene weiß oder rot, bitter oder süß, tönend oder lautlos, von angenehmem oder unangenehmem Geruch ist – dass ich sie in meinem Geist mit derlei Bestimmungen erfasse, geschieht nicht notwendigerweise: im Gegenteil, wenn wir die Sinne nichts hätten, würden wir vielleicht zu einer sprachlichen Äußerung oder einer Vorstellung über die Bestimmung gar nicht kommen. Deshalb denke ich, dass Geschmack, Geruch, Farbe usw. hinsichtlich des Objekts, dem wir dies zuschreiben, nichts anderes als bloße Namen sind und ihren Sitz in unseren Sinneskörpern haben, ja dass all diese Qualitäten, wenn man die Lebewesen wegnimmt, ebenfalls beseitigt und verzichtet werden.

Galileis Definition der Wahrnehmung war daher unabhängig von den »Sinneskörpern« und somit von der Sinnesstruktur des Beobachters und konzentrierte sich allein auf die Gegebenheiten, durch welche die äußere Welt charakterisiert wird. Im Il Saggiotore [15] heißt es weiter:

1.8.2
Nikolaus Kopernikus
1514 schlug er sein erstes einfaches heliozentrisches Weltbild vor: Die Erde sowie alle anderen Planeten drehen sich in kreisförmigen Bahnen um die Sonne.

Ich glaube nicht, dass irgend etwas anderes als Größe, Form, Menge und langsame oder schnelle Bewegung notwendig ist, um in uns Geschmack, Geruch oder Klang hervorzurufen; und ich meine, wenn man Ohren, Zungen und Nasen wegnähme, dann bleiben sehr wohl Formen, Zahlen und Bewegungen übrig, aber nicht Geruch, Geschmack und Klang. Was aber außerhalb von Lebewesen nicht existiert, ist, so glaube ich, nichts anderes als bloßer Name, wie auch der Reiz und der Kitzel nichts anderes als ein Name ist, wenn man sich die Achselhöhle und die Haut in der Nase wegdenkt.

Galilei hat damit die Geistesgeschichte des Abendlandes grundlegend beeinflusst. [31] Zunächst einmal hat er die Beschreibung der Umwelt mit Begriffen wie Größe, Form, Menge und Geschwindigkeit (und damit auch die physikalischen und naturwissenschaftlichen Gesetze) zur alleinigen Objektivität, Wahrheit und Wissenschaftlichkeit erhoben und gleichzeitig Sinneseindrücke wie Geschmack, Geruch und Klang als *nicht objektiv* eingestuft, weil sie nur in Verbindung mit dem »Subjekt« Mensch existieren und auch mit ihm vergehen.

So wurde die Zeit, die Uhren anzeigen, das Gewicht, das Waagen wiegen, die Abmessungen, die mit dem Zollstock gemessen werden, sowie die Helligkeiten, die ein Luxmeter anzeigt, immer mehr das Maß aller Dinge. Dies ist bis heute so geblieben.

Diese Denkungsart verbreitete sich dank des Buchdrucks von Johannes Gutenberg sehr schnell in den Universitäten der damaligen Welt.

Mathematik und Physik haben Galileis Betrachtungsweise aufgegriffen und zur Grundlage ihrer Wissenschaftsmethodik (Determinismus) gemacht.

Physiker wie Newton, Maxwell, Einstein, Planck und Heisenberg haben auf Basis des Determinismus ihre Theorien von der Welt entwickelt und die Grundlage für eine immer schneller werdende technische Entwicklung geschaffen.

Die römisch-katholische Kirche fühlte sich durch die Ansichten Galileis stark angegriffen. Dies zeigt auch der Umstand, dass Galilei erst 1998, nahezu 500 Jahre nach seiner Verurteilung, rehabilitiert wurde.

Die Erkenntnisse, die man durch Galileis Vorgehensweise erhält, beschreiben andere kausale Zusammenhänge in der Natur, als wir mit Hilfe der Wahrnehmung dort erkennen und für unser Handeln zugrunde legen. In unserem Verhalten berücksichtigen wir auch die Wahrnehmungserfahrung aus früheren Zeiten, die uns oft ein gänzlich anderes Bild von der Welt vermittelt als die gegen-

1.8.3
Johannes Kepler
Mit Kepler und Galilei begann die endgültige Widerlegung des aristotelisch-ptolemäischen Weltbildes. Entscheidend dazu beigetragen hat die Erfindung des Fernrohres.

Die 3 Keplerschen Gesetze zur Planetenbewegung:

1. Die Planeten bewegen sich auf elliptischen Bahnen, deren gemeinsamer Brennpunkt die Sonne bildet.

2. Der von der Sonne zum Planeten gezogene Radiusvektor überstreicht in gleichen Zeiten gleiche Flächen.

3. Die Quadrate der Umlaufzeiten zweier Planeten verhalten sich wie die Kuben der großen Halbachse.

Keplersche Gesetze:

1.
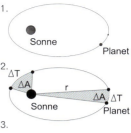

2.

3.
$$T_1^2 : T_2^2 : T_3^2 = a_1^3 : a_2^3 : a_3^3$$

1.8.4
Sir Isaak Newton
Mit seiner *Philosophiae naturalis principalis mathematica* veröffentlichte er das wohl wichtigste von einem Einzelnen verfasste Werk der Physik. Darin entwickelte er ein kompliziertes mathematisches Instrumentarium der Bewegung der Himmelskörper und verknüpfte so die drei keplerschen Gesetze zur Gravitation.

Newton'sche Mechanik:

$$\vec{K} = m \cdot \vec{b}$$

1.8.5
James Clerk Maxwell
1865 veröffentlichte Maxwell erstmalig seine Theorie über die Ausbreitung des Lichtes. Danach breiten sich Radio- und Lichtwellen als elektromagnetische Strahlung mit einer Geschwindigkeit von ca. 300.000 m/s aus.

Maxwell'sche Gleichungen:

$$-\dot{\vec{B}} = \operatorname{rot} \vec{E}$$

$$\dot{\vec{D}} + \vec{I} = \operatorname{rot} \vec{H}$$

1.8.6
Max Planck
Er stellte fest, dass strahlende Körper Licht- und Röntgenstrahlen nur in Quanten, d.h. in Paketen, abgeben werden. Seit dieser Erkenntnis war eine Welle kein Kontinuum mehr.

Quantisierte Energie:

$$E = \nu \, \hbar$$

wärtigen sichtbaren Bilder. Die bis heute gültige Vorstellung von Wahrnehmung – besonders in den Naturwissenschaften – nimmt also eine unzutreffende Kausalbeziehung zwischen Sehen und Verhalten an; anders ausgedrückt: Diese Beziehung existiert in dieser Vorstellung nicht.

Auch Lichttechnik und -wissenschaft haben ein solches Wahrnehmungsmodell als Grundlage. [32 bis 39] Damit werden die äußerst wichtigen kulturellen Aspekte des Lichtes in Vorschriften und Normen für gutes Licht nicht erfasst. Wie sich dies auf Lichtprojekte auswirkt, wird im Folgenden erläutert.

Darwinismus

Erst Darwin hat im 19. Jahrhundert mit seiner Evolutionstheorie Zweifel an der Wissenschaftsmethodik des Determinismus aufkommen lassen. Seine Erkenntnis, dass der Mensch vom Affen abstamme, hat in der Allgemeinheit schnell Verbreitung gefunden. In der Gemeinde der Wissenschaftler ist jedoch noch nicht zum Allgemeingut geworden, dass man mit der Vorgehensweise Galileis keine Erkenntnisse über evolutionäre Prozesse, durch die alle Lebewesen und besonders der Mensch mit seiner Wahrnehmung geprägt sind, gewinnen kann. Wie schon vorher erwähnt, hat die Lichtwissenschaft dies ebenfalls noch nicht zur Kenntnis genommen.

Diese Beschränkung auf das Materialistische der Welt, die der Betrachtungsweise von Galilei zugrunde liegt, hat die Einheit von Natur- und Geisteswissenschaften, wie sie bis dahin zweifellos galt, entzweit. Erst in jüngster Zeit kann man Tendenzen feststellen, dass sich Geistes- und Naturwissenschaften wieder annähern.

Zunächst einmal hat die Geisteswissenschaft jedoch als Reaktion auf den »Materialismus« des Galilei mit der Trennung von Körper und Geist geantwortet. Ganz zweifellos waren Platons *Ideenlehre*, Kants *Kritik der reinen Vernunft* und Decartes *Cogito ergo sum* eine Hervorhebung des Geistigen und Rationalen gegenüber dem Körperlichen und Emotionalen.

Ob nun die Geisteswissenschaftler das Körperliche den Naturwissenschaftlern überlassen haben, weil sie auf diesem Gebiet so erfolgreich zu sein schienen oder sich speziell mit dem Geistigen befasst haben, weil die Naturwissenschaftler auf diesem Gebiet nicht so erfolgreich waren, beide haben sich konsequenterweise auf getrennten Wegen entwickelt.

1.8.7
Werner Heisenberg
Er erkannte, dass man entweder nur die Position oder die Geschwindigkeit eines Teilchens mit der absoluten Genauigkeit bestimmen kann und niemals beides zugleich. Damit wurde der Dualismus von Welle und Korpuskel begründet.

Unschärferelation:

$$\hbar = \Delta \vec{l} \cdot \Delta \vec{r}$$

1.8.8
Albert Einstein
1905 veröffentlichte er seinen ersten Aufsatz, in dem er die absolute Zeit zur Disposition stellte. Diese Aussage war Grundlage für die allgemeine Relativitätstheorie.

Masse = Energie:

$$E = mc^2$$

1.8.9
Stephen Hawking
Mit seinen Forschungen kam er den Geheimnissen der *schwarzen Löcher* auf die Spur, deren Anziehungskraft so groß ist, dass Licht von ihnen auf Grund der Gravitation angezogen wird.

Hawking:

Weltformel = ?

1.8.10
Charles Robert Darwin
1809 bis 1882
Nachdem Darwin 1836 von einer vierjährigen Weltumsegelung zurückkehrte, begann er erst 1844 mit der Niederschrift seiner Evolutionstheorie.

In der Entwicklung beider Wissenschaften hat jedoch das Licht immer eine besondere Rolle gespielt. Bei den Naturwissenschaften gab es den so genannten Dualismus, Welle oder Korpuskel, während in den Geisteswissenschaften Licht als Symbol für die Erkenntnis und Wahrheit stand. Es scheint so, dass für das Sich-Annähern beider Wissenschaften die Neurowissenschaft eine entscheidende Rolle spielt. In der Lichtforschung gilt z. Z. noch die Dominanz der naturwissenschaftlichen Betrachtungsweise; die Erkenntnisse der Gehirn- und Verhaltensforscher sind weitestgehend unbeachtet geblieben.

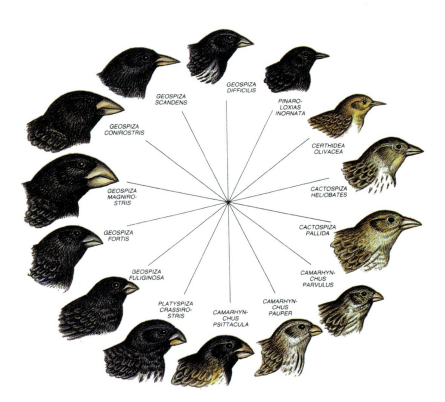

1.8.11
Ein Stammbaum von Ernst Haeckel, wie er ihn nach Darwins Evolutionstheorie erstellte.
Haeckel verglich Darwins Theorien mit dem Todesstoß des Kopernikus gegen das geozentrische Weltbild.

1.8.12
Hier werden 14 Arten der Darwinfinken gezeigt, von denen 13 auf den Galapagos-Inseln beheimatet sind. Die damit auftretenden Fragen waren zum Teil Grundlage für Darwins Theorie über verschiedene Spezies und ihre Verbreitung auf der Erde.

KRAMER / VON LOM LICHT 59

Sprache

Welche wichtige Rolle die Sprache in der Menschwerdung gespielt hat, wurde schon angedeutet. Sie ermöglichte eine schnelle und präzise *Kommunikation* zwischen Gruppenmitgliedern und einen *Kultur- und Wissenstransfer* auf die nächste Generation. Eltern konnten ihren Kindern das eigene erworbene Wissen und die gesammelte Erfahrung auf diesem Wege weitergeben. Ohne Sprache können Kinder nur das Verhalten ihrer Eltern nachahmen. Der Wortschatz der »Gestensprache« ist jedoch begrenzt. Differenziertes Wissen und Verhalten kann dadurch nur schwer vermittelt werden.

Sprechen ist eine weitere Form des Handelns, nämlich das Anregen der Stimmbänder und Bewegen aller zum Formen der für die Sprachlaute notwendigen Muskeln. [4, 21]

Die Menschen können sich durch die Sprache nun nicht mehr nur als »Handwerker«, sondern auch als »Mundwerker« betätigen. [4] Man bezeichnet Letztere auch als Geistesarbeiter, um die enge Verbindung der Sprache mit den Denkvorgängen der Menschen zu betonen.

Die Wörter einer Sprache haben einen hohen Abstraktionsgrad, weil sie eine große Anzahl von Aspekten des zu beschreibenden Gegenstandes in kurzer Form zusammenfassen müssen. Um die Bedeutung eines Wortes (Semantik) zu verstehen und möglichst selten missverstanden zu werden, muss die entsprechende Sprache ständig praktiziert werden. Dies setzt ein enges Zusammenleben und häufige sprachliche Kommunikation vieler Menschen voraus.

Eine Sprache ist die differenzierte Ausdrucksform des menschlichen Denkens und entwickelt sich entsprechend den kulturellen und sozialen Veränderungen einer Gesellschaft weiter.

Sprache hat sich bei der und für die Kommunikation von Angesicht zu Angesicht entwickelt. Die modernen Medien, wie Telefon und Handy sowie Tonband, CD und Rundfunk ermöglichen zwar eine Verständigung an fast allen Orten der Erde, schränken die Kommunikation jedoch ein, weil sie häufiger zu Missverständnissen führen können. Während beim Telefonieren nur die Körpersprache und der Gesichtsausdruck zum Verständnis der Worte fehlen, ermöglichen die anderen Medien überhaupt keine Kommunikation, weil der Sprachfluss nur in eine Richtung laufen kann und der Zuhörer nicht antworten oder reagieren kann. [4, 21]

1.8.13
Der Turmbau zu Babel, der wegen des sprichwörtlich gewordenen Sprachengewirrs nicht fertig gestellt wurde. (Erstes Buch Mose)

Deshalb haben diese Medien eher einen ungünstigen Einfluss auf die Fortentwicklung der Sprache und möglicherweise auch auf die Denkfähigkeiten der Menschen.

Wir können jedoch nicht für alle Verständigungsprobleme die neuen Medien verantwortlich machen. Viele dieser Probleme und Missverständnisse sind auf Fachsprachen oder fachspezifische Bedeutungen von Wörtern der Alltagssprache zurückzuführen. Dies betrifft ganz besonders die Wahrnehmung. Sie leidet bis heute, wie schon gesagt, unter dem unterschiedlichen Verständnis des Determinismus, den Galilei initiiert hat. Erscheinungen, wie z. B. das Licht, die Forschungsobjekte der Natur- und Wahrnehmungswissenschaft sind, sind davon ganz besonders betroffen.

Schrift

Während man mit Sprache nur Wissen von Angesicht zu Angesicht vermitteln konnte, boten Bilder, Zahlen und Schriften die Möglichkeit, über große zeitliche und räumliche Entfernungen Informationen auszutauschen. Nur so konnten 25.000 Menschen zum Bau der Pyramiden angehalten und nur so konnte der große Staatsapparat der Pharaonen verwaltet werden. Der Fernhandel bedurfte ebenfalls der Schrift und Zahl. Die Sprache ermöglichte eine unterschiedliche Aufgabenverteilung in einem übersichtlichen Stammesverband, die Schrift das Regieren einer großen Nation.

Wahrscheinlich haben die Menschen ihre Zahlen- und Schriftsymbole aus den bildlichen Darstellungen, die sie in Höhlen, auf Felsen und Holz zeichneten, entwickelt.

1.8.14 (oben)
Die ersten bekannten Schriftzeichen von vor 5.300 Jahren. Sie zeigen, wie aus Bildern Schrift entstand. Die Schlange über den Bergen neben dem Blitz aus den Wolken stand z.B. für die Himmelsrichtung Westen.

1.8.15 (unten)
Der Stein von Rosette wurde 1799 in Rashid gefunden. Er enthält ein Priesterdekret zur Wahl des Königs Ptolemäus V. Er ist in hieroglyphischer und demotischer Schrift mit griechischer Übersetzung gehauen. Dieses Schriftzeugnis diente als entscheidende Grundlage zur Entzifferung der Hieroglyphen durch Champollion 1822.

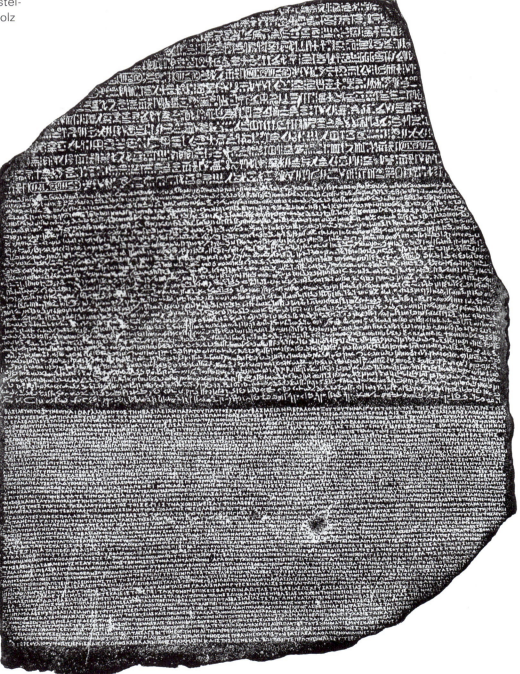

Die Symbole wurden immer abstrakter und damit auch der Aufwand, lesen und schreiben zu erlernen. So war es bis in die Neuzeit ein Privileg weniger Menschen, die Schriftsprache zu verstehen.

Obwohl die Hieroglyphen der Ägypter noch sehr bildhaft waren, hatten sie schon die drei möglichen Bedeutungen: die bildliche, die phonetische und die abstrakte. Spätere Schriften, wie die Keilschrift, haben dann die bildliche Bedeutung fast gänzlich verloren. Sie wurden zur Silbenschrift, die den Wortlaut einer Sprache fast genau abbildet.

Besonders die Entwicklung von »Spezial«-Symbolen für Geometrie, Mathematik und Musik waren die Grundlage für die weitere Verbreitung von Fachwissen.

Die Schriftsprache ermöglicht zwar die Verbreitung von Wissen über große Entfernungen und die Aufbewahrung über lange Zeiträume, gleichzeitig sind jedoch die Kommunikationsmöglichkeiten gegenüber denen durch die gesprochene Sprache erheblich reduziert. Der Sender kann in der Schrift seine Botschaft auf Anfrage nicht erläutern, der Empfänger Fehldeutungen nicht durch Rückfragen klären. Die Verständigung kann dadurch sehr langwierig werden, und trotzdem bleibt die Gefahr von Missverständnissen sehr groß.

Das Erlernen der Bedeutung von Schrift ist, wie gesagt, sehr aufwendig. Deshalb konnten sich die Herrschenden erst auf geschriebene Gesetze berufen, nachdem die Mehrzahl der Bürger lesen und schreiben gelernt hatte. Dies geschah erst seit dem 19. Jahrhundert; daran hatte natürlich die Erfindung der Buchdruckerkunst einen wesentlichen Anteil. Die moderne Gesellschaft wäre ohne Schrift nicht möglich, ebenso nicht die Entwicklung der neuen Medien.

Zuallererst ermöglichen jedoch die gedruckten Bücher eine ungeheure Verbreitung und Vermehrung dessen, was Menschen bis dahin schon gedacht hatten. Die Entwicklung der Naturwissenschaften und Technik war nur auf diese Weise möglich.

1.8.16 (oben)
Zwei Schriftzeilen in Keilschrift von einer Tontafel, ca. 2400 vor Christus, eine von 15.000 Tontafeln, die 1975 im Palast von Ebla (Syrien) gefunden wurden.

1.8.17 (Mitte)
Schriftzeichen eines ägyptischen Reliefs der neunzehnten Dynastie, 1303 bis 1290 vor Christus

1.8.18 (unten)
Punische Inschrift zur Einweihung einer Straße in Karthago, ca. 230 vor Christus

1.8.19
Griechische Grabsteininschrift aus der Zeit der Diadochenkämpfe 323 bis 280 vor Christus für einen Soldaten, der bei Kurupedion (Türkei) fiel

1.8.20
Auszug aus einem in Latein geschriebenen Militärpatent aus der Regierungszeit Kaiser Neros, datiert auf den 2. Juli 60

1.8.21
Arabische Handschrift der zweihundertsten Sure aus dem Koran, 13. Jahrhundert

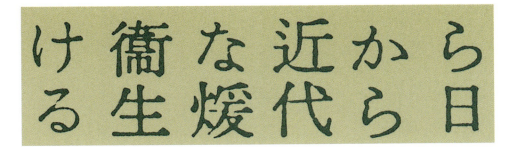

1.8.22
Die ersten Worte des Traktates »Lob des Schattens« von Tanizaki Jun'ichiro auf Japanisch

1.8.23
Zeichensprache der Indianer: lügen, sprechen, schlecht, schlafen.

Diese Sprache entstand vor 1540 und diente mit den der heutigen Gebärdensprache

sehr ähnlichen Handbewegungen zur Kommunikation zwischen Handel treibenden Völkern.

$$-\frac{\hbar^2}{2m} \Delta \left(a\, e^{\frac{i}{\hbar}(pr-Et)} \right) = i\hbar \frac{\partial}{\partial t} \left(a\, e^{\frac{i}{\hbar}(pr-Et)} \right),$$

$$\frac{p^2}{2m} = E.$$

1.8.24
Diese Formel beschreibt die kinetische Energie eines freien Teilchens in der klassischen Physik.
Diese ist wohl die abstrakteste Form der Kommunikation, denn jedes Zeichen steht für eine bestimmte Information, über deren genaue Definition sich nur Wissenschaftler einer bestimmten Sparte unterhalten können.

1.8.25
Piktogramme geben durch ihre Zeichensprache Hinweise, die es in bestimmten Situationen zu befolgen gilt. So sind die Hinweisschilder für Toiletten, Fluchtwege oder Feuermelder eine fast kosmopolitische Zeichenform. Sie werden in fast jedem westlich geprägten Kulturkreis richtig gedeutet und verstanden.

Bilder

Bildliche Darstellungen geben Auskunft darüber, wie Menschen die Welt gesehen haben.

Die Höhlenmalereien aus den frühesten Epochen der Menschheitsgeschichte stellten die rituelle Welt der Jäger und Sammler dar. Sie galten der Verehrung der Götter und Ahnen, aber auch der Erziehung und Schulung der Nachkommen. Sie waren keine realitätsgetreue Abbildung ihrer Umwelt, sondern ein Abbild ihrer Geisteswelt. Durch die Wahl der Farben und der Größenverhältnisse wurde diese in den Bildern dargestellt.

Bis in die Renaissance waren die Darstellungsarten ähnlich. Die Bilder hatten einen flächigen Hintergrund (homogen, musterhaft) und einen detailliert ausformulierten Vordergrund. Hier wurde das Wichtige durch die Wahl der Farben, der Materialien, der Maßstäbe und den Detaillierungsgrad dargestellt.

1.8.27 (unten)
Japanische Zeichnung aus dem frühen 19. Jahrhundert. Die Bereiche vorn und hinten werden in diesen Darstellungen durch Überdeckungen geschaffen. Selten wird wie hier die Perspektive angewendet.

1.8.26 (rechts)
Eine sehr flächige ägyptische Darstellung, welche die Herstellungsmethoden der Handwerker jener Zeit beschreibt

1.8.28 (oben)
Dieses Bild zeigt deutlich wie in der asiatischen Kunst die Raumtiefe hergestellt wird. Die im Vordergrund angeordneten Figuren verdecken jene im Hintergrund und die Darstellung kommt ohne die Verjüngung der Perspektive aus.

1.8.29 (links unten)
Die »Verkündigung«, von Lorenzo di Credi um 1480 gemalt. Im Hintergrund des Bildes wird der Einfluss der Zentralperspektive auf die Malerei deutlich.

1.8.30 (rechts unten)
»Cathédrale de Rouen. Effet de soleil, fin de journée« von Claude Monet, um 1892. Mit heller Farbe als Zeichen für Sonnenlicht modellierte er die Fassade der Kathedrale.

1.8.31
»Weizenfeld mit Raben« von Vincent van Gogh, um 1890 gemalt. Grobe Pinselstriche adaptiert das Auge zu Flächen; Bildtiefe wird durch Perspektive geschaffen.

1.8.32
Edward Hoppers Bilder, wie hier die »Nächtliche Konferenz« von 1949 zeigen durch das Spiel von Licht und Schatten die Kälte und die Einsamkeit in Großstädten. Helle und dunkle Flächen werden hier gegeneinander gesetzt und schaffen Lichtzonen.

In der mittelalterlichen Kunst wurde mit Größenverhältnissen versucht, wichtige Personen des gesellschaftlichen Lebens in den Vordergrund zu stellen. Zur Zeit Karls des Großen wurde der König größer als seine Gefolgschaft dargestellt, obwohl sich beide auf gleicher Höhe befanden. Auch die Darstellung der Gesichter spiegelte die unterschiedliche Bedeutung wider. Während das »gemeine Volk« Gesichter mit Falten und Schatten hatte, wurden die wichtigen Personen verklärt und entrückt dargestellt.

In der frühen Renaissance wurde Gold in den Ikonen benutzt, um Heiligkeit und Heilslicht auszudrücken. [40] Licht und Schatten konnten jedoch erst als raumgestaltendes Mittel eingesetzt werden, wenn man die Gesetze der geometrischen Optik beherrschte. Die Zentralperspektive ist Ausdruck dieses Verständnisses. *Giotto* entwickelte sie zu Beginn des 14. Jahrhunderts. *Leonardo da Vinci* vollendete daraufhin den geometrisch durchgebildeten vollendeten Raum. Jetzt gelang der Versuch, in die zweidimensionale Darstellung räumliche Tiefe zu bringen sowie Licht und Schatten, Helligkeit und Dunkelheit. Maler wie *Brunelleschi*,

1.8.33
Piazza d'Italia „Melanconia" von Giorgio de Chirico, 1914: Helle und dunkle Flächen, die für Licht und Schatten stehen, geben in Kombination mit verzerrter Perspektive der Darstellung ihre Tiefe.

1.8.34
Mit „Guernica" schuf Picasso wohl das bekannteste Bild des letzten Jahrhunderts, das 1937 nach der Bombardierung der gleichnamigen Stadt entstand. Die abstrakte Darstellung ist leicht zu verstehen.

Albrecht Dürer und *Canoletti* haben diese Darstellungsform weiterentwickelt. So wurden die Größenverhältnisse in Abhängigkeit von ihrem Abstand zum Betrachter variiert, die Zentralperspektive gliederte Vorder- und Hintergrund. Sie galt zunehmend als die richtige und objektive Darstellung. Zusammen mit dem richtigen Verlauf von Licht und Schatten galten sie als objektiver Ausdruck realer Welten. Mit dem Aufkommen der Photographie wurde die Meinung, dass die Zentralperspektive die richtige Darstellungsart ist, noch unterstützt.

Andere Kulturbereiche, wie Japan und China, haben bis heute in ihrer Malerei niemals die Zentralperspektive benutzt, sondern die räumliche Gliederung durch Verdeckungen erreicht. Auch die naive Malerei vermischt in ihren Darstellungen noch heute die Draufsicht auf ein Objekt und die Seitenansicht in ein und demselben Bild und gliederte es nicht durch eine perspektivische Darstellung.

Nach der oben genannten Entwicklung änderte sich an der prinzipiellen Darstellung in der Malerei nichts, es wurden jedoch durch neue Maltechniken besondere Effekte erzielt. So haben die holländischen Maler *van Dyck, Rubens* und *Rembrandt* durch Überlagern transparenter Schichten und Farben besonders die Darstellung der menschlichen Haut verbessert.

Impressionisten wie *Claude Monet* haben durch feines Verteilen von Farbpunkten die Brillanz und das Flimmern vieler Lichterscheinungen eindrucksvoll eingefangen. Sein 1872 gemaltes Bild mit dem Titel *Impression Soleil levant* zeigt den Sonnenaufgang über dem Hafenbecken von Rouen. Die Impressionisten versuchten, die Bilder von selbst zum Leuchten zu bringen. *Vincent van Gogh* benutzte z. B. für seine Bilder sehr reine Farben (besonders das Gelb) und gab den Punkten, aus denen er ein Bild komponierte, eine wellenförmige Ausdehnung, die dem Bild eine besondere Dynamik verliehen.

Die Pointillisten nutzten mit ihrer Maltechnik die Eigenschaft des Betrachterauges aus, die kleinen Punkte und Striche wieder zu einem Gesamtbild zusammenzufügen.

1.8.35
Das Bild »Relativität« von M. C. Escher zeigt, dass die bildliche Darstellung von Raum zu optischen Täuschungen führen kann.

Caspar David Friedrich verwendete flächige, fein abgestufte Hell-Dunkel-Kontraste an Stelle punktförmiger Bildelemente.

Zu Beginn des letzten Jahrhunderts wurde die bildliche Darstellung zunehmend von der Photographie beeinflusst. Die Malerei kam sozusagen in den Zugzwang, ihre Berechtigung neben der immer besser werdenden Aufnahmetechnik zu beweisen. Da die bildgebenden Medien für sich beanspruchten, die Wirklichkeit objektiv darzustellen, musste die Malerei nach Ausdrucksmitteln suchen, die den Betrachtern diesen Betrug vor Augen führte.

Der eine Weg führte zur abstrakten Malerei. Der Weg ist gezeichnet durch *Picasso*, *Miro*, *Mondrian* und *Klee*. Andere wiederum, wie *de Chirico*, *Magritte* und *Dali*, haben bewusst unwirkliche, fantastische und provozierende Welten dargestellt, oder sie haben die Darstellung der Wirklichkeit so überspitzt, dass die Welt für den Betrachter wieder unwirklich aussah, wie z. B. in den Bildern von *Edward Hopper*.

Künstler wie *Vasereli* und *Escher* haben bewusst die optische Täuschung eingesetzt und »unlogische« Welten dargestellt.

Den Mythos, die Welt objektiv darzustellen, haben die modernen Medien, wie Film und Fernsehen, weiter genährt. Durch die elektronischen Medien wird eine Bildbeeinflussung zunehmend leichter und damit eine bewusste Manipulation der Wirklichkeit.

Dies hat die freie Presse der westlichen Welt besonders schmerzlich während des Golfkrieges erfahren, als sie wegen der Zensur der amerikanischen Armee auf Bilder und Informationen von einem Kriegsbeteiligten angewiesen war und aus dem reichlich zur Verfügung gestellten Bildmaterial den wahren Sachverhalt nicht entnehmen konnte.

Durch die Raumfahrt und besondere Kameras können die Menschen die Welt aus neuen Blickwinkeln erfahren.

So genannte Bildbearbeitungs- und Lichtsimulationsprogramme sind heute zahlreich verfügbar und vermitteln zunehmend den Eindruck, dass wir uns unsere Sicht der Welt im Computer erschaffen können. Inwieweit diese virtuellen Bilderwelten unsere Gesellschaft beeinflussen, ist im Moment noch nicht abzusehen.

1.8.36
Dieses Bild zeigt die »neue Sicht« der Welt. So zeigt sich dem Satelliten »Terra« das Phänomen »El Niño«.

1.9 Entwicklung der Wahrnehmung von Raum, Zeit und Licht

Stadträume, Plätze, Straßenräume, Architektur, Innenräume, Außenraum Transparenz, Licht

Raum

Der ursprüngliche Lebensraum der Menschen war die Natur. Erst als die Menschen begannen, sich einen Unterschlupf, z.B. eine Höhle zu suchen, ein Zelt mitzuführen oder ein Haus zu bauen, entwickelte sich allmählich die Vorstellung von einem abgeschlossenen Raum. Es entstanden die Ortsbestimmungen *innen* und *außen,* und damit waren sozusagen auch die Begriffe *Innen-* und *Außenraum* geboren.

Die Menschen stellten an die Innenräume bestimmte Anforderungen. So musste jeder Raum einen Eingang und Ausgang haben, und bei Tage so viel Licht hereinlassen, dass man sich darin sofort orientieren konnte, wenn man ihn betrat. Er durfte keine unübersichtlichen Ecken und Zugänge haben, damit man nicht von einem Raubtier, das hier Unterschlupf gesucht hatte, überrascht wurde. Wenn man ein Feuer machen wollte, musste der Rauch gut abziehen. Die Verbindung zum Außenraum sollte Informationen über die Tages- und Jahreszeit sowie über das Wetter und über die Annäherung von Feinden oder Gruppenmitgliedern geben.

Solange die Menschengruppen noch als Nomaden lebten, mussten sie entweder jeden Abend nach einem geeigneten Raum für die Nacht suchen oder einen leicht auf- und abzubauenden Unterschlupf herstellen, der einfach zu transportieren war.

Erst als die Menschen sesshaft wurden und Ackerbau und Viehzucht betrieben, errichteten sie Häuser und Nebengebäude, die aus soliden Materialien, wie Stein, Holz und Lehm hergestellt wurden.

Eine größere Anzahl unterschiedlicher Häuser, so genannte Siedlungen entstanden, als sich die erste Arbeitsteilung entwickelte. Die Handwerker hatten andere Bedürfnisse als die Bauern, die Ackerbau und Viehzucht betrieben. In der weiteren Entwicklung benötigten Schamanen, Priester und Handel Treibende ebenfalls eigene Bauwerke. Wo viele verschiedene Gruppen lebten, stiegen die Anforderungen an die Siedlungen; sie breiteten sich aus, wurden zu größeren Dörfern und später zu Städten. Staaten entstanden, und diese benötigten wiederum für ihren Regierungsapparat besondere Gebäude.

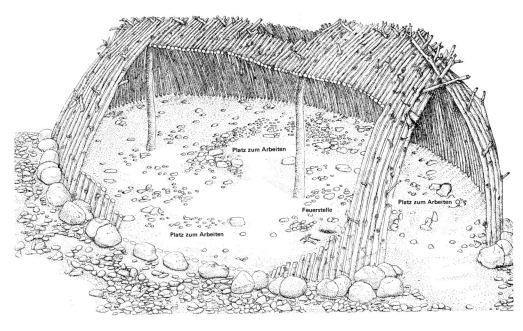

1.9.1 (oben)
Rekonstruktion einer frühsteinzeitlichen Hütte, wie sie in der Nähe von Nizza ausgegraben wurde. Diese Bauform, haben Menschen vor 300.000 Jahren angelegt und benutzt.

1.9.2 (unten)
Transportable Behausungen, wie diese Indianerzelte waren jahrhundertelang und sind es immer noch die Behausung der Nomadenvölker

Wo alle diese Anforderungen zusammenkamen, entstanden aus den anfänglichen Siedlungen größere Dörfer und später Städte.

Die Lage, Größe und Dichte einer Siedlung wurden von unterschiedlichen Faktoren bestimmt. Die hier sesshaften Menschen mussten mit allem zum Leben Notwendigen versorgt werden. Deshalb gehörte zu jeder Siedlung ein entsprechendes Umland mit Feldern, Wäldern und Wiesen sowie genügend Brunnen. Die Siedlungen mussten in einer sehr fruchtbaren Gegend liegen und zusätzlich an günstigen und ausbaufähigen Verkehrswegen, wie schiffbaren Flüssen, Seen und Meeren, über die Nahrungsmittel, Wasser und Brennholz herangeschafft und verteilt wurden.

Priester, Händler und Regierende mussten von den Bauern mit versorgt werden. Darum gab es im Altertum nur sehr wenige Städte mit mehreren tausend ständigen Bewohnern. Meist waren solche aus den Siedlungen entstandenen späteren Metropolen gleichzeitig Sitz der Herrscher und ihres Verwaltungsapparates. Es gehörte eine straffe Regierungsstruktur dazu, eine große Anzahl *Nichtproduktiver* von den *Produktiven* mit Nahrungsmitteln mit zu versorgen.

In den Siedlungen und Städten gab es Räume, die für die private Nutzung vorgesehen und andere, die öffentlich waren, wie Kultstätten, Regierungspaläste, Stadthäuser, Plätze und Straßen.

Die Entwicklung öffentlichen Raumes in der Stadt war über die vergangenen Jahrhunderte hinweg vielfältig. Die Funktionen wechselten mit dem Stadtverständnis der Menschen: Zwischen einem Marktplatz und einer Piazza liegen geistige Welten, denen eine ganz andere Haltung zugrunde liegt.

Straßen waren auch Prozessionswege, auf denen totalitäre Regime Macht demonstrierten. Die Krieg führenden Staaten des Mittelmeerraumes zeigten dem Volk hier die heimgebrachte Beute. Die Triumphbögen am Stadteingang von Rom machten dem damaligen Besucher deutlich, dass hier die Gesetze des römischen Volkes galten.

In Griechenland begann die Geschichte des öffentlichen Raumes. Die dort entstandene Architektur spiegelt die Gesellschaftsstruktur griechischer Städte wider. Es waren freie Städte, die von Räten der Adligen und Beamten regiert wurden. Der Platz, auf dem die Bürger zusammenkamen und abstimmten, wurde *Agora* genannt. Als Bürgerforum musste die *Agora* schön und geräumig gestaltet sein. Meist war dieser Platz rechteckig und wurde von Säulengängen umschlossen, die den Blick in die Stadt oder in die Landschaft freigaben. Es entstand die gleiche Transparenz und Geschlossenheit, wie sie uns der griechische Tempel mit

1.9.3 (links)
Grundriss und Berechnung eines Grundstücks in der Stadt Umma in Mesopotamien um 2500 vor Christus

1.9.4 (Mitte)
Häusergrundrisse einer Siedlung bei Hacilar (Türkei), die ca. 5000 vor Christus errichtet wurde. An den Stellen, wo die Wand sich nach außen verjüngt, fiel vermutlich von oben Tageslicht in den einzigen Raum des Hauses.

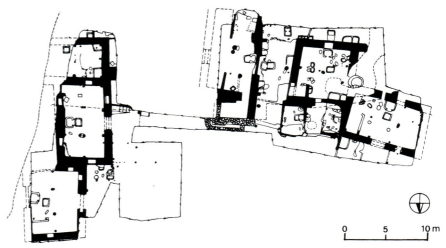

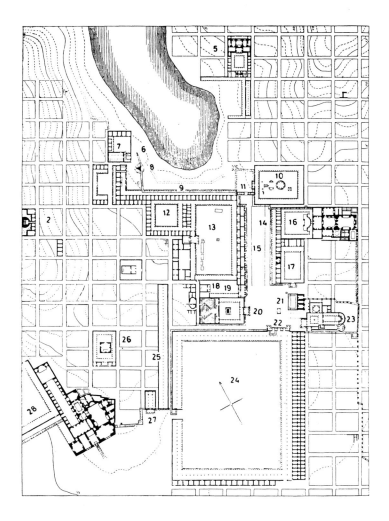
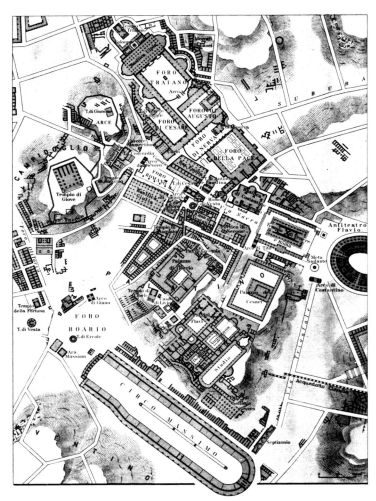

1.9.5 (vorherige Seite, unten)
Betatakin in Arizona, eine Siedlung von Pueblo-Indianern aus dem 8. Jahrhundert; sie wurde in eine Canyonspalte hinein gebaut

1.9.6 (oben links)
Ausschnitt aus dem Grundriss der Stadt Milet, wie sie von Hippodamos nach den Perserkriegen im 5. Jahrhundert nach Christus angelegt wurde. Dieser Ausschnitt bezieht sich nur auf den Bereich der öffentlichen Angelegenheiten. Die Agoren (13 und 24) zeigen durch ihre Größe, wie wichtig sie in einer griechischen Stadtanlage waren.

1.9.7 (oben rechts)
Ausschnitt aus dem Grundriss der Stadt Rom um 300 vor Christus. Im oberen Teil sind die Foren, welche die Kaiser sich zum Ruhm, aber auch als öffentlichen Raum anlegten.

seinen Propyläen vorgibt: Von der freien Landschaft führten Säulengänge in die Vorhalle und den Tempel.

Die Römer, die mit der Übernahme der griechischen Kultur in den ersten Jahren auch deren Architektur kopierten, verliehen diesem Platz in der Stadt eine andere Funktion. Da die politischen Entscheidungen Roms im Senat gefällt wurden, hatte das *Forum Romanum* eine völlig andere Funktion als die *Agora* in den Stadtstaaten der Griechen. Der Senat tagte in einem dafür vorgesehenen Gebäude, und auf dem Forum wurden die Entscheidungen verkündet. Die Bürger Roms waren Menschen mit Geltungsdrang und Vergnügungssucht, was sie auch in der Öffentlichkeit zeigten. Die Städter strömten auf die Plätze, um dort gesehen zu werden oder Geschäfte abzuwickeln, aber auch um den Triumphzügen der Cäsaren beizuwohnen. Man lebte auf den Plätzen, die im Verständnis der Römer als städtischer Innenraum von ihren Privathäusern umschlossen wurden.

In gleicher Weise war das römische Atriumhaus aufgebaut: Die Wohnräume umschlossen den Innenhof und sorgten gleichzeitig für Kühlung, weil durch die Sonneneinstrahlung im Innenhof eine geeignete Thermik entstand.

Als Rom im Jahr 64 niederbrannte, wurden anschließend für den Wiederaufbau Verordnungen erlassen, die bei den Häusern Brandwände und die Verbreiterung der Straßen vorsahen, damit kein Feuerüberschlag entstehen konnte. Die Bürger waren jedoch mit dieser neuen Bauweise nicht zufrieden, weil die eng stehenden Häuser früher die Sonne besser abgehalten haben. Jetzt wurden die breiten, durch keinen Schatten geschützten Straßen durch die Sonne aufgeheizt und die Hitze ging auf die benachbarten Häuser über.

Den öffentlichen Raum gestalteten die römischen Kaiser aufwändig und monumental, um sich zu verewigen. So entstanden das Caesar-, das Trajan- und das Vespasian-Forum. Am Augustus-Forum wurde noch hundert Jahre nach Augustus' Tod gebaut. Man sieht an der großen Zahl von Foren, wie wichtig Plätze für das Stadtverständnis der Römer waren.

1.9.8
Das Forum Romanum war zur Gründungszeit Roms, um 500 vor Christus, ein künstlich von Sümpfen befreiter Marktflecken. Erst in den wirtschaftlichen Hochzeiten und unter Caesar wurde das Forum ausgebaut. Es diente später als Regierungsbezirk.

Damit befand sich in der Mitte des römischen Reiches ein Platz und kein Tempel oder Palast. Von einem Stein auf dem *Forum Romanum* wurden bezeichnenderweise alle Entfernungen ins römische Weltreich gemessen.

Mit dem Zusammenbruch des römischen Reiches begann die Abwanderung der Bevölkerung aus den Städten. Sie wurden zum Teil zu Festungen umgebaut, die der Landbevölkerung in Kriegen als Zufluchtsstätte dienen konnten. Die christlichen Kirchengebäude wurden zu diesen Zeiten außerhalb der Umfassungsmauern gebaut, da diese sich meist in der Nähe von Heiligengräbern befanden. Tote mussten nach römischem Gesetz vor der Stadt begraben werden. Es bildete sich eine bäuerliche Gesellschaft, in der die Bedeutung der Städte als Verwaltungszentrum und Sitz von Handwerksbetrieben zurückging.

Erst mit dem Sesshaftwerden der in Europa eingedrungenen Völker und den Neuerungen in der landwirtschaftlichen Produktion begann das neue Wachstum der Städte. Handel und das wieder aufkommende Handwerk führten zu einem wirtschaftlichen Aufschwung und zu einem Anwachsen der Bevölkerung. Die Arbeitskräfte wanderten jetzt vom Land in die Stadt, und hier nahm die Zahl der Händler und Handwerker ständig zu. Die Städte wuchsen über die alten römischen Befestigungen hinaus, und damit wurden die ehemals vorgelagerten Kirchen und Bischofssitze wieder in die Städte einbezogen. Diese verdichteten sich immer mehr, so dass die Straßen immer dunkler wurden. Die alten Stadtbefestigungen mussten ständig erweitert werden, zum Teil mehrmals in einem Jahrhundert. Dies kann man an der ringförmigen Struktur der Straßen vieler Innenstädte ablesen.

Die italienischen Städte hatten bis in ihre antike Vergangenheit immer einen anderen Charakter als die Städte der Kulturen nördlich der Alpen. Während sich die slawische Stadt meist um den Handelsmittelpunkt gründete, wurde in Italien erst nach dem Entstehen der Stadt der Raum für einen Platz geschaffen. Auf der Piazza fand das öffentliche Leben statt; auf ihr wurde in römischer Zeit Recht gesprochen. In Siena werden auf dem Campo jedes Jahr Fehden ausgetragen, bei denen die einzelnen Stadtteile im Pferderennen (Palio) gegeneinander antreten; diese Veranstaltung ist ein Symbol für den Krieg.

Nördlich der Alpen entwickelte sich der Platz aus einem Marktflecken, meist an der Kreuzung von Handelswegen. An diesen Tauschplätzen – mitten in den tiefen Waldlandschaften – wurden dann Hütten gebaut, und im Laufe der Jahrhunderte entstanden hier die Städte.

In der Renaissance wurden Gebäude und Plätze nach der Sonne und den Sternen ausgerichtet, wie z.B. der Domplatz in Pienza oder das Castel Monte.

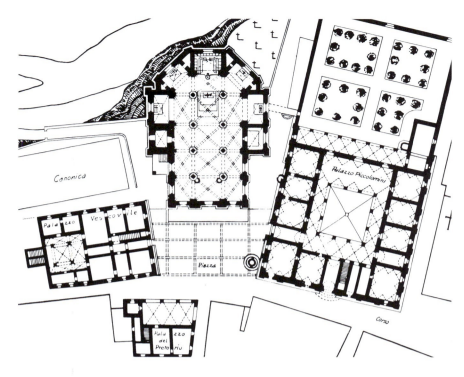

1.9.9
Der Grundriss der Piazza in Pienza mit den umliegenden Bauten

1.9.10
Der Campo von Siena während des zweimal im Jahr ausgetragenen Palio

1.9.11
Dieser Stich von Erfurt zeigt, wie eng die Stadt gebaut ist und wie hier die Kirchen St. Severin und der Dom die Stadt überragen.

1.9.12
Das Bild zeigt die Innenstadt von Gent. Die Kanäle als Transport- und Handelswege lockern die Enge der mittelalterlichen Stadtstruktur auf.

In der Idealstadt der Renaissance stand der Mensch im Mittelpunkt des Architekturensembles, in dessen Konzeption die Landschaft eingeschlossen wurde. Die Beziehung zwischen Mensch und Natur war eine der wichtigsten Komponenten der Renaissancearchitektur. Der Mensch sah sich als Teil der Natur. Er wollte in sie eingeflochten sein und an ihr teilhaben.

Heute sind dem Wachstum der Städte kaum Grenzen gesetzt. Durch die modernen Verkehrsmittel, wie Schiff, Flugzeug und Straßen- und Schienenverkehr, können Versorgungsgüter aus einem sehr weiten Umkreis herangeholt und viel mehr Einwohner in den Städten versorgt werden. Außerdem ist die Auswahl an Gütern und Luxusgegenständen sowie an Kultur- und Gesellschaftsveranstaltungen in der Stadt viel größer als auf dem Lande. Dies begründet die Attraktivität von Städten und führt deshalb zu immer weiterem Wachstum. Die Errichtung von Wasser- und Abwasser- sowie von Strom- und Gasnetzen lässt eine viel dichtere Stadtstruktur zu als dies noch im 19. Jahrhundert möglich war. Besonders der Individualverkehr ermöglicht das Wohnen in den Vorstädten und das Arbeiten und Einkaufen im Zentrum.

Dem Drang der Menschen, immer höher zu bauen, gingen einige entscheidende Neuerungen in der Bautechnik voraus. New York als die wohl bekannteste Stadt der Welt kann hier als Beispiel dienen.

Die technischen Beschränkungen traditioneller Bauart wurden mit den neuen Stahlkonstruktionen und den verbesserten Aufzügen aufgehoben. Der steigende Bedarf an Bürofläche zum Ende des vorletzten Jahrhunderts konnte gedeckt werden, indem die Büroflächen übereinander gelagert wurden und Hochhäuser mit mehreren hundert Metern Höhe gebaut wurden.

In keiner Stadt wohnen so viele Menschen auf engem Raum wie zwischen dem East River und der West Side von New York. Nirgends schatten sich die Häuser gegenseitig so stark ab wie hier.

1.9.13 (oben)
Fassade einiger Bürgerhäuser am Grande Place in Brüssel

1.9.14 (unten links)
In Paris wurden die Straßen durch Baron Haussmann Mitte des 19. Jahrhunderts wie Schneisen in die Stadt geschnitten. Diese Fluchten bestimmen heute noch das Stadtbild von Paris.

1.9.15 (unten rechts)
Öffentlicher Raum wurde transparent überdeckt, wie hier die Galeries St.-Hubert in Brüssel

1.9.16 (vorherige Seite, oben)
Die Villa Savoye wurde in den 20er Jahren des letzten Jahrhunderts von Le Corbusier erstellt

1.9.17 (vorherige Seite, unten)
Mit seinen Unités in Berlin und Marseilles versuchte Le Corbusier die Funktionen einer Stadt in einem Gebäude unterzubringen

1.9.18 (oben)
Auf begrenztem städtischem Raum wurden mit der Zeit die Grundrisse nur noch in der Höhe vervielfältigt

1.9.19 (unten)
In den Schluchten dieser Großstädte gelangt das Tageslicht nur noch selten in den öffentlichen Raum, wie hier am Beispiel von New York.

Raum, Zeit und Licht

Raum wird durch die Kultur und die Art des Zusammenlebens der Menschen, die darin leben, definiert. Er wird durch Licht für die visuelle Wahrnehmung erfahrbar. Um jedoch die Mehrdeutigkeiten und optischen Täuschungen der visuellen Wahrnehmung zu vermeiden, benötigen wir für die Raumwahrnehmung unbedingt auch die anderen Sinnesorgane. Raum und alle Kategorien, mit denen wir unsere Umwelt beschreiben, benötigen für die Wahrnehmung mindestens zwei Sinnesorgane. Die visuelle Wahrnehmung allein ist nicht geeignet, Raum und Ambiente zu beschreiben. Die Transparenz eines Raumes macht die Beziehung zwischen dem Raum, in dem sich der Mensch befindet, und den Nachbarräumen deutlich. Die Beziehung zum Außenraum ist dabei besonders wichtig, weil sie die Verbindung zur Sonne und zum Wetter sowie zu den Mitmenschen darstellt. Daher ist die Transparenz des Raumes nicht notwendig, um Licht in einen Raum hineinzulassen, sondern um den Nutzer eines Raumes in Beziehung zum Licht der Sonne, aber auch zum Ambiente des Außenraumes zu setzen. [41 bis 43]

Wir nehmen Raum – nicht Licht – wahr. Damit sind **Raum** und **Licht** untrennbar verbunden. Sie bedingen sich. Durch die Informationen der anderen Sinnesorgane entstehen andere Raum-Zeit-Vorstellungen, als wenn wir als einzige Informationsquelle die Bilder auf der Retina zur Verfügung hätten.

Nicht die *gesehenen*, sondern die *wahrgenommenen Bilder* des Ambientes sind Grundlage des menschlichen Handelns. Da unsere Raum-, Zeit- und Lichtvorstellungen nicht nur durch den Gesichtssinn, sondern durch alle Sinne geprägt sind, können unmittelbar aufeinander folgende Lichtreize, obwohl sie *gleich* sind, zu *unterschiedlichen* Reaktionen des Menschen führen.

Tageslicht ist der alles bestimmende Takt- und Zeitgeber des menschlichen Lebens. Die wesentlichen Körperfunktionen sind damit synchronisiert. Täglich benötigen wir eine ausreichende Menge an Sonnenlicht: Die notwendige Dosis ist erheblich höher als die in den Normen und Arbeitsstättenrichtlinien festgelegte. [44 bis 49]

Unsere Raum- und Zeitvorstellungen entwickeln sich im Laufe unseres Lebens. Sie werden dauernd an neue Situationen angepasst und unterliegen daher ständigen Änderungen. [43]

Da unser Ambiente einem stetigen Wandel unterworfen ist, und besonders das sich stetig ändernde Sonnenlicht die Umwelt fortwährend in *neuem Licht* erscheinen lässt, mussten die Menschen lernen, die für sie wichtigen unveränderlichen Aspekte des Ambientes wahrzunehmen. Nur diese sind für die Wahrnehmung von Bedeutung und führen zu einer bleibenden Prägung (Gedächtnis).

Die Dimensionen des Raumes, Form und Material der Objekte, Rhythmus sowie Verlauf der Zeit und die kulturellen und sozialen Formen des Zusammenlebens sind die wesentlichen Invarianten der Wahrnehmung. Damit sind sie Grundlage allen menschlichen Handelns.

Unsere Wahrnehmung besteht also aus einer kulturabhängigen und einer kulturunabhängigen Komponente. Menschen werden daher durch den Ort, in dem sie leben, und die Kultur und Gesellschaft, in der sie aufgewachsen sind, im Wesentlichen geformt. Jeder Ort auf unserer Erde ist durch sein Tageslicht und seine klimatischen Verhältnisse ganz wesentlich gekennzeichnet. Dies prägt auch die dort lebenden Menschen.

Kunstlicht spielt für die Entwicklung der Wahrnehmung nur eine sekundäre Rolle. Es wird entsprechend den vom Tageslicht geformten Maßstäben bewertet.

1.9.20
Der Chorraum gotischer Kirchen ist eine Fügung von Raum und Licht

Licht

Wie schon in den vorhergehenden Kapiteln angedeutet, haben die Lichtwissenschaften diese Sicht der Wahrnehmung und damit auch des Lichtes nicht geteilt und sich daher auch nicht unter diesem Aspekt mit Licht befasst.

Die heutigen Empfehlungen für Licht berücksichtigen nur die Arbeitsweise des *Sehsystems*. Die Erkenntnisse daraus übertragen sie auf die Wahrnehmung, was wegen der unterschiedlichen Funktionen beider Systeme zu einer völlig anderen kausalen Verknüpfung zwischen Lichtempfindungen und menschlichem Handeln führt.

Eine solche Betrachtungsweise hat dazu geführt, dass Tages- und Kunstlicht als unterschiedliche Qualitäten angesehen werden und besonders das Kunstlicht gegenüber dem Tageslicht völlig überbewertet wird. Außerdem werden emotionale, ästhetische sowie assoziative Wirkungen des Lichtes nicht berücksichtigt. Man kann deshalb feststellen, dass die heutigen Empfehlungen für gutes Licht die für den Menschen wichtigsten Gesichtspunkte nicht berücksichtigen.

Selbstverständlich sind damit auch die Vorstellungen über die menschliche Wahrnehmung völlig unzureichend. Als Folge daraus wird bei der Erforschung der Lichtwirkungen auf den Menschen eine völlig unzureichende Methodik angewendet. Sie lehnt sich im Wesentlichen an den Determinismus der Naturwissenschaften an, der nur für *tote Materie* geeignet ist. Wendet man diese Methodik auf den Menschen an, so sind die Voraussetzungen – Konstanz des Versuchsobjektes während des Experimentes – nicht gewahrt.

Da sich die Empfehlungen für *gutes Licht* nur um die mess- und berechenbaren Kriterien kümmerten und die architektonischen, gestalterischen und ästhetischen Kriterien nicht berücksichtigt wurden, entwickelten sich *Arbeitslicht* und *schönes Licht* zu Gegensätzen. Es entwickelte sich eine Arbeitsteilung zwischen Technikern und Gestaltern, die dazu führte, dass das *Arbeitslicht* auf die Schönheit und das *schöne Licht* auf die Berechenbarkeit verzichten mussten.

Während die Empfehlungen für natürliches und künstliches Licht (DIN 5034 und DIN 5035) in Deutschland über die Arbeitsstättenrichtlinien quasi zum Gesetz erhoben wurden und damit das Einhalten der DIN-Norm einklagbar ist, herrscht außerhalb der Arbeitsplätze scheinbar die *große Freiheit des Gestaltens*. Da es im Bereich des *schönen Lichtes* keine Empfehlungen gibt, und die Zusammenhänge mit Architektur und Gestaltung sehr schwierig zu durchschauen sind, wenden immer mehr Lichtplaner die Empfehlungen des Arbeitslichtes auf das *schöne Licht* an.

Gutes Licht bedeutet daher nicht besseres Sehvermögen oder bessere Sichtverhältnisse, sondern eine höhere Qualität des Ambientes, in dessen Mittelpunkt der Mensch steht.

Lichtgestaltung bedeutet daher im Wesentlichen Gestaltung der Umwelt und erst in zweiter Linie Gestaltung des Lichtes. Lichtgestaltung muss besonders die Wahrnehmungserfahrung der Menschen berücksichtigen und durch das Gestalten der Umwelt Assoziationen zu den bisherigen Lichterfahrungen schaffen. Sie muss besonders die Ausdrucksformen der Menschen in Sprache, Schrift, Architektur, Kunst usw. berücksichtigen und die Verbindung zum Licht mit Worten in der allgemeinen Bedeutung einer Sprache beschreiben. Wenn zur Beschreibung Fachbegriffe benutzt werden, wie heute in der Lichttechnik allgemein üblich, so ist eine Kommunikation zwischen den Planenden und den Nutzenden des Lichtes nur schwer möglich.

1.9.21
Das durch die Fenster gefärbte Sonnenlicht bildet Farbtupfer auf den Säulen der Kathedrale Saint Leu d'Esserent

1.9.22
Modell der Wahrnehmung

Zunächst einmal verstehen Menschen nur die Wirkungen des Lichtes, die sie am eigenen Leibe spüren können und schon selbst erfahren haben. Das Wertesystem der Lichtgestalter muss mit dem der Lichtbenutzer übereinstimmen, und es muss eine Verständigung in der gleichen Sprache möglich sein.

Besonders wichtig ist, dass nicht die Wertesysteme des Nutzers und des Errichters vermischt werden, weil diese ohne weiteres unterschiedlich sein können, denn die beiden Wertmaßstäbe können sogar zu konträren Anforderungen einer Beleuchtungsanlage führen. So sind z.B. die Wirtschaftlichkeit und Wartbarkeit einer Beleuchtungsanlage für den Betreiber eine äußerst wichtige Qualitätskennzahl, während der Zusammenhang zum Wohlbefinden und der Akzeptanz des Nutzers einer Beleuchtungsanlage nicht unbedingt gegeben ist.

Es macht auch wenig Sinn, beim Licht zwischen Qualität und Quantität zu unterscheiden, da jedes Qualitätsmerkmal auch quantitativ bewertet werden muss. [37] So kann man sicherlich zwei grundsätzlich unterschiedliche Verständnisse von Lichtqualität feststellen. Einerseits haben wir hier die Lichtqualität, die in Normen, Vorschriften und photometrischen Gesetzen beschrieben wird, und andererseits die sehr viel umfassendere von Architekten, Künstlern und Lichtgestaltern. Man kann ganz sicher sagen, dass Bauherren, die Lichtplanung in Auftrag geben, eher eine Lichtqualität wie sie Architekten, Künstler und Lichtgestalter verstehen, erwarten.

Um die Qualitätsvorstellung eines Bauherrn zu erfüllen, sind die Planer natürlich daran interessiert zu wissen, welche Qualitätsvorstellung der Bauherr und welche Möglichkeiten der Planer hat, diese durch geeignete Gestaltung zu erreichen, d.h., er möchte wissen, welchen Einfluss die geeigneten Gestaltungsmaßnahmen auf die Lichtqualität haben; er möchte die Kausalzusammenhänge zwischen Lichtqualität und Gestalten der Umwelt wissen. Nur so wird es ihm möglich sein, zielgerichtet seinen Auftrag zur Zufriedenheit des Bauherrn zu erfüllen.

Ein ganz wichtiger Aspekt dieser Qualitätsdefinition und der Kausalzusammenhänge zur Umwelt besteht darin, dass beide zwischen Planer und Bauherr abgestimmt werden müssen, d.h., es 0müssen gemeinsame Grundlagen für die Kommunikation existieren. Ein solches Wertesystem kann nicht im Rahmen eines Projektes entwickelt werden, sondern es muss vorher bei beiden Beteiligten im Wesentlichen ausformuliert sein und im Rahmen eines Projektes nur noch in Details abgestimmt werden.

Wenn wir bei der Definition von Lichtqualität jedoch versuchen, die zusammengehörenden Sinneseindrücke wieder voneinander zu separieren und ihren Einfluss getrennt zu betrachten, so scheint das eine wesentliche Ursache dafür zu sein, dass die bisherigen Versuche, Lichtqualität zu beschreiben, nicht erfolgreich waren.

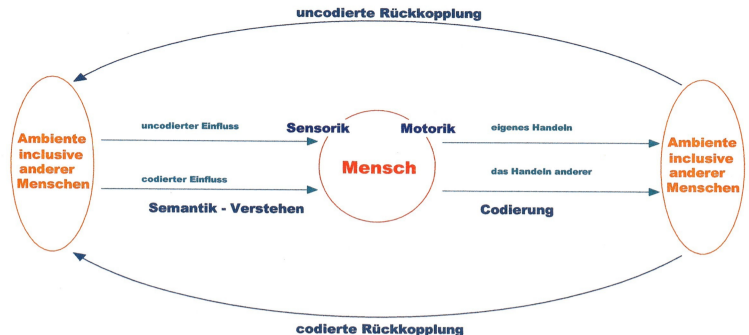

1.9.23
Verbindung zwischen Sensorik und Motorik des Menschen

Bei der Bewertung von gutem Licht wird keine Unterscheidung zwischen *schönem Licht* und *Arbeitslicht,* dem natürlichen und künstlichen Licht sowie den Einflüssen auf Körper und Psyche gemacht. Es wird auch nicht zwischen rationalen und emotionalen Wirkungen des Lichtes unterschieden.

Dass die Wertmaßstäbe für gutes Licht so stark von naturwissenschaftlichen Vorstellungen geprägt wurden, hat dazu geführt, dass bei einer Beleuchtungsanlage nur ein ganz kleiner Prozentsatz der wichtigen Aspekte des Lichtes berücksichtigt wird und über die zusätzlichen die abenteuerlichsten Vorstellungen herrschen. Jeder Mensch fühlt sich auf Grund seiner persönlichen Lichterfahrungen berufen, bei der Verwirklichung guten Lichtes mitzureden.

Wie schon in den vorhergehenden Kapiteln angedeutet, ist es daher nicht sinnvoll, weiterhin darauf zu warten, bis die Maßstäbe für gutes Licht auch von der Wissenschaft nachvollzogen werden. Die momentan herrschenden beiden sehr unterschiedlichen Theorien führen zu großen Irritationen in der Branche, und besonders Gruppen, die mit Architekten und Fachleuten aus der klassischen Lichttechnik zusammenarbeiten, haben äußerste Schwierigkeiten, wenn sie in der Ausübung ihres Berufes so einfache Lichttheorien vertreten, wie sie gegenwärtig in der Lichttechnik vorzufinden sind.

Wenn wir also die Erkenntnisse und Erfahrungen der Berufsgruppen, die seit jeher gewohnt sind, die Umwelt für Menschen zu gestalten, schnellstens dazu benutzen, eine umfassende Theorie zu erstellen, die den Einfluss der Umwelt und damit auch des Lichtes auf das Denken, Empfinden und Wohlbefinden der Menschen berücksichtigt, so wäre dies von unschätzbarem Vorteil für die Lichtbranche. Noch größer wäre der Vorteil für die Menschen, für die Licht geplant und gestaltet wird.

Für Architekten und Lichtplaner, die die umfassendere Lichtphilosophie haben, ist es nur schwer nachvollziehbar, warum nach 100 Jahren Lichtforschung der photometrische Weg noch immer favorisiert wird. Dabei spielt sicherlich die Tatsache eine große Rolle, dass die gesamte technische Lichtwelt auf dieser Betrachtungsweise basiert und ein Umschwenken auf eine grundsätzlich neue Richtung ein Verlassen der alten Überzeugungen bedeutet. So wird das Festhalten an dem photometrischen Weg damit begründet, dass er ja in 95 % aller Fälle zu guten Ergebnissen führt und daher niemand Interesse daran hätte, in aufwändige und langwierige Forschungen zu investieren. [50 bis 53]

Der Erfüllungsgrad von 95 % lässt sich nur dadurch erklären, dass hier von einer völlig anderen Lichtqualität gesprochen wird als in der Praxis von Architekten und Lichtplanern gefordert. Aus meiner Erfahrung kann ich eher sagen, dass die bisherigen Vorstellungen über Lichtqualität zu 95 % nicht erfüllt werden und daher ein dringender Bedarf für ein Umdenken und einen Neuanfang gegeben ist.

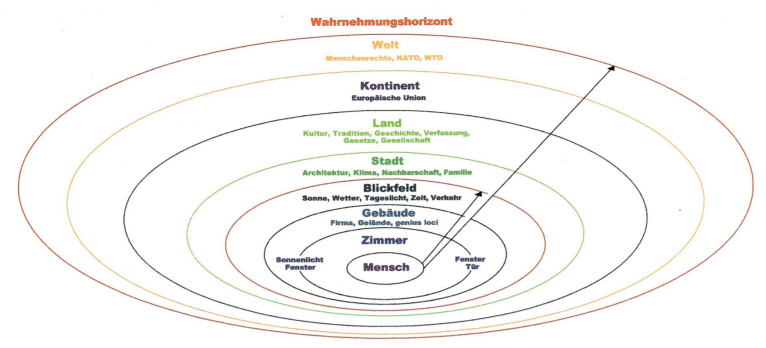

1.9.24
Wahrnehmungssphären – Beziehung zwischen Mensch und Umwelt (Schalenmodell)

Auch nur so lässt sich erklären, dass das Knowhow von Architekten und Lichtplanern über die *andere* Lichtqualität bisher überhaupt nicht genutzt und bisher auch nicht für die weiteren Überlegungen berücksichtigt wurde.

Wie schon mehrfach in den vorhergehenden Kapiteln angedeutet, scheint das *natürliche Licht* die Lebensgrundlage der Menschen zu sein. Dies ist für das physische und psychische Wohlempfinden unbedingt notwendig.

Nach heutigen Erkenntnissen muss jeder Mensch einer Sonnenstrahlungsdosis von 2.000 bis 3.000 Lux täglich 3 bis 4 Stunden ausgesetzt sein, damit sein Hormon- und Immunsystem einwandfrei arbeitet. Diese Bestrahlung ist vor allem in einem regelmäßigen Rhythmus notwendig, weil der Körper dem natürlichen Tag- und Nachtrhythmus der Jahreszeiten angepasst ist, den die Sonne vorgibt. Ein Bestrahlungsrhythmus, der nicht synchron damit verläuft, wird ebenfalls zu Unwohlsein und schlimmstenfalls zur Krankheit führen. [46, 49]

Anhand dieser Maßstäbe kann man feststellen, dass mehr als die Hälfte aller Menschen in den westlichen Industrieländern nicht die biologisch notwendige Dosis von Sonnenlicht erhält und sich so die hohe Rate von »**S**easonal **A**ffective **D**isorder«-Kranken erklärt (ca. 25% der Gesamtbevölkerung). [49]

Dass auch die Psyche des Menschen durch Vorgänge in seiner Umgebung beeinflusst wird, ist inzwischen bekannt. Wie stark jedoch Mangel an biologisch richtigem Licht durch geeignete psychologische Faktoren beeinflusst werden kann, entzieht sich noch unserer Kenntnis. Es gibt jedoch Anzeichen aus zahlreichen Untersuchungen, die eine starke Beeinflussung der Psyche durch Lichtverhältnisse nahe legen. Es soll daher in dem folgenden Kapitel, das sich mit dem Gestalten von Licht befasst, besondere Aufmerksamkeit auf die psychologischen Umweltbedingungen gelegt werden.

2 Gestalten mit Licht

2.1
Sonnenlicht und Struktur
Fassade, Institut du Monde Arabe
Architekt Jean Nouvel

2.2
Kunstlicht und geschlossene Körper
Bundeskunsthalle in Bonn
Architekt Gustav Peichl

2.3
Licht und Transparenz
Bibliothek Institut du Monde Arabe,
Paris

Lichtgestaltung ist immer als Gestaltung von Lebensraum zu verstehen; sie ermöglicht uns die Orientierung und die Wahrnehmung von Räumen jeglicher Art. Licht versetzt uns in die Lage, visuell Informationen von der Umwelt zu erhalten und uns so ein besseres Bild von ihr zu verschaffen.

In diesem Teil des Werkes soll dargestellt werden, wie man durch die Gestaltung von Licht und Raum den Vorstellungen und Erwartungen der Menschen entgegenkommen kann. Die Raum- oder Lichtsituationen werden dabei in der Sprache der Architekten, Innenarchitekten, Designer und Künstler beschrieben.

2.1 Aufgaben des Lichtplaners

Lichtplaner werden in ein Projekt einbezogen, wenn der Architekt und/oder Bauherr Unterstützung bei der Umsetzung der Lichtvorstellungen benötigen. Neben dem besonderen Lichtentwurf wird vom Lichtplaner erwartet, dass die abgestimmten Lichtvorstellungen in einem vorgegebenen Zeit- und Kostenplan verwirklicht werden und selbstverständlich mit den bestehenden Normen in diesem Bereich konform gehen. Um dies zu erreichen, ist eine enge Zusammenarbeit mit allen Planenden notwendig.

Deshalb sollte ein Lichtplaner frühzeitig in ein Projekt eingebunden werden, damit die Anforderungen an das Licht rechtzeitig mit den Entwürfen der Architekten, Innenarchitekten und denen für die anderen technischen Gewerke koordiniert werden können.

Der Lichtplaner muss vor allem mit den kulturellen und gesellschaftlichen Vorstellungen der Nutzer vertraut sein, damit er die Lichtaufgabe entsprechend den Erwartungen lösen kann.

Dabei spielt natürlich die weitreichende Erfahrung des Lichtplaners eine große Rolle. Diese kann er nur mit einer Vielzahl von Projekten unterschiedlicher Funktionen sammeln. Gute Kenntnisse über Lampen und Leuchten sowie Wissen über den Lichtmarkt sind außerdem für seine Aufgaben unerlässlich.

2.4
Tageslicht und architektonische Form
Nôtre-Dame-du-Haut, Ronchamp
Architekt Le Corbusier

2.5
Reflexion und Material
Barocker Saal des Schlosses Herrenchiemsee

2.2 Qualitative Gestaltungskriterien

Wie im Kapitel 1.9 dargelegt, wird die Wahrnehmung eines Menschen geprägt durch die Kultur der Gesellschaft, in der er lebt, durch die Gesetze des Zusammenlebens dieser Gesellschaft und durch die Erziehung und Ausbildung, die er in Familie, Gesellschaft und Kulturkreis erfahren hat, aber auch durch die persönlichen Lebensumstände, in die er hineingeboren wurde und in denen er leben muss.

Außerdem wird der Mensch durch den Ort geprägt, an dem er aufgewachsen ist. Er wird beeinflusst durch dessen Klima und dessen Lichtverhältnisse. Das Ergebnis dieser Prägung spiegelt sich in seinem biologischen Rhythmus wider; dieser stellt sozusagen den Einfluss der Umwelt, des Klimas und des natürlichen Lichtes auf den Menschen dar.

Es ist daher verständlich, dass die Lichtvorstellungen durch das natürliche Licht geprägt werden, da der Mensch den wesentlichen Teil seines Lebens unter diesen Lichtbedingungen lebt.

Da Architektur die Lichtverhältnisse des Außenraumes reduziert und damit auch die Verbindung zwischen dem natürlichen Licht und dem biologischen Rhythmus des Menschen schwächt, müssen geeignete Fenster und Oberlichter entworfen werden, damit der biologische Rhythmus nicht vom Gang des natürlichen Lichtes abgekoppelt wird.

Will man die Wirkungen des Lichtes auf den Menschen umfassend berücksichtigen, muss man das natürliche und das künstliche Licht, das »schöne« und das »Arbeitslicht«, sowie das Licht für den Innen- und Außenraum gleichermaßen berücksichtigen.

Die Bewertung des Kunstlichtes erfolgt dabei auch auf Basis der Wertmaßstäbe des natürlichen Lichtes.

Da keine unmittelbare Verbindung zwischen den Sinneseindrücken und dem Handeln bzw. Verhalten der Menschen ersichtlich ist, muss man auch im Hinblick auf die Planung der Lichtgestaltung nach Beweggründen für das menschliche Handeln suchen. Allgemein sind die Gründe für das menschliche Handeln im Gefühl, im Willen, in einer bestimmten Absicht oder in einer Zielsetzung zu suchen. Zu klären ist, welche Wertmaßstäbe dabei zugrunde liegen.

2.6
Sonnenlicht, Material und Oberfläche
Parc de la Villette, Paris
Architekt Bernard Tschumi

2.7
Guggenheim-Museum, New York
Architekt Frank Lloyd Wright

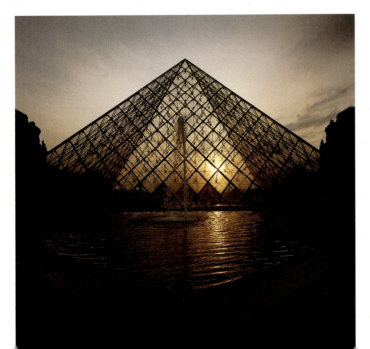

Entsprechende Wertmaßstäbe hat William Lam in seinen »Human Needs« [46] formuliert, die als Beweggründe für das menschliche Handeln bestimmend sein könnten. Er hat ursprünglich nur die drei folgenden Bedürfnisse genannt:

- **Orientierung in Raum und Zeit**
  (Genius Loci, Kultur, Tradition, Zeitgeist, Biorhythmus)

  Dazu gehört auch die Qualität des Ambientes unter funktionalen, architektonischen und ästhetischen Gesichtspunkten.

- **Privatheit und Kommunikation**
  (Kommunizieren, Wunsch nach Privatheit und/oder Öffentlichkeit)

- **Information und Aufklärung**
  (Vertrautheit)

  Verstehen der Situation und der Zusammenhänge

Nach den heutigen Forschungsergebnissen muss aber noch ein viertes hinzugefügt werden:

- **Abwechslung und Überraschung**
  (keine Monotonie)
  Neuheit und Originalität

In der tabellarischen Zusammenstellung »Allgemeine und spezielle Anforderungen an das Ambiente« (Seiten 96 und 97) sind diese im Zusammenhang mit den Anforderungen an das Licht aufgeführt, und im Folgenden werden sie ausführlich erläutert. Sie bilden die Grundlagen für das Ambiente und das Licht.

Architektur schafft Räume, die die Lebens- und Arbeitsbedingungen definieren. Sie stellt sozusagen ein »gestaltetes Ambiente« dar. Zu wünschen ist eine Gestaltung entsprechend den Human Needs. Damit werden Architektur und ihre Räume sowohl durch ihre funktionale Bestimmung als auch durch die Human Needs geprägt. Wohnen, Arbeiten und Vergnügen werden durch den biologischen Rhythmus der Menschen beeinflusst; und dieser spielt damit eine große Rolle in der Architektur, der Gestaltung der Räume, deren Ausstattung und Design.

Die funktionale und ästhetische Gestaltung der Architektur, der Innenarchitektur und der Ausstattung der Wohn- und Arbeitsräume bestimmt die

2.8 bis 2.10
Abendstimmung am Meer,
an der Seine und
am Louvre in Paris

2.11
Tief stehende Sonne im Palais Royal, Paris

2.12
Projektion der Glasfenster in der Kathedrale Saint Leu d'Esserent

2.13
Introvertierte Lichtstimmung auf der Bühne der Liederhalle, Stuttgart

2.14
Waldweg im Sommer

2.15
Beziehung zwischen Klosterhof und Kreuzgang

2.16
Schatten in einem Laubengang

2.17
Die Hektik des O'Hare Airport in Chicago
Architekt Helmut Jahn

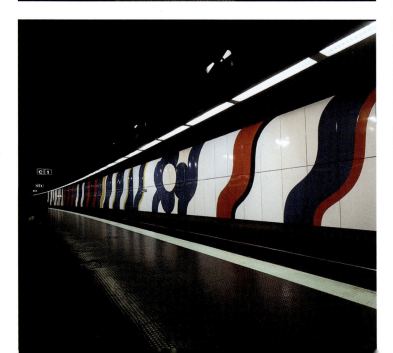

Akzeptanz eines Nutzers. Der Ausdruck eines Raumes, die Lichtstimmung, die verwendeten Materialien sowie ihre Wertigkeit beeinflussen Stimmung, Motivation und Akzeptanz einer Situation. Das Ambiente muss sowohl den funktionalen Nutzungsanforderungen als auch dem Wunsch nach Repräsentation und persönlichem Anspruch genügen. Jede Situation, in der sich ein Mensch befindet, muss von ihm verstanden werden; andernfalls entstehen Unsicherheit und Angst.

Entsprechend ihren Funktionen kann man Architektur und Räume wie folgt unterteilen:

- Stadträume, Plätze
- Verwaltungsräume, Büros
- Wohnräume
- Museen
- Sakrale Räume, Kirchen
- Einkaufszentren.

(Ausgeführte Beispiele werden in Teil 3 dieses Werkes vorgestellt.)

Die Akzeptanz der Nutzer bezüglich Ästhetik, Ergonomie, Atmosphäre, Kommunikation und Privatheit sowie bezüglich des Verständnisses der Zusammenhänge wird also von der Erfüllung der genannten vier menschlichen Bedürfnisse bestimmt.

2.18
Wasser und Licht fließen in den Untergrund

2.19
Licht führt die Passagiere zum Terminal 1 auf dem Aéroport Charles-de-Gaulle, Paris

2.20
Bewegte Licht- und Farbgestaltung im Flughafenbahnhof, Zürich

2.21
»Herabrauschendes« Licht

In der fünfspaltigen Zusammenstellung auf den Seiten 96 und 97 sind in der zweiten und dritten Spalte Gestaltungsanforderungen an Ambiente und Licht formuliert worden, die auf den vorangestellten Human Needs basieren. Die Spalte »Anforderungen nach Human Needs« ist so formuliert, dass in der Gestaltung des Lichtes vorhandene Begriffe benutzt werden. Diese Anforderungen bestehen aus einem allgemeinen Teil sowie Anforderungen an das Licht, die nach der Tages- und Nachtsituation unterscheiden. Die Spalte »8 Gebote guter Lichtgestaltung« gibt daneben die Bedürfnisse in der Sprache der Architekten wieder.

Im Folgenden wird detailliert erläutert, welchen Beitrag das Licht zur Erfüllung der Human Needs liefern kann. Die Ausführungen sind so aufgebaut, dass sich zeigt, wie Ambiente und Licht die Stimmung des Menschen beeinflussen und wie diese wiederum direkt und indirekt das Verhalten der Menschen in Abhängigkeit von Licht und Ambiente beeinflusst. Die Stimmung ist sozusagen das Ergebnis der Bewertung von Ambiente und Licht. Atmosphäre ist sozusagen die Beschreibung von Ambiente und Licht im Hinblick auf die Wirkung auf den Menschen, d. h., es gibt eine direkte Korrelation zwischen Stimmung und Atmosphäre. Die beiden Ausführungen über die Anforderungen an das Licht verdeutlichen, welche sichtbaren Licht- und Architekturerscheinungen die Atmosphäre beeinflussen.

Die beiden letzten Spalten der tabellarischen Zusammenstellung zeigen die zur Zeit existierenden Empfehlungen für das Gestalten von Licht. Die vorletzte Spalte enthält den neuen IES-Lighting-Code der Illuminating Engineering Society of North America (IESNA), während die letzte Spalte die Anforderungen der deutschen Normen für Tages- und Kunstlicht beinhaltet. Die Lighting-Codes aller anderen Länder sind nahezu identisch mit den beiden DIN-Normen.

Wie man leicht feststellen kann, enthalten die DIN-Normen nur photometrische Vorgaben; Architektur, Design und Atmosphäre sind nicht enthalten, während der amerikanische Code zwar alle Abhängigkeiten auflistet, jedoch keine Hierarchie und Abhängigkeit zur Kultur und Architektur beinhaltet und daher für den Gestalter keine klaren Anweisungen gibt.

2.22
Sonnenflecken in der Nacht
Kunstmuseum, Bonn
Architekt Axel Schultes

2.23
Die Außenwirkung von
Fenstern in der Nacht
Westfälische Provinzial und
Feuerversicherung, Münster
Architekt Harald Deilmann

Während die ersten drei Spalten kulturunabhängige Anforderungen definieren, sind der IES-Lighting-Code sowie die DIN-Normen nur für die Kulturen der westlichen Industrieländer geeignet. Die Empfehlungen der ersten drei Spalten müssten demnach noch durch einen kulturabhängigen Teil ergänzt werden. Man kann jedoch sagen:
Die Kriterien der Qualität sind kulturunabhängig, während die Quantität jedes Qualitätsmerkmales kulturabhängig ist.

Im Kapitel 2.3 »Quantitative Gestaltungskriterien – Dimensionierung des Lichtes« wird der Versuch unternommen, für die westlichen Industrieländer Richtlinien zur Bemessung des Lichtes aufzustellen.

2.24
Erweiterung eines Konferenzraumes in den Innenhof

2.25
Helle Wände erweitern einen Raum,
Städtisches Museum,
Mönchengladbach
Architekt Hans Hollein

2.26
Zusammenspiel von Tages- und Kunstlicht in der Ernst Barlach Stiftung, Güstrow
Architekt Jungjohann + Hoffmann

Allgemeine und spezielle Anforderungen an das Ambiente. Licht gehört zum Ambiente

Human Needs	Anforderungen nach Human Needs

1 Allgemeine Anforderungen

1.1 Licht und Ambiente eines Aufenthalts- und/oder Arbeitsplatzes müssen den durch Kultur, Gesellschaft und Erziehung geprägten Erwartungen der Nutzer entsprechen. Die Erwartungen beziehen sich auf die Funktionalität, Ästhetik, Ergonomie etc. der Räume und ihrer Ausstattung. Sie müssen so gestaltet sein, dass sie den biologischen Rhythmus der Menschen unterstützen. (**Orientierung in Raum und Zeit**)

1.2 In den Räumen muss man sich ungestört auf die gewünschte Tätigkeit konzentrieren (**Privatheit**) und sich auf Wunsch mit den Kollegen unterhalten können (**Kommunikation**).

1.3 Die Aufenthaltszonen müssen so angeordnet sein, dass die Fenster, der Raum, die Ein- und Ausgänge sowie die Aktivität anderer beobachtet werden können. Alles muss überschaubar und vertraut sein. Es dürfen keine dunklen und unübersichtlichen Zonen entstehen. (**Information** und **Aufklärung** sowie **Vertrautheit**)

1.4 Die Räume müssen **Abwechslung** und **Überraschung** bieten.

2 Weitere Anforderungen

Licht darf nicht durch Auffälligkeit, Unfunktionalität, Hässlichkeit (Stil) und durch ungeeignete Atmosphäre ablenken (blenden, flimmern, reflektieren). Besonders gravierend sind die störenden Einflüsse auf den Biorhythmus.

Persönlicher Wunsch nach:

- **Orientierung in Raum und Zeit** (Genius Loci, Kultur, Tradition, Zeitgeist, Biorhythmus)

- **Privatheit und Kommunikation** (Kommunizieren, Wunsch nach Privatheit und/oder Öffentlichkeit)

- **Information und Aufklärung** (Vertrautheit)

- **Abwechslung und Überraschung** (keine Monotonie)

2.1 **Am Tage** muss Licht entsprechend dem Biorhythmus belebend, aktivierend und motivierend sein.

Für das Wohlbefinden muss der Mensch den geeigneten Blickkontakt zur Außenwelt, zum Tag- und Nachtrhythmus, den Jahreszeiten, dem Wetter und der Umgebung haben (Qualität des Ausblicks, Fenstergröße/-orientierung, Art des Ambientes im Blickfeld, Anordnung des Arbeitsplatzes zum Fenster, Sichtschutz, Abdunklung, Sonnenschutz, zu öffnende Fenster etc.).

2.1.1 Der Mensch muss die biologisch notwendige Strahlungsdosis erhalten (2.000 bis 3.000 Lux 3 bis 4 Stunden pro Tag, UV- und IR-Strahlung, Vitamin D, Melatonin, Hormon- und Immunsystem).

2.1.2 Kunstlicht darf kein Ersatz für schlechtes Tageslicht sein, es soll das Tageslicht nur unterstützen. Am Tage erwartet man ein anderes Kunstlicht als in der Nacht.

2.2 **In der Nacht** muss Licht entsprechend dem Biorhythmus beruhigend, entspannend und erholend sein.

Das Kunstlicht muss zusammen mit der Ausstattung des Raumes die geeignete Atmosphäre (festlich, intim, beruhigend …) in Abhängigkeit von Funktion, Tätigkeit und Stimmung schaffen. Außerdem muss die Atmosphäre durch den Nutzer verändert und Bedürfnissen angepasst werden können.

2.3 **Atmosphäre** wird geschaffen durch:

2.3.1 Ausblick nach draußen (auch in der Nacht ist ein Fenster wichtig)

2.3.2 Helligkeitsverteilung im Raum (Wand, Decke, Boden)

2.3.3 Zonierung des Raumes und der Arbeitszone im Verhältnis zu den anderen Zonen

2.3.4 Licht- und Farbverläufe (Pattern, Leuchtenpattern im Raum und auf den Raumbegrenzungen)

2.3.5 Design der Leuchten und ihre Integration in den Raum (Leuchtenart, Lichtpunkthöhe, Dimension, Montageart, Sichtbarkeit)

| 8 Gebote guter Lichtgestaltung | Design Issues des IES-Lighting-Code | DIN 5034 und 5035 |

1. Das Licht sollte die Orientierung und die Bestimmung des Standortes der Menschen in Raum und Zeit ermöglichen.

    Unter Standort sind nicht nur die physikalischen Koordinaten in Metern und Zentimetern gemeint, sondern auch der Standort der Menschen in der Gesellschaft und Kultur. Ebenso wie unter Zeit nicht nur die Jahre, Stunden und Sekunden zu verstehen sind, sondern besonders der Bezug der Menschen zu ihrer Geschichte und Tradition.

2. Licht sollte integraler Bestandteil der Architektur und Innenarchitektur sein, d. h. von Anfang geplant und nicht nachträglich aufgesetzt werden.

3. Licht sollte durch seine Formen-, Farb-, Materialwahl und im Design- und Detailanspruch die Intentionen der Architektur und Innenarchitektur unterstützen und nicht eigenständig wirken.

4. Licht sollte eine Stimmung und Atmosphäre in einem Raum erzeugen, die dem Anspruch und der Erwartung der Menschen entspricht (z. B. festlich, feierlich, intim, offiziell, sachlich, billig, hell, schummerig, wohnlich, unentschieden, wertvoll, weit, niedrig, einladend, abweisend etc.).

5. Licht sollte die Kommunikation der Menschen untereinander fördern und ermöglichen.

6. Licht sollte eine Aussage und eine Botschaft vermitteln, die mehr signalisiert als nur Helligkeit. Es sollte einen eigenen Ausdruck haben.

7. Licht sollte in seinen wesentlichen Ausdrucksformen originell sein, d. h. nicht Massenware und Reproduktion von schon Vorhandenem sein.

8. Und – last not least – sollte Licht auch das Sehen und Erkennen der Umwelt ermöglichen.

Erscheinung von Raum und Leuchten

Farbwahl und -kontrast

Tageslichtintegration und -kontrolle

Direkte Blendung

Flimmererscheinungen (Stroboskop)

Beleuchtungsstärke, horizontal

Beleuchtungsstärke, vertikal

Materialeigenschaften/Wertigkeit

Lichtverteilung auf Oberflächen, auf Arbeitsebene (Gleichmäßigkeit)

Lichtverschmutzung und Immission

Leuchtenschall/Störgeräusche

Leuchtdichte der Raumoberflächen

Modelling von Gesichtern und Objekten

Periphere Wahrnehmung

Aufmerksamkeitszonen

Reflexblendung

Schatten

Anordnung der Arbeitsplätze (Leuchte – Arbeitsplätze – Auge)

Glanz/Highlights

Spezielle Anforderungen (International Council of Museum's Lighting – ICOM)

Systemkontrolle und Flexibilität

Leuchtdichteverhältnisse: 1 : 3 : 10

Mittlere horizontale Beleuchtungsstärke

Farbtemperatur und -wiedergabe

Lichtrichtung und Schattigkeit

Vermeidung von Direkt- und Reflexblendung

Minimale Fenstergröße

Kunstlicht als Tageslichtersatz

Tageslichtverlauf in Raumtiefe (1 %)

2.2.1 Anforderungen der Nutzer ans Ambiente und ans Licht

Wenn im Folgenden Einzelaspekte der Lichtgestaltung betrachtet werden, so bedeutet das nicht, dass jeder Aspekt für sich allein betrachtet werden kann, sondern die Gesamtheit aller Aspekte muss immer gleichzeitig betrachtet werden.

Es ist auch nicht möglich, von nur einem zu gestaltenden Architekturelement ohne Kenntnis der Zusammenhänge auf die Raum- und Lichtqualität zu schließen. Zum einen hängt jedes Element mit verschiedenen Aspekten der Qualität zusammen, zum anderen ist der Zusammenhang zwischen Wirkung und Ursache nur aus der Kultur, Gesellschaft sowie aus dem Genius Loci zu verstehen.

Gestaltung von Ambiente und Licht ist also nur aus der Position verstandener Zusammenhänge möglich. In der Terminologie der Wahrnehmung bedeutet dies, dass nur die Gestaltung wirksam ist, für die ein Kausalzusammenhang zwischen Ursache und Wirkung besteht. Dieser ist, wie eben schon erläutert, nur aus dem Verständnis der prägenden Wirkung von Ambiente und Licht auf den Menschen zu verstehen.

Die für die Beweggründe des Menschen ausschlaggebenden Bedürfnisse, die Human Needs, werden im Folgenden ausführlich erläutert.

2.2.1.1 Orientierung in Raum und Zeit
(Genius Loci, Kultur, Tradition, Zeitgeist, Biorhythmus)

Da sich die Evolution des Menschen unter natürlichen Lichtbedingungen entwickelt hat, ist sein Leben stark durch die Gestirne, besonders durch die Sonne, geprägt. Der Biorhythmus sowie die »innere Uhr« bedürfen einer ständigen Synchronisation mit der Sonne. Dies bezieht sich nicht nur auf den Stand der Erde zur Sonne, sondern auch auf die Dauer der Sonneneinstrahlung und die Intensität sowie die spektrale Zusammensetzung der Sonnenstrahlen.

Für das Funktionieren des Immun- und Hormonsystems werden sowohl der ultraviolette als auch der infrarote Anteil des Sonnenspektrums benötigt. Zur Synchronisation der »inneren Uhr« wird nach heutigen Erkenntnissen eine Vertikalbeleuchtungsstärke auf die Augen von 2.000 bis 3.000 Lux jeweils 3 bis 4 Stunden pro Tag benötigt. Da diese Größenordnung an Helligkeit im Vergleich zu dem bisher geforderten Kunstlichtniveau etwa fünfmal höher ist, scheint die Bereitstellung einer solchen Lichtmenge in Innenräumen nur auf der Basis von natürlichem Licht möglich zu sein.

Außerdem muss jede Bereitstellung eines Helligkeitsniveaus durch künstliche Beleuchtung in Übereinstimmung mit dem natürlichen Licht geschehen. Falls die künstliche »Bestrahlung« mit Licht nicht im Takt mit der natürlichen ist, wird spätestens am Feierabend bzw. am Wochenende eine erneute Synchronisation mit dem natürlichen Licht notwendig. Jedes Umstellen der »inneren Uhr« bedeutet jedoch Stress und führt langfristig zu Gesundheitsstörungen, d. h., die Orientierung in der Zeit kann im Wesentlichen nur dadurch geschehen, dass Menschen, die sich länger in einem Raum aufhalten müssen, einen guten Sichtkontakt zur Außenwelt haben.

Selbstverständlich darf man bei diesen Überlegungen unter Zeit nicht nur die in physikalischen Maßeinheiten messbare verstehen, sondern auch die in biologischen bzw. menschlichen Einheiten gemessene Zeit muss beachtet werden. Zur Letzteren gehört auch das Wissen der Menschen über ihre Geschichte, ihre Tradition sowie über den Zeitgeist.

Aus diesen Ausführungen ist zu ersehen, dass ein Ersatz des Tageslichtes durch Kunstlicht nur kurzfristig möglich ist. Ein dauerndes Ersetzen ist ökologisch fragwürdig und gesundheitsschädlich.

Der Blick aus dem Fenster ist aber auch notwendig, um den eigenen Standort zur Umgebung, den Nachbarn, der Stadt und der Natur sowie zum Wetter zu bestimmen. Das unmittelbar aus dem Fenster Sichtbare ist genauso wichtig wie das Wissen über die Zusammenhänge. Ersteres kann man als den Horizont des Sehens, das Zweite als den Horizont der Wahrnehmung bezeichnen. Ein Ersatz für den Blick aus dem Fenster ist wiederum nicht möglich, weil eine Simulation von Wetter, Natur (Jahreszeiten), Verkehr etc. kaum möglich ist. Eine ständige Information über die Ereignisse in der Umgebung sowie deren aktuellen Stand ist jedoch für das Zusammenleben in einer menschlichen Gemeinschaft unbedingt notwendig.

Im Innenraum von Gebäuden müssen daher die Tageslichtöffnungen (Fenster und Oberlichter) so positioniert und dimensioniert werden, dass der Informationsfluss von innen nach außen und umgekehrt nicht behindert und verfälscht wird. Dabei ist neben dem Informationsfluss aus dem unmittelbar Sichtbaren auch der Informationsfluss gemeint, der erst durch Wahrnehmungserfahrung zugänglich wird.

Die Fenstergröße darf also das Blickfeld nicht entscheidend reduzieren. Die Fensterscheiben sowie der Sonnen- und Blendschutz dürfen die Helligkeit und die spektrale Zusammensetzung des natürlichen Lichtes im Außenraum nicht verzerren. Der Ausschnitt der Außenwelt muss deshalb so

2.27 und 2.28
Natur in Dorf und Stadt

gewählt werden, dass das städtische Leben, die Natur sowie die Wetterbedingungen ungehindert beobachtet werden können. (Weiterführende Literatur hierzu, z. B. [54], enthält das Literaturverzeichnis.)

Bezogen auf die Qualität von Licht, reduziert sich jede Lichtsituation gemäß den Ausführungen zunächst einmal auf die Qualität des natürlichen Lichtes. Bei der Bewertung wird deshalb zuerst die Tageslichtqualität überprüft. Die Bewertung der Qualität hängt von einer großen Zahl von Faktoren ab, die schon erwähnt wurden, z. B. von der Nutzungsart des Raumes, von der geographischen Lage und von der Gesellschaft, in der der Nutzer aufgewachsen ist.

2.29 bis 2.52
Die Tages- und Jahreszeiten des Lichtes

2.53
Jalousien regeln die Beziehung
zwischen innen und außen

2.54
Römisches Atriumhaus,
Vorbild für romanische
Kreuzgänge

Das natürliche Licht ist der absolute Maßstab für die Bewertung jeder Form von Licht, besonders auch von Kunstlicht. Zum einen wird die visuelle Wahrnehmung selbst in den westlichen Industrieländern im Wesentlichen vom natürlichen Licht geprägt, d. h., die Art der Rhythmik, des Schattenwurfs und viele Lichtmerkmale, die für die Wahrnehmung von Raum und Zeit wichtig sind, werden durch das natürliche Licht geprägt.

Kunstlicht hat eine andere Art des Schattenwurfs, der spektralen Zusammensetzung und des zeitlichen Verhaltens. Es führt daher zu einer anderen Raum- und Zeitwahrnehmung; die Abweichung zum natürlichem Licht führt zu Irritationen. Zur Tageszeit verwendetes Kunstlicht macht immer deutlich, dass die natürliche Lichtsituation unzureichend ist und durch künstliches Licht substituiert werden muss. Es gibt eine große Zahl von Untersuchungen, die belegen, dass eine Kunstlichtanlage allein dadurch schlechter beurteilt wird, weil die Tageslichtqualität im entsprechenden Raum schlecht ist.

Es ist darauf hinzuweisen, dass man auch in der Nacht die Qualität des Tageslichtes recht gut beurteilen kann, weil natürlich die Art und Größe der Fenster bzw. Oberlichter aus der Erfahrung heraus beurteilt werden kann. Dies ist die Ursache, warum die Tageslichtqualität in einem Raum auch in der Nacht die Bewertung von Kunstlicht beeinflusst.

Wenn kein Tageslicht vorhanden ist (Nacht), erhält Kunstlicht eine andere Qualität. Es hilft, bestimmte Tätigkeiten in der Nacht fortzusetzen.

Genaueres zur Bewertung von Kunstlicht finden Sie im Abschnitt »Kunstlicht«, Seite 106.

Zusammenfassend lässt sich sagen:

Tageslicht definiert die Raum- und Zeitwahrnehmungen der Menschen.

Welche Qualität an Tageslicht gewünscht wird, unterscheidet sich für Menschen in verschiedenen Breitengraden, Klimazonen und Kulturen. Außerdem spielen persönliche Erfahrungen eine Rolle. Dabei ist auch die Tätigkeit, die Ausbildung sowie die Erziehung von prägender Bedeutung.

Tageslicht

Tageslänge und Jahreszeiten hängen sehr stark von den Breitengraden ab, auf denen die Menschen leben. Dabei unterscheiden wir drei Zonen. Die erste befindet sich zwischen den Wendekreisen, also zwischen 23,5° südlicher und nördlicher Breite. Im Zentrum dieser Zone liegt der Äquator auf 0°. In dieser Zone beträgt die Tageslänge im Durchschnitt fast 12 Stunden, d.h. die jahreszeitlichen Schwankungen der Tageslänge sind nicht besonders ausgeprägt.

Die Besonderheit eines Ortes in Äquatornähe ist dadurch gekennzeichnet, dass die Sonne im Verlauf des Kalenderjahres im Sommer im Süden 66,5° und im Winter im Norden 66,5° über dem Horizont steht. Für einen Ort nahe der Wendekreise ergibt sich im Sommer ein Sonnenhöchststand im Zenit bei 90° und im Winter bei ca. 45°. Jenseits dieser Wendekreise ist die Sonne im Laufe des Jahres nur noch über dem nördlichen bzw. südlichen Himmel zu sehen. Hier erreicht sie zu keiner Zeit des Jahres den Zenit.

Zwischen den Wendekreisen und den Polarkreisen wird mit zunehmender Entfernung von ihnen der Unterschied zwischen dem längsten und dem kürzesten Tag immer größer. Daraus folgt, dass an Orten zwischen den Wendekreisen die Tage und Nächte zu allen Jahreszeiten jeweils nahezu 12 Stunden lang sind, während die Stundenzahl auf den Polarkreisen zwischen 0 und 24 Stunden schwankt. Für den 50. Breitengrad beträgt z.B. die Tageslänge im Winter ca. 8 und im Sommer ca. 12 Stunden. Die Sonne steht entsprechend bei ca. 17° im Winter bzw. 67° im Sommer.

Nördlich bzw. südlich der Polarkreise gibt es im Sommer die Mitternachtssonne bzw. die »ewige Nacht« im Winter. Das hat zur Folge, dass das Sonnenlicht tagsüber einen flachen Einfallswinkel hat und daher z.B. vertikale Flächen wie Fassaden gegenüber den horizontalen Flächen viel mehr Helligkeit haben. Die Schatten sind sehr lang, und das Licht hat auf Grund des niedrigen Sonnenstandes einen hohen Rotanteil. Menschen, die die Lichtverhältnisse näher am Äquator gewohnt sind, empfinden dieses Licht als Abendlicht. Die Dämmerungsphasen in dieser Gegend sind sehr lang, während sie zwischen den Wendekreisen abrupt zu Ende gehen.

Wie schon erwähnt, ist die Zone zwischen den Wendekreisen durch sehr steile Sonneneinstrahlung gekennzeichnet. Hier scheinen horizontale Flächen viel heller als die Fassaden, und Schatten sind sehr kurz.

Neben der unterschiedlichen Strahlungsintensität und -dauer der Sonne haben Meeresströmungen und Landmassenverteilungen gravierenden Einfluss auf das Klima. In Meeresnähe gibt es geringe Temperaturschwankungen zwischen Sommer und Winter, während das Landklima in dieser Zeit große Unterschiede aufweist. Im Bereich der Wendekreise befindet sich der Wüsten- und Savannengürtel.

Neben diesen globalen Einflüssen ist für die Menschen die Beziehung zur unmittelbaren Umgebung sehr wichtig. Diese ist geprägt durch ländliches oder städtisches Umfeld. Auch die natürlich belassene und die vom Mensch gestaltete Umwelt sowie die Beziehung des Einzelnen zum direkten Nachbarn sind Bestandteile dieser Einflüsse.

Nehmen wir als Beispiel einen Angestellten, der ca. 8 Stunden in einem Bürogebäude eines mitteleuropäischen Landes arbeiten muss. Sein Arbeitsplatz befindet sich in einem Verwaltungsgebäude etwa auf dem 50. Breiten- und dem 8. Längengrad.

Das Klima, in dem er lebt, wird durch den Golfstrom bestimmt, ist also kein kontinentales wie in Osteuropa und kein mediterranes wie in Südeuropa. Das Verwaltungsgebäude steht in der Nähe des Zentrums einer mittleren Großstadt.

2.55
Sprossen des Glasdaches als Zeiger einer Sonnenuhr

Der Angestellte bevorzugt einen Arbeitsplatz nahe dem Fenster (nicht in der Raumtiefe) mit einem weiten Ausblick (großes Fenster). Der Ausblick sollte zu einem Teil freien Himmel zeigen, an dem er möglichst einmal am Tag die Sonne sieht, zu einem weiteren Teil die freie Natur.

Der Blick in die Natur lässt Jahres- und Tageszeiten genauer beurteilen. Beispielsweise lassen sich das zarte Grün der Blätter im Frühjahr oder die Kahlheit der Laubbäume im Winter sowie die Bewegung der Blätter im Wind oder das Glänzen der vom Regen benetzten Baumstämme und der Schnee auf den Baumkronen nur durch den Ausblick auf ein Stück Natur beurteilen. Deshalb sollte der Blick aus dem Fenster für den genannten Angestellten und für alle anderen Menschen an ihren Arbeitsplätzen nicht durch farbige oder gedämpfte Glasscheiben beeinträchtigt werden, weil das Farb- und das Kontrastsehen für die Beurteilung der Außenwelt enorm wichtig ist.

Da Sonnenstrahlung auch zu intensiv werden kann, sollten die Fenster einen raffbaren und variablen Sonnenschutz haben. Dieser sollte auch im vollständig geschlossenen Zustand einen Ausblick nach draußen – wenn auch gedämpft – ermöglichen. Die Bedienung des Sonnenschutzes muss nach individuellen Wünschen erfolgen und nicht durch automatische Steuerung.

Die Fenstergröße muss neben dem Ausblick auch die biologisch notwendige Strahlung gewährleisten.

Besonders im Winter ist in mitteleuropäischen Breiten die Gefahr sehr groß, dass der Mensch nicht die notwendige Dosis Tageslicht für die Bildung von Vitamin D (wichtig für die Knochensubstanz) sowie für die Synchronisation des Biorhythmus (reguliert durch Melatonin) erhält. Allgemein gefährdet, hier Mängel zu erleiden, sind Menschen, die Schichtarbeit verrichten.

2.56 bis 2.58
Sonnenlichtspuren in Innenräumen;
in Ausstellungsräumen aus
konservatorischen Gründen
unerwünscht

Wie schon erwähnt, muss das sichtbare Licht für eine biologisch wirksame Strahlung nicht nur die entsprechende Intensität haben, sondern auch den richtigen Gehalt an ultravioletter und infraroter Strahlung.

Dies muss die Lichtgestaltung selbstverständlich berücksichtigen und das Tageslicht als Priorität sehen. Gegen diesen Grundsatz »Tageslicht vor Kunstlicht« wird seit der industriellen Revolution verstoßen. Werbesprüche der Lichtindustrie wie: »Wir machen die Nacht zum Tage« oder »Die Nacht ist unser« zeugen bis heute von dieser Haltung.

Dagegen steht das Ziel, Räume mit ausreichend Tageslicht zu gestalten und damit dem Bedürfnis der Menschen nach Orientierung in Raum und Zeit nachzukommen.

2.59
Ehemalige Stadtmauer, sie trennt nicht mehr, sondern verbindet

2.60 bis 2.61
Absolute Transparenz der Gewächshäuser im Parc Citroën, Paris

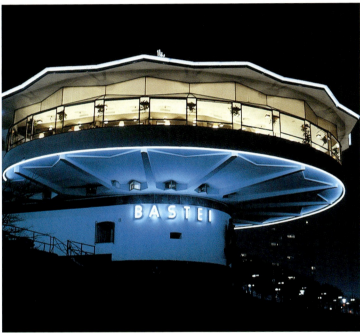

Kunstlicht

In der Nacht ist natürliches Licht sehr begrenzt oder gar nicht vorhanden. Unsere Sehfähigkeit ist nachts erheblich reduziert; das Farbsehen ist überhaupt nicht vorhanden. (Daher rührt der Spruch: Nachts sind alle Katzen grau.)

Nächtliche Lichterfahrungen beschränken sich auf die Sterne und den Mond sowie auf Naturerscheinungen wie Gewitter und Nordlicht.

Möchte man in der Nacht mehr sehen, muss man sich des künstlichen Lichtes bedienen, und auf dieses bessere Sehen in der Nacht beziehen sich unsere Kunstlichterfahrungen.

Das erste künstliche Licht war das offene Feuer. Mit dessen Nutzbarmachung wurde einer der wichtigsten Schritte auf dem Weg der Menschheit zu einer Sozialgemeinschaft vollzogen. Das Feuer gab nicht nur Geborgenheit, sondern auch einen Zusammenhalt der Gruppe sowie auch Schutz vor gefährlichen Tieren, war aber auch Wärmespender und diente zur Speisenzubereitung. Das Lagerfeuer stand im Mittelpunkt einer Gruppe und war Ort der Kommunikation.

Durch die günstige Verfügbarkeit des künstlichen Lichtes ist es uns heute möglich, unsere Aktivitäten bis weit in die Nacht zu verlängern. Trotzdem kann das Kunstlicht das Tageslicht nicht ersetzen, weil es in der Nacht gegen den Biorhythmus des Menschen arbeitet und in seiner biologischen Wirkung nicht mit dem Tageslicht zu vergleichen ist.

Heute kann alles mit künstlichem Licht ausgeleuchtet werden. Der ganze menschliche Lebensraum wird mit einer Flut optischer und lichttechnischer Reize überschüttet. Mit der Mystik und der Bedeutung, die Licht für die Menschen in der Geschichte hatte, hat unsere heutige Lichtkultur nur wenig zu tun. Außer in der religiösen Bedeutung hat sich im Laufe der Jahrhunderte hier viel verändert.

Die Wandlung von der Feuerstelle als Möglichkeit, rohe Nahrung genießbar zuzubereiten, zur Versammlungsstelle der Familie sowie Aspekte wie Geborgenheit, Wärme, Zusammengehörigkeit und Kommunikation sind damit eng verbunden. Die soziale Funktion des Kunstlichtes scheint viel tiefer in den Menschen verwurzelt zu sein als der

2.62 bis 2.64
Ausdruck nächtlicher Architektur

2.65
Mit Lichtstrukturen kann
man die Architekturdimension
günstig beeinflussen

Aspekt, Licht in die Nacht zu bringen. Feuer, Fackel, Öllampe und Kerze geben abends und nachts ein warmes, punktuelles Licht, dessen Helligkeit nur in unmittelbarer Nähe der Lichtquelle spürbar ist und enger zusammenrücken lässt.

Für die Menschen ist es selbstverständlich, dass die Welt am Tage mit natürlichem Licht ausgeleuchtet ist und extensives Kunstlicht in dieser Zeit als Ärgernis und Verschwendung angesehen wird. Für Licht in der Nacht steht noch immer die uralte Erfahrung mit offenem Feuer und Öllampe; die modernen Lichtquellen, mit Ausnahme der Glüh- und Halogenlampe, liegen noch nicht im Erfahrungsbereich der Menschen, u. a. weil sie mit einem Wandel der Gesellschaft und der Familienstrukturen verbunden sind. Ein tageslichtähnliches flächiges Ausleuchten, wie es mit modernen Kunstlichtquellen möglich ist, ist noch etwas Fremdes. Hieraus erklärt sich die besondere Faszination, die optisch reizvolle, ungewohnte Kunstlichtquellen ausüben, und die Abneigung gegen das grelle Neonlicht.

Besonders beim Kunstlicht zeigt sich, dass unser Lichtverständnis eng an unsere Kultur und Gesellschaft gebunden ist. Da Kunstlicht in der heutigen Form, mit Ausnahme der ersten Lichtquellen durch Feuer, erst wenige hundert Jahre alt ist, die Wahrnehmungsvorstellungen aber in Jahrhunderttausenden geformt wurden, sind die modernen Lichtvorstellungen noch wenig akzeptiert. Die »Kultur« des Kunstlichtes ist noch nicht alt genug.

2.66
Flächiges Maß, komponiert mit einer vertikalen Durchdringung des Lichtes

2.67 und 2.68
Mystische Dunkelheit im Institut du Monde Arabe, Paris. Das Licht wird durch Moucharabieh (Muster, entstanden aus den Fliegengittern arabischer Architekten) gebrochen

2.69
Licht folgt der Treppenspirale

Raum

Da sich unser Leben in einer dreidimensionalen Welt abspielt, unsere Sinnesorgane jedoch nur eine zweidimensionale an das Gehirn weitergeben können, spielt die zeitliche Abfolge von Sinnesreizen eine wichtige Rolle für das Wahrnehmen des Raumes. Die entstehenden Bilder sind eine zweidimensionale Repräsentation des uns umgebenden Raumes, der eine der wesentlichsten Größen in der Wahrnehmung darstellt.

Lediglich die Sprache ist in der Lage, die Räumlichkeit zu beschreiben, da die verwendeten Begriffe jedoch abstrakt sind, kann die dazugehörige Vorstellung nur im Gehirn repräsentiert sein. Daher sind alle Begriffe wie Raum, Zeit, Farbe, Form und auch Helligkeit lediglich in der wahrnehmungsentsprechenden Form im Kopf der Menschen vorhanden.

Da die Sprache die Wahrnehmungsvorstellungen der Menschen am besten repräsentiert, setzen wir uns im Folgenden mit einigen Begriffen auseinander, die speziell das räumliche Verhältnis zur Umwelt beschreiben und ordnen.

Die wichtigsten Begriffe zur Beschreibung von Räumen unterscheiden nach:

- Außen- und Innenräumen
- öffentlichen und privaten Räumen
- offenen und geschlossenen Räumen
- transparenten und nicht transparenten Räumen.

2.70 bis 2.73
Raumbildende Wirkung von Kunstlicht im Innen- und Außenraum

Außen- und Innenräume

Die Klassifikation von Raum in außen und innen ist für die Architektur sehr wichtig, weil sie neue Innenräume schafft und dadurch das Verhältnis zum Außenraum definiert. Vereinfacht kann man sagen, dass hiermit die Unterscheidung von Räumen im Gebäude und außerhalb des Gebäudes dargestellt wird.

Im Allgemeinen wird auch mit Außenraum die Verbindung des Raumes zum Außenklima und -licht bezeichnet. Die Qualität der Beziehung zwischen innen und außen ist der beste Maßstab für die Einstufung der Raumqualitäten. Welche Faktoren die Qualität bestimmen, wird im Folgenden an den oben genannten Begriffen definiert, die wie außen und innen eine Beziehung von Räumen untereinander beschreiben.

2.74
Stadtraum Manhattan

2.75 und 2.76
Öffentlicher Raum bei Nacht

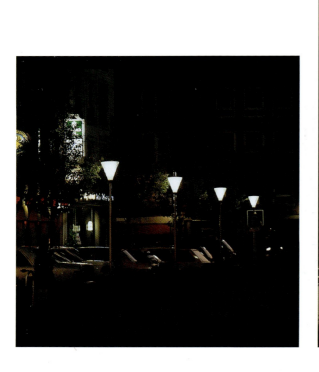

Öffentliche und private Räume

Eine weitere Unterscheidung von Räumen berücksichtigt die gesellschaftlichen Beziehungen der Menschen, die diese Räume benutzen. Als öffentlich werden Räume bezeichnet, wenn eine breitere Schicht einer Gesellschaft Zugangsberechtigung hat, während sie als privat bezeichnet werden, wenn eine eingeschränkte Zugangsberechtigung vorhanden ist.

Die Grenzen zwischen privat und öffentlich sind in jeder Kultur und Gesellschaft unterschiedlich. In den westlichen Industriegesellschaften gilt der Wohnraum eines Menschen oder einer Familie im Allgemeinen als privater Bereich. In Wirtschaftsunternehmen, speziell im Dienstleistungssektor, bringt der Wunsch nach einem privaten Bereich auch am Arbeitsplatz Einzel- bzw. Zellbüros hervor. Man möchte ungestört sein, deshalb soll sich ein Eintretender zumindest anmelden oder anklopfen (siehe auch Seite 96, zweite Spalte).

Der öffentliche Raum wird in erster Linie durch natürliches Licht beleuchtet. Licht fällt auf Gebäude, ihre Fassaden, die wiederum ihre Schatten auf Plätze werfen, oder sie reflektieren das Licht und erhellen somit die Straßen und Gassen, die durch sie gebildet werden.

In modernen Megastädten, wie z. B. New York, ist die natürliche Beleuchtung von großer Bedeutung. Bis zum Beginn des 20. Jahrhunderts waren die Gebäude in den Städten durch die Bautechnik auf eine bestimmte Höhe begrenzt; danach gab es eine Wende. Mit der Zunahme der städtischen Bevölkerungszahlen und dem steigenden Arbeitsangebot in neu entstandenen Fabriken wurde das Bauland knapp und teuer, und es bestand die Notwendigkeit, auf wenig Platz eine Höchstmenge umbauten Raumes zu schaffen. Wie schon in Kapitel 1.7 erwähnt, war es durch die Verwendung von Eisen und Stahl möglich, die Häuser schneller und sehr viel höher zu bauen. Ein Beispiel dafür ist das Flatironbuilding; es wurde als eines der ersten Häuser in New York unter Verwendung gusseiserner Säulen errichtet.

Wie ebenfalls schon in Kapitel 1.7 des Werkes erwähnt, verschatteten die neuen Häuser die kleineren älteren und nahmen ihnen das direkte

2.77
Platz als Stadtraum

2.78
Architektur findet im öffentlichen Raum statt und schafft die Abgrenzung zum privaten Raum

2.79
Kunst im öffentlichen Raum

2.80
Bauformen der Megastädte verschatten den öffentlichen Raum

2.81
Sonnenschutz kann sehr belebend sein

Sonnenlicht; auch die Straßen blieben selbst bei hellstem Sonnenschein sehr dunkel. So verabschiedete die Baubehörde 1916 die *height and setback resolution*, die untersagte, in einer Straßenflucht höher als bis zu einer bestimmten Höhe zu bauen. Somit konnte in die Tiefen der Straßenfluchten mehr Licht fallen. Dadurch wurde zwar direktes Tageslicht nicht vermehrt, aber der Indirektanteil des Tageslichtes erhöhte sich erheblich.

In einer Stadt wie New York mit seinen hohen Häusern ist es unmöglich, einen Platz mit der Qualität einer Piazza zu schaffen. Um trotzdem Raum für öffentliche Plätze zu schaffen, wurden z. B. beim Rockefeller Center zwei Blöcke (Stadtquartiere) zusammengefasst. Dabei entstand ein Platz, der durch Absenkung unter das Straßenniveau seine besondere Bedeutung bekam und eine längere natürliche Beleuchtung durch Sonnenlicht erfährt. Mies van der Rohe öffnete beim Seagram Building in Chicago die Straßenfront, um dem Gebäude einen Vorplatz zu geben. Das Gebäude bildet das Rückgrat dieses in dieser hohen Umbauung relativ hellen Platzes.

Was an einer Stelle ein Nachteil ist, wird woanders durchaus gewünscht. So werden z. B. die Medinen in Arabien oder im Maghreb gebaut, um Sonnenlicht fern zu halten. Die Häuser wurden mit weißem Kalk geschlämmt, damit sie Sonnenlicht reflektieren, und eng an die Gassen gestellt, um diese zu verschatten. Diese Art der Architektur hat sicher auch gesellschaftliche Gründe, wie Armut und Platzmangel, doch wird auch in dieser Baukultur, wie in New York, ein Bewusstsein im Umgang mit Licht deutlich.

Die natürliche Beleuchtung ist nicht nur von Bedeutung für die Innenräume von öffentlichen und privaten Gebäuden, auch Fassaden, ihre Schatten, Plätze und ihre Lage zur Sonne zählen zur natürlichen Beleuchtung. In der Renaissance wurden die mittelalterlichen Stadtkerne durch Abbruch geweitet, und es wurden öffentliche Plätze angelegt. Diese Öffnungen entsprachen einem Bedürfnis der Bürger nach Freiräumen in der Stadt. Es wurden Plätze geschaffen, auf denen das sich immer stärker etablierende Bürgertum zeigte. Plätze sind Begegnungsstätten und Freiräume (siehe auch Kapitel 1.9).

Der Anspruch nach mehr Helligkeit in den Straßen und Gassen, wie wir sie z. B. von Siena kennen, ist durchaus zu verstehen.

Ein Großteil der Städte hat ihre Lage in der Landschaft den Verteidigungsvorteilen von Hügeln und Bergen zu verdanken. Diese Bezüge zur Landschaft sind ein sehr wichtiger Aspekt für die Beleuchtungsstimmung durch das tägliche Licht.

Offene und geschlossene Räume

Wenn man Räume als Innen- bzw. Außenräume klassifiziert, ist es wichtig, ob die Menschen Informationen über die angrenzenden Räume erhalten können und in welcher Form der Zugang zu den einzelnen Räumen sowie der Übergang von einem Raum in den anderen möglich ist.

Im Allgemeinen nennt man einen Raum offen, wenn ein freier Sichtkontakt zu den angrenzenden Räumen möglich und auch ein Wechsel der Personen von einem Raum in den anderen gewährleistet ist. Falls dies nicht ohne Weiteres möglich ist, spricht man von einem geschlossenen Raum, und Menschen, die sich in einem solchen Raum befinden, nennt man eingeschlossen oder in härteren Fällen, wenn die Räume fest verschlossen sind, sogar eingesperrt. Die Gesellschaft hat für das Einsperren geeignete Gebäude, wie z. B. Gefängnisse, und kennzeichnet sie durch stark gesicherte Türen und vergitterte Fenster. Werden in der Architektur solche Elemente verwendet, signalisiert das den Benutzern der Räume Eingesperrtheit und Gefangenschaft.

Die Vorstellung dieser Situation vermittelt nicht gerade angenehme Gefühle und keinerlei Akzeptanz solcher Räume.

Falls die Architekten den Sichtkontakt zu den Nachbarräumen bzw. Außenräumen auch nur unzureichend gestalten (zu kleine und zu wenig Fenster und Oberlichter), ist das Bedürfnis nach Information schon erheblich gestört. Dies wird im Abschnitt 2.2.1.3 genauer dargelegt.

Guten Sichtkontakt erhält man durch transparente Materialien, die den Ausblick ermöglichen und dabei gleichzeitig den Temperatur- und Luftausgleich zwischen Innen- und Außenraum beeinflussen.

2.82
Introvertierter Oberlichtraum
Lembruck Museum, Duisburg

2.83
Geschlossene und enge Räume müssen durch Licht und Farbe geöffnet werden

Transparente und introvertierte Räume

Wie schon mehrfach gesagt, benötigt der Mensch zum Wahrnehmen seiner Umwelt unbedingt Informationen. Dabei spielen besonders die Informationen über Tageslicht und Wetter eine große Rolle, aber auch die Informationen über das Geschehen in den Nachbarräumen. Dies kann man nur durch geeignete Gestaltung der Fenster und durch die Transparenz eines Raumes bzw. eines Gebäudes gewährleisten.

Transparente Räume ermöglichen die Kommunikation mit der Außenwelt, die in geschlossenen, also introvertierten Räumen nicht möglich ist.

Je transparenter Räume sind, desto mehr kann mit der Außenwelt kommuniziert werden. Auch transparente Raumfolgen, also Räume, die in einer Beziehung zueinander stehen, lassen Kommunikation zu. In den 70er Jahren wurde z. B. die Kommunikation unter Arbeitskollegen als motivierend und produktiv angesehen und im Verwaltungsbereich in Form von Großraumbüros umgesetzt. Die Erfahrungen mit diesen Räumen waren jedoch nicht sehr positiv, da die Atmosphäre und das Raumgefühl den Nutzern nicht behagten, denn in diesen zu großen Büros gibt es kaum Raum für Privatheit, und es ist nur sehr schwer möglich, eine emotionale Bindung zu seinem Arbeitsplatz aufzubauen. Auch die schon mehrfach genannte Beziehung zum Tageslicht ist in Großraumbüros nur begrenzt möglich. Deshalb haben Großraumbüros heute keine Bedeutung mehr.

Transparenz ist jedoch ein recht weit gefächerter Begriff, und viele Architekten und Künstler haben sich mit diesem Thema beschäftigt. In seiner Bedeutung als Durchsichtigkeit besteht das Problem, zu sehen, gleichzeitig aber auch gesehen zu werden.

2.84 bis 2.86
Tages- und Kunstlichtgestaltung
unterstützt Länge, Tiefe und Höhe des Raumes;
in allen Räumen zeigt sich
die Dominanz des Tageslichtes

Bei Mies van der Rohe ist z. B. der transparente Raum auch ein Fließen der Räume ineinander. Sie sind nach ihrer Funktion benannt und dieser so zugeordnet, dass sie ineinander übergehen. In seinen Villen verknüpfte Mies van der Rohe wie kein anderer Innen- und Außenraum miteinander. Damit erreichte er – neben der Lichtdurchlässigkeit – auch eine Deutlichkeit in der Anordnung der Räume zueinander.

Ein weiterer wichtiger Punkt in der Transparenz ist der Übergang von innen nach außen.

Das Schalenmodell (Kapitel 1.9, Abb. 1.9.24) soll die Beziehung des Nutzers zwischen innen und außen verdeutlichen. Es beschreibt die Grenzen der menschlichen Wahrnehmung, die wie Schalen um den sich im Zentrum befindenden Menschen angeordnet sind. Die innere Schale ist der Bereich, der noch durch den Tastsinn erfahrbar ist; weitere Grenzen sind durch das Hören und das Sehen gegeben. Der äußerste Rand des Modells ist der Wahrnehmungshorizont, der durch den Umfang des Wissens und der Erfahrung des Einzelnen begrenzt wird. Oft liegt die physikalische Grenze mit der durch Sinneseindrücke erfahrbaren Grenze zusammen.

Ohne Fenster liegt der Horizont des Sehens mit den Begrenzungslinien des Raumes zusammen; erst Fenster und Oberlichter ermöglichen eine weitere Sicht.

2.87 bis 2.89
Obwohl große Zonen dieser Räume durch Kunstlicht definiert sind, behält das Tageslicht seine Bedeutung

2.2.1.2 Privatheit und Kommunikation
(Kommunizieren, Wunsch nach Privatheit und/oder Öffentlichkeit)

Bei dem Großteil der Tätigkeiten, die der Mensch täglich ausführt, besteht das Bedürfnis nach Kommunikation. Dabei ist nicht ausschließlich die herkömmliche verbale Kommunikation gemeint, sondern auch das Kommunizieren über Gestik und Mimik sowie auch nur die Anwesenheit eines anderen.

Für die nonverbale Kommunikation ist die Erkennbarkeit des Verhaltens eines Mitmenschen, seiner Körperhaltung, seiner Bewegungen und seines Gesichtsausdrucks immens wichtig.

Das Kommunikationsbedürfnis ist je nach Art der Tätigkeit unterschiedlich. Die eine Tätigkeit erfordert regelrecht den Austausch mit den Mitmenschen, während manche Gedankenarbeit zeitweise in geschlossenen Räumen stattfindet.

Arbeiten am Computer sind zum Teil mit starker Konzentration für Geist und Augen verbunden. Auch wenn dies medizinisch nicht nachweisbar ist, muss der so arbeitende Mensch die Gelegenheit haben, den Augen eine Erholung zu bieten, indem sie sich auf ein ferneres Ziel einstellen können. Rückzugsmöglichkeiten sind also in vielerlei Hinsicht von großer Bedeutung, denn bei aller Kommunikation ist der Mensch ein Individuum, das sich auch von seinem Umfeld abheben will und muss. Diesem Wunsch nach Privatheit nachzukommen ist eine Prämisse, deren Erfüllung vom Planer verlangt wird.

Dafür sind – wie schon gesagt – räumliche Abtrennungen notwendig, die ein visuelles und akustisches Abschirmen der Privatsphäre ermöglichen.

2.90 bis 2.92
Räume ohne Privatheit und ohne Bezug zu Tageslicht und Außenraum

Nicht zuletzt spielt auch hier die Lichtplanung, bezogen auf den Tageslichteinfall und auf das Kunstlicht, eine große Rolle. Wichtige Aspekte sind hier vor allem: Auf dem eigenen Gesicht und den Gesichtern der Mitmenschen müssen gute Vertikalbeleuchtungsstärken gewährleistet sein. Lichtrichtung und Schattigkeit müssen vermeiden, dass tiefe Augen- und Nasenschatten entstehen. Lichtfarbe und Farbwiedergabe müssen besonders die Hautfarben gut wiedergeben.

Welche Bedeutung die Beziehung der Räume untereinander sowie der Sichtkontakt zum Ambiente für die Menschen haben, wurde schon im Abschnitt 2.2.11 dargelegt.

2.93 und 2.94
In diesen Räumen vermisst man die Geschlossenheit der Decke, dadurch fehlt der Abschluss des Raumes

2.95
Metalldecke mit Beleuchtungskörpern erdrückt den Raum

2.2.1.3 Information und Aufklärung
(Vertrautheit)

Um bestimmte Arbeits- und Lebensbedingungen akzeptieren zu können, ist das Verstehen der Zusammenhänge notwendig.

Es ist z. B. schwer verständlich, dass bei ausreichendem Tageslicht im Außenraum aus nicht nachvollziehbaren Gründen die Rollos der Fenster geschlossen werden und das Kunstlicht eingeschaltet wird, weil klimatechnische Gründe dies verlangen. Ebenso schwer zu verstehen ist es, dass Menschen in einem Raum mit dem Rücken zur Tür oder zum Fenster sitzen sollen, was für sie unbehaglich ist, nur weil dadurch Bürofläche wirtschaftlicher ausgenutzt wird.

Alle wirtschaftlichen und ökologischen Begründungen können nicht darüber hinwegtäuschen, dass durch solche Maßnahmen die Tageslichtbedingungen am Arbeitsplatz verschlechtert werden und die Überschaubarkeit der umgebenden Raumbereiche ebenfalls.

Fast alle Nachteile dieser Maßnahmen entstehen dadurch, dass sich der Errichter des Gebäudes nicht über deren Auswirkungen und die Einflüsse der Qualität von Räumen auf die Menschen im Klaren ist.

Wenn die Arbeitsbedingungen grundlegend verändert werden, so ist es sinnvoll, die künftigen Nutzer mit in die Planung einzubeziehen. In diesem Planungsprozess sollten Bauherr und das gesamte Planungsteam gemeinsam auch die notwendigen Licht- und Raumqualitäten konzipieren. So können sich die künftigen Nutzer von Beginn an mit den Bedingungen vertraut machen. Die Planer sollten sich jederzeit darüber im Klaren sein, wie wichtig die Bezüge zur Zeit sind: das Erkennen von Tag und Nacht, der Tageszeit, der Nachtzeit, aber auch der Jahreszeiten und der meteorologischen Bedingungen im Außenraum, ob z. B. die Sonne scheint oder der Himmel bewölkt ist, ob es regnet oder schneit.

Menschen richten sich im täglichen Leben nach den Erkenntnissen, die sie durch den Blick nach außen gewonnen haben, in der Auswahl der geeigneten Kleidung, des Verkehrsmittels für den Weg zur Arbeit sowie der Wahl ihrer Freizeitbeschäftigung. Deshalb ist der Blickkontakt zur Außenwelt durch geeignete Fenster so wichtig!

2.96 und 2.97
Räume mit persönlicher Atmosphäre

2.98
Arbeitsplätze mit hervorragendem Bezug zum Tageslicht und zur Außenwelt

Doch die Menschen möchten auch die Wetterbedingungen von innen nach außen erkennen können, um sich darauf einzustellen. Entsprechend kann man sich kleiden und seine Aktivitäten planen. So ist z. B. das Einkaufen in der Arbeitspause eine wetterabhängige Tätigkeit, über die ein möglicher Blickkontakt mit dem Außenraum informieren sollte.

2.2.1.4 Abwechslung und Überraschung
(keine Monotonie)

Da sich unsere Sinnesorgane bzw. unsere Wahrnehmung vor Reizüberflutung schützen müssen, führen alle Sinnesreize aus der Umwelt (selbst die schönsten und auffälligsten) mit der Zeit zu einer Abstumpfung. Die Reize verlieren ihre Wirkung, der Mensch benötigt nach einer gewissen Zeit Abwechslung. Um jedoch Anregungen aus dem Ambiente zu erhalten, benötigt man ein gewisses Überraschungsmoment, Neuheit und Originalität. Wird diesem Bedürfnis nicht entsprochen, führt dies leicht zu einer monotonen Atmosphäre.

Die in diesem Kapitel immer wieder erwähnten Human Needs, zu denen die Abwechslung als viertes Bedürfnis hinzugefügt wurde, machen deutlich, dass man nur zu einer neuen Lichttheorie bzw. einem entsprechenden Verständnis von Lichtqualität kommen kann, das auch die erforderliche Überraschung bietet und vor Monotonie schützt, wenn man das Zusammenleben der Menschen und ihre Kultur betrachtet und versteht.

Die meisten Bewertungskriterien für das Licht lassen sich aus diesen Zusammenhängen erklären und bedürfen daher keiner umfangreicher wissenschaftlicher Feldstudien, die im Übrigen ohnehin keine Kausalzusammenhänge herausfinden können. Diese muss man vor dem Beginn der wissenschaftlichen Untersuchungen bereits kennen.

2.99
Durch Licht und Farbpattern
wird der Flur unvorteilhaft verändert

2.100
Lichtflammen schaffen Illusion
eines bewegten Lichtdesigns

2.101
Unerwartete Licht- und
Farberfahrung in der Nacht

2.102 und 2.103
Licht und Farbe schaffen ein
überraschendes Raumerlebnis

2.2.2 Raum- und Lichtqualitäten/Atmosphäre

Wie in den vorangegangenen Kapiteln gezeigt, bestimmen die funktionalen Anforderungen sowie der biologische Rhythmus des Menschen die Raum-, Licht-, Klima- und Akustikeigenschaften der Architektur. Alle vier Aspekte sind eng miteinander verbunden. Besonders bei den drei Letzteren gibt es eine enge Verbindung, die leider oft nicht beachtet oder zu spät erkannt wird. Wie eng dieser Zusammenhang ist, zeigt sich auch darin, dass zur Beschreibung einer Lichtsituation oft Eigenschaftswörter benutzt werden, die auch zur Kennzeichnung von Klima und Akustik verwendet werden, wie z. B. warm und kalt, oder laut und leise.

Zur Beschreibung der Raum- und Lichtqualitäten eignet sich besonders gut der Begriff »Atmosphäre«, wenn man die Nähe zum Ambiente hervorheben will, und der Begriff »Stimmung«, wenn die Nähe zum Menschen gemeint ist.

Die Stimmung bzw. die Atmosphäre eines Raumes wird am besten durch Eigenschaftswörter wie privat, kommunikativ, vornehm, offen, geschlossen, introvertiert, sakral, übersichtlich, leer, festlich, überfüllt, billig, unruhig, aufgeregt, wertvoll, groß, klein, dunkel gekennzeichnet. Sie enthalten sowohl die emotionalen als auch die kulturellen und gesellschaftlichen Aspekte von Raum und Licht. Alle diese Wörter sind auch dazu geeignet, mit Nutzern über Raum- und Lichtqualitäten zu kommunizieren, weil diese Eigenschaftswörter sehr eindeutig sind. Sie stellen immer eine Bewertung dar und bergen nicht die Gefahr in sich, ausschließlich eine Beschreibung zu sein.

In den folgenden Abschnitten wird dargelegt und erläutert, welche Architektur- und Lichtelemente die Stimmung und Atmosphäre beeinflussen und besonders, welche weiteren Begriffe die menschliche Sprache geschaffen hat, um die Wirkung von Ambiente und Licht zu beschreiben.

2.2.2.1 Raumqualitäten

Wie schon in den vorherigen Kapiteln erwähnt, werden unter dem Begriff »Genius Loci« Raumqualitäten zusammengefasst, wie Stil, Funktionalität, Design, Abmessungen, Form, Licht und deren Bezüge zu Kultur und Gesellschaft.

Weitere Ausführungen zu Räumen finden Sie in Kapitel 2.2.1.

2.2.2.2 Lichtqualitäten

Für das Licht sind besonders folgende Fragen wichtig, die zu Qualitätskriterien führen:

1. Hat der Raum Tages- oder Kunstlicht? Hierbei ist das Design von Fenstern und Oberlichtern von ausschlaggebender Bedeutung.

2. Welche Helligkeitsverteilung des Lichtes entsteht auf Wänden, Decke und Fußboden?

3. Gibt es im Raum Schwerpunkte, Zonen der besonderen Hervorhebung oder »Lichtinseln«?

4. Gibt es auf den Raumbegrenzungsflächen oder der Einrichtung Lichtmuster?

5. Welchen Schattenwurf und welche Lichtrichtung gibt es im Raum?

6. Wie beeinflussen die Farben des Lichtes und der Materialien die Atmosphäre?

2.104
Lichtdecke zentriert den Raum

2.105
Licht und Architektur heben
eine Zone des Raumes
besonders hervor

Tageslicht und Kunstlicht

Die Bedeutung von Tageslicht wurde in den vorangehenden Kapiteln, besonders in Kapitel 2.2.1, ausführlich besprochen, ebenso welche wichtige Rolle dabei das Design von Fenstern und Oberlichtern spielt.

Raum- und Lichtzonen

Die unterschiedliche Helligkeit der Raumbegrenzungsflächen beeinflusst sehr stark die wahrgenommene Dimension des Raumes. Helle Decken lassen den Raum höher erscheinen. Helle Wände erweitern ihn in Breite und Länge, während ein heller Boden ihn niedrig erscheinen lässt. Außerdem vermittelt Helligkeit auf Decken und Wänden Lichtöffnungen und damit einen Bezug nach außen, der den Raum transparenter und offener erscheinen lässt.

Lichtzonen teilen den Raum in unterschiedliche Bereiche. Sie geben ihm Spannung. Ein Nutzer, der in einer Lichtzone sitzt, erhält das Gefühl der Abgrenzung und Hervorhebung gegenüber den anderen Zonen des Raumes.

So ist die von der Tischleuchte beleuchtete Schreibtischfläche eine begrenzte, ganz private und intime Arbeitsfläche innerhalb eines Raumes. Zonen, die von Kerzenlicht beschienen werden, können sehr unterschiedlich wirken: Eine Kerze auf dem Esstisch ist die Markierung einer Gemeinschaft, die sich zusammengefunden hat, um zu speisen. Dabei ist es völlig egal, ob es sich um zwei oder 20 Personen handelt. Der Raum, in dem gespeist wird, ist klar durch den Kerzenschein beschrieben. Einen anderen Raum zeigt das Bild des Innenraumes der Kirche von Ronchamp. Hier sind die Altarkerzen keine reine Beleuchtung, sondern Symbol für Göttlichkeit an einem heiligen Ort.

Eine andere Art der Lichtzone ist der Bühnenraum. In ihm wird ein Geschehen mit Licht, wechselnden Farben, Lichtinseln beleuchtet. Dabei spielt das Lichtgefälle zwischen Zonenrand und Zentrum eine besonders wichtige Rolle.

2.106
Sakrales Licht über dem Altar

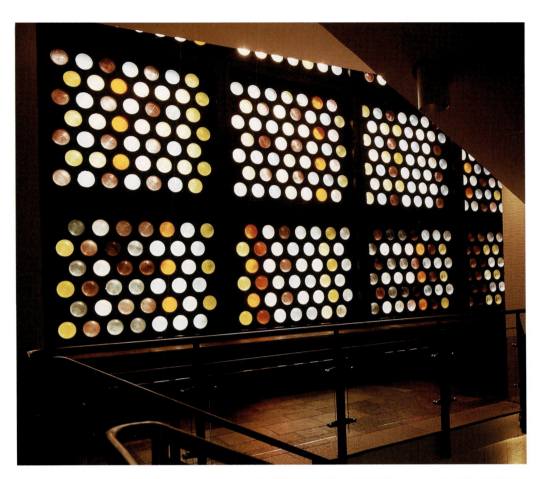

2.107 und 2.108
Moderne Interpretation
gotischer Glasfenster

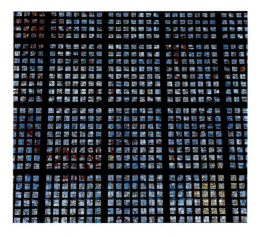

Pattern, Lichtmuster, Schattenwurf und Lichtrichtung

Deutlich erkennbare Lichtmuster und Pattern im Raum vermitteln den Eindruck, es falle Sonnenlicht in den Raum. Dabei kommt es auf die Schärfe der Lichtkonturen an sowie auf ihren Kontrast gegenüber dem Umfeld. Dies wird mit der angenehmen Erfahrung von Sonnenschein assoziiert (gerichtet und sehr hell). Außerdem kann man aus der Richtung dieser Muster erzeugenden Lichtstrahlen und aus ihrem Schattenwurf die Tageszeit und manchmal auch die Jahreszeit entnehmen.

Besonders in den mitteleuropäischen Breiten ist Sonnenschein immer eine angenehme Erfahrung, die auch in Räumen eine entsprechende Wirkung auf den Menschen hat. Welche Wirkung der Schattenwurf des Sonnenlichtes hat, lässt sich aus der Bedeutung des längsten und kürzesten Tages im Jahr entnehmen.

Helle Wände und große Helligkeiten werden immer mit Tageslicht verbunden, während punktuelles, warmes Licht mit Kunstlicht assoziiert wird. Für die Raumwahrnehmung ist die Helligkeit der Raumbegrenzungsflächen bzw. vertikaler Einrichtungsgegenstände wichtiger als z. B. die Helligkeit auf der Arbeitsfläche. Hier ist die Helligkeit für das Erkennen von Details wichtig.

Die Lichtrichtung ist für die Modellierung der Körper sowie die Plastizität der Oberflächen notwendig. Sie kann die räumliche Orientierung und Informationsstruktur des Raumes verbessern, indem sie Raumzonen kennzeichnet, architektonische Strukturen hervorhebt und sie in ihren funktionellen Zusammenhang stellt. All dies kann sowohl durch besondere Anordnung der Beleuchtungskörper, durch den Aufmerksamkeitswert der Eigenhelligkeit der Leuchten als auch durch die farbliche oder helligkeitsmäßige Hervorhebung bestimmter Raum- und Architekturteile erfolgen.

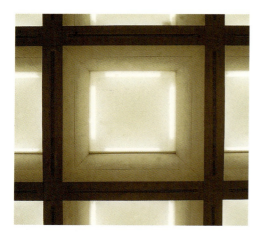

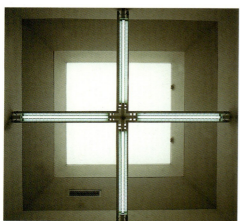

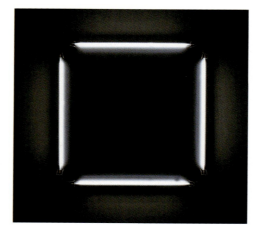

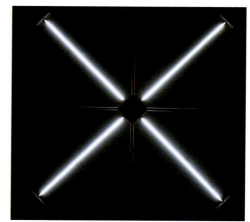

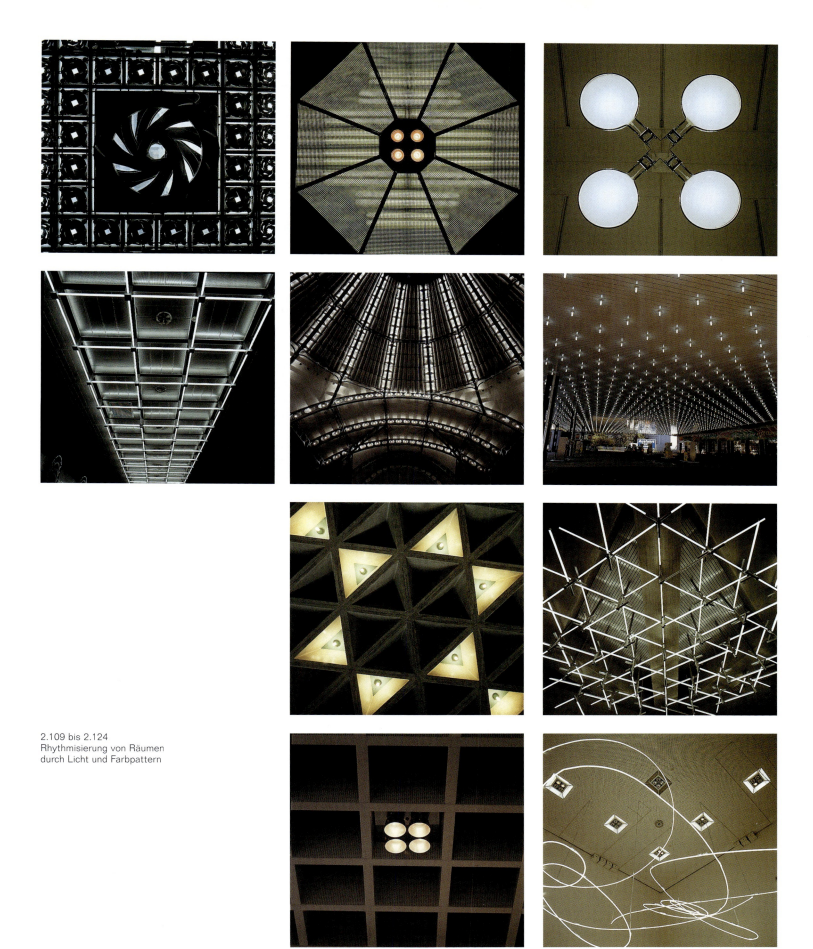

2.109 bis 2.124
Rhythmisierung von Räumen durch Licht und Farbpattern

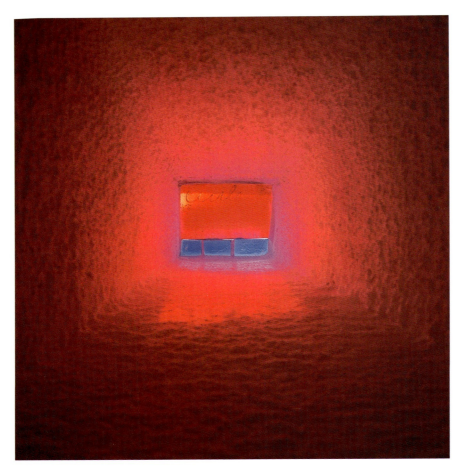

Farbe und Lichtfarbe

Die Bedeutung von Farben ist durch unsere Erfahrung mit dem Ambiente gegeben.

Blau ist die Farbe des Himmels und des Wassers. Mit dieser Farbe wird Weite und im begrenzten Maße auch Kälte in Verbindung gebracht. Blau bezeugt Gefühlskälte, ist aber gleichzeitig die Farbe der Ruhe. Tiefes Blau ist die Farbe des Übergangs von Tag in die Nacht und ist die Farbe des Nachdenkens.

Mit der Farbe Rot verbinden wir Blut und auch Gefahr. Rot symbolisiert außerdem Erregung, Liebe und Feuer, und das Abendrot signalisiert das Ende des Tages.

Orange ist das Symbol für das glühende Feuer und wird daher als die wärmste Farbe empfunden.

Gelb steht für den innovativen Schub, die Idee und das immer wieder Neue. Diese Symbolkraft zieht die Farbe aus der immer wiederkehrenden Sonne und aus ihrem alles Leben beeinflussenden Scheinen.

Grün ist die Farbe der Vegetation; Lindgrün und Gelbgrün sind die Farben der ersten Knospen im Frühling. Grün ist außerdem die Farbe der Hoffnung und der Unbestimmtheit.

2.125 und 2.126
In pure Farbe zerlegtes Tageslicht

2.127
Zusammenspiel von Lichtfarben

Daneben haben Farben eine kulturelle und gesellschaftliche Bedeutung. Sie bilden deshalb in der Architektur ein spezielles Thema. Aufgrund der unterschiedlichen persönlichen Erfahrungen heben die Menschen für die oben genannten und alle weiteren Farben eine andere Bedeutung hervor. Farbe ist auch deshalb so wichtig, weil ihre emotionale Wirkung größer ist als die der Helligkeit; ihre Wirkung verblasst wegen des hohen Reizes aber auch schnell (siehe Abschnitt 2.2.1.4)

2.128
Farbe und Zeitgeist

Lichtarten

Indirektes Licht

Indirektes Licht wird erzeugt, indem mit entsprechenden Leuchten die Decke als Reflektor benutzt wird. Sie erscheint somit sehr hell, was der Mensch in seiner Wahrnehmung mit dem Himmelsgewölbe assoziiert. Damit erscheint der Raum höher, als er mit physikalischen Größen beschrieben werden kann.

Indirektes Licht gibt fast immer ein sehr weiches Licht. Es scheint überall zu sein, und seine Schatten sind nicht sehr scharfkantig, aber doch bestimmt. Seine Aufgabe ist es, sehen zu lassen, aber nicht gleißend zu blenden.

2.129
Indirektes, diffuses Licht
verwischt die Raumkonturen

2.130 und 2.131
Sonnenlichtspuren in Innenräumen
In Ausstellungsräumen aus
konservatorischen Gründen
unerwünscht

Direkt-indirektes Licht

Bei der direkt-indirekten Beleuchtung, die über direkt angestrahlte polierte Metallprofile das Licht indirekt im Raum verstrahlt, spiegelt sich die direkte Beleuchtung wider. Hier entsteht die Frage, ob man nicht gleich direkt beleuchtet.

2.132
Zu hoher Indirektanteil des Lichtes überstrahlt die Wirkung des Direktanteils

2.133
Indirektes Licht beleuchtet die Decke und das direkte Licht den Arbeitsplatz

2.134
Indirektes Tages- und Kunstlicht gut gemischt

Direktes Licht

Ein Raum, der durch direktes Licht von der Decke beleuchtet wird, wirkt gedrückt und wird als niedriger empfunden. Bei einer direkten Beleuchtung an der Decke erscheint diese – außerhalb des Leuchtenbereiches – dunkel. Tische und Stühle werfen Punktschatten, die den Fußboden verdunkeln.

Durch Richten des Lichtes kann es in zwei Nuancen scheinen:

Die eine Nuance, die großflächige Beleuchtung, gibt ein sehr weiches Licht. Hierbei kommt das Licht aus verschiedenen Richtungen und wird auch in verschiedene Richtungen reflektiert. Es verursacht keine harten Schatten, die Übergänge von hell zu dunkel scheinen fast fließend zu sein.

Sehr hart dagegen ist die andere Nuance, das punktförmige Licht. Es bildet eine kleine Lichtzone, in die es mit relativ hoher Beleuchtungsstärke fällt. Seine Schattenbildung ist sehr kontraststark mit einem harten Übergang von hell zu dunkel. Bei Menschen, die in diesem Licht arbeiten, werden die Augen und die Oberlippe verdunkelt. Für ihr Gegenüber bekommen sie damit etwas Geisterhaftes.

2.135 bis 2.138
Direktes Licht, akzentuierend und objektbezogen

Peripheres Licht

Durch peripheres Licht wird der Raum seitlich erweitert. Die erhellten Wände geben dem Betrachter ein geöffnetes Raumgefühl. Er kommt einem in der Raumwahrnehmung weiter, großräumiger vor. Dieses Gefühl wird erzeugt über die Erfahrung, die uns sagt, eine helle Wand hat ein Fenster und dahinter ist Weite und Raum. Peripheres Licht wird erzeugt, indem man mit *Wallwashern* die Wände anstrahlt.

Dieses flächige Licht wird auch als Architekturlicht bezeichnet, da es fast homogen tragende, flächige Architekturelemente beleuchtet. Die Wände werden durch diese Art der Beleuchtung entmaterialisiert. Durch dieses Licht wirkt Sichtbeton samtig, und Mauerwerk erhält durch die Schattenwirkungen eine ungeahnte Schroffheit.

2.139 bis 2.142
Peripheres Licht öffnet und erweitert den Raum

2.2.3 Ausstattung

In diesem Abschnitt werden die Elemente speziell angesprochen, die durch Gestaltung beeinflussbar sind, d. h. die Bau- und Gestaltungselemente der Architektur.

Wie schon dargelegt, werden Räume durch ihre Begrenzungsflächen wie Decken, Wände und Boden bestimmt. Die Räume haben entsprechende Öffnungen wie Türen, Fenster und Oberlichter zu den Nachbar- bzw. Außenräumen. Ihre funktionale Nutzung wird durch die geeignete Möblierung, deren Materialien und Gestaltung bestimmt.

Über den Umgang mit diesen Elementen gibt es zahlreiche architektonische Literatur, und deshalb wird hier nicht sehr intensiv darauf eingegangen. Es ist jedoch wichtig, darauf hinzuweisen, dass Licht im Wesentlichen erst auf diesen Elementen wirksam wird und wir diese Elemente erst über die Vermittlung des Lichtes wahrnehmen und daher eine Gestaltung von Licht und Architektur nur als Gesamtheit möglich ist.

Für den Raumeindruck sind die verwendeten Materialien entscheidend. Ist ein Raum z.B. mit Klinkern gestaltet, sind diese in ihrer ursprünglichen Farbe, wird ein jeder den Eindruck des Raumes als schwer wiedergeben. Aufgrund des Materials und seiner Farbe wird er als düster oder rau beschrieben. Dieses Empfinden gründet sich auf das Wissen um die Gewichte von Back- und Naturstein. Auch wenn man noch nie einen solchen Stein in der Hand hatte, noch nie das Gewicht überprüfen konnte, ist die Wahrnehmung in diese Richtung beeinflusst. Dazu tragen auch Bilder von alten Burgen bei, die mit ihrer Wehrhaftigkeit ein Bild von Macht und Schwere in den Köpfen hinterlassen, und ebenso die backsteinernen Maschinenhallen der Gründerzeit, die vielerorts die Stadtränder prägen, die durch ihre Größe und Materialität das Gefühl von Schwere und harter Arbeit vermitteln.

Der Schein des Lichtes auf dieses Material, ob Streiflicht oder direktes Licht, lässt uns sofort die haptische Assoziation »rau« aufbauen. Es sind unser Wissen und unsere jahrelange Erfahrung, die diese Reaktion in uns hervorruft.

Wird die Wand nun weiß gestrichen, besteht aber weiterhin aus dem gleichen Material, wird der Raum als hell empfunden, wird aber rau bleiben.

2.143 bis 2.145
Materialien bestimmen die
Wertigkeit des Raumes

Lichtelemente

In erster Linie verbinden wir mit Lichtelementen alle Arten von Lampen und Leuchten. Doch das spart die wichtigste Lichtquelle unserer Umgebung von vornherein aus, das Tageslicht. Wir unterscheiden also zwischen zwei Arten von Lichtelementen, nämlich Kunstlicht- und den Tageslichtelementen.

Die für den Nutzer eines Gebäudes wichtigsten dieser Elemente sind die Tageslichtelemente. Damit sind alle Öffnungen gemeint, die eine Verbindung zum Außenraum herstellen, nämlich Fenster, Türen, Oberlichter oder Tageslichtdecken. Sie schaffen Bezüge zur Umwelt und geben dem Menschen die Möglichkeit, sich nach den Tages- oder Jahreszeiten zu orientieren. Wie diese Elemente unsere Wahrnehmung beeinflussen, wurde in den vorigen Abschnitten schon erläutert. Es soll hier nur noch einmal kurz erwähnt werden, da im Folgenden einige bildliche Beispiele gezeigt werden, die die verschiedenen Arten und Kriterien von Tageslichtelementen deutlich machen. Sie finden hier Tageslichtdecken, Fenster, Türen und Oberlichter.

Unter Kunstlichtelementen verstehen wir alle gestalteten Gegenstände, die ihre Umgebung durch ein Leuchtmittel illuminieren. Von der Kerze über den Kronleuchter, die Straßenlaterne bis zur individuellen Arbeitsplatzbeleuchtung zählt alles zu den Kunstlichtelementen. Ihr großer Vorteil liegt sicherlich in der Steuerbarkeit und der Möglichkeit, das Licht zu dosieren.

Alle Lichtelemente, ob sie nun Kunst- oder Tageslicht vermitteln, haben einen wichtigen Einfluss auf den Raum, seine Gestaltung und seine Nutzung. Das Licht wird je nach Art und Größe der Fenster und Leuchten sowie nach der Beschaffenheit der Leuchtmittel und Reflektoren an die Umgebung abgegeben. Es schafft so bestimmte Zonen, die einen Charakter bestimmen oder eine Nutzung erkennen lassen.

2.146 bis 2.154
Lichtelemente beeinflussen in vielfältiger Form die Gestalt des Raumes

Tageslichtelemente

Fenster und Türen

Oberlichter

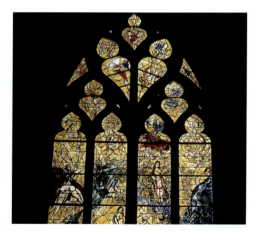

2.155 bis 2.165
Fenster und Türen

2.166 bis 2.176
Oberlichter in ihrer Vielfalt

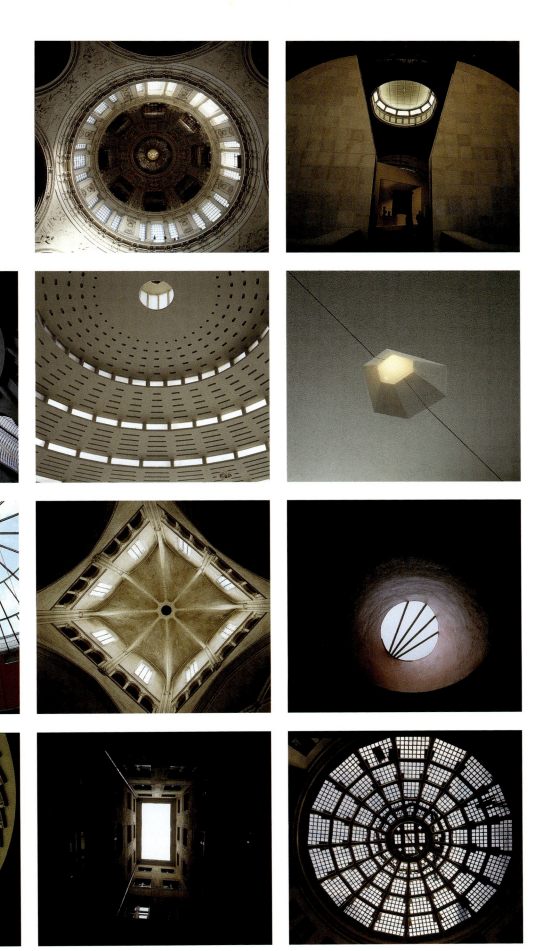

Kunstlichtelemente

Leuchten

Bei den Leuchten unterscheiden wir zwei Kategorien, zum einen die Leuchten, die als integrierter Bestandteil der Architektur gelten und sich in die Gebäudestruktur einfügen. Dazu gehören Lichtdecken und integrierte Leuchten. Bei ihnen ist auf ein Gleichgewicht zwischen Eigenhelligkeit und räumlich erlebtem Licht zu achten.

Zum anderen gibt es die Leuchten, die in das Volumen des Raumes hineinragen. Damit sind Pendel-, Steh- und Tischleuchten gemeint. Erstere erzeugen ein Lichtpattern, und Letztere fügen dem Raum ein neues körperhaftes Element hinzu. Daher bekommt das Design von Leuchten neben dem funktionalen auch noch eine gestalterische Bedeutung. Sie haben durch ihre Präsenz erheblichen Einfluss auf die Raumwirkung. Ein wichtiger Punkt hierbei ist sicher auch der Wunsch, die Lichtquelle zu erkennen.

Lichtdecken

Lichtdecken sind so wichtig, weil sie natürliches und künstliches Licht mischen können und bei geeigneter Gestaltung den Eindruck von natürlichem Licht vermitteln.

Mit Lichtdecken assoziiert man ein Glasdach oder ein Oberlicht, also eine Tageslichtöffnung. So entsteht der Eindruck, dass die Lichtdecke den Raum nach oben öffnet. Auch eine mit Kunstlicht gespeiste Lichtdecke wird nicht als reiner Kunstlichtbeleuchtungskörper angesehen, sondern als Tageslichtöffnung. Um dieses zu gewährleisten, müssen allerdings in der Planung einige Randbedingungen eingehalten werden.

So ist z. B. der Anteil der Lichtdecke an der gesamten Deckenfläche auf ein Verhältnis zu bringen, das den Erfordernissen des Raumes und denen der Betrachter gerecht wird. Ein weiterer und sehr

2.177

2.178

2.179

2.180 und 2.183
Museum für Moderne Kunst, Frankfurt
Architekt H. Hollein

2.181
Westfälische Feuerversicherung, Münster
Architekt Harald Deilmann

2.182
Städtisches Museum, Mönchengladbach
Architekt H. Hollein

2.184
Schweizer Mobiliar
Architekt Suter und Suter

2.185
Saarbank, Saarbrücken
Architekten Kugelmann und Blatt

2.177
Reisebüro, Wien
Architekt H. Hollein

2.178
Beethovenarchiv, Bonn
Architekt Th. van den Valentyn

2.179
Volksfürsorge, Hamburg
Architekt Karsten Krebs

2.180

2.183

2.181

2.184

2.182

2.185

wichtiger Punkt ist die Art des Glases, das für die verschiedenen Decken verwendet wird. Ein grünlich schimmerndes oder weißes sandgestrahltes Floatglas ergibt z. B. unterschiedliche Lichtfarben und auch sehr unterschiedliche Transparenzgrade. Faser- und Gewebeeinlagen sind transparenter als Milch- oder Unterfangglas. Andererseits sieht man die Deckenkonstruktion bei diesen Gläsern nicht mehr. Damit sind Klimakanäle, Installationen und auch Beleuchtungskörper nicht mehr einzeln zu erkennen.

Die räumliche Wirkung einer Lichtdecke ist stark abhängig von der erzeugten Helligkeit. Wird sie mit den von der Kunstlichtbeleuchtung üblichen Helligkeiten ausgestattet, so entsteht ein dämmriger und müder Eindruck. Helligkeiten dieser Größenordnung werden mit stark bedecktem Himmel und Abenddämmerung assoziiert. Erst Helligkeiten, die wir von einem Tageshimmel gewohnt sind, lassen einen Raum frisch und kraftvoll erscheinen. Die dazu notwendige Anzahl der Kunstlichtbeleuchtungskörper führt zu ungewohnt hohen elektrischen Anschlussleistungen. Daher nimmt man oft Abstand von dem Plan, als Beleuchtungskörper eine Lichtdecke einzubauen. In Museen sind Lichtdecken eine sehr beliebte Beleuchtungsart, sie führen jedoch zu Konflikten zwischen dem gewünschten Raumeindruck der Besucher und dem Lichtschutz der Kunstobjekte.

Lichtdecken sind, wie aufgezeigt, ein Beleuchtungselement, das ein sehr sensibles und genaues Design erfordert, um nicht unerwünschte Wirkungen zu erreichen.

Dazu müssen die Lichtdecken homogen ausgeleuchtet sein, und die künstlichen Leuchtmittel dürfen nicht sichtbar werden, ebenso die Konstruktionselemente oberhalb der Glasebene. Der Rand der Lichtdecke, die Teilungsprofile und die Proportionen der Gläser sowie der Übergang zwischen Decke und Wand müssen sehr sorgfältig gestaltet werden.

Wandleuchten

Eine Wandleuchte gibt peripheres Licht. Sie hat in ihrer nächsten Umgebung einen recht hohen Lichtanteil. Doch je nach Abstand und Anzahl haben Wandleuchten einen geringen Anteil an der Ausleuchtung der Wand. Sie unterteilen die Wand in helle und dunkle Zonen sowie in zwei Ebenen. Da diese Art Leuchten immer in Sehrichtung und Blickhöhe der Menschen angebracht sein sollten, besteht die Gefahr der Blendung.

2.186 und 2.187
Wandleuchten

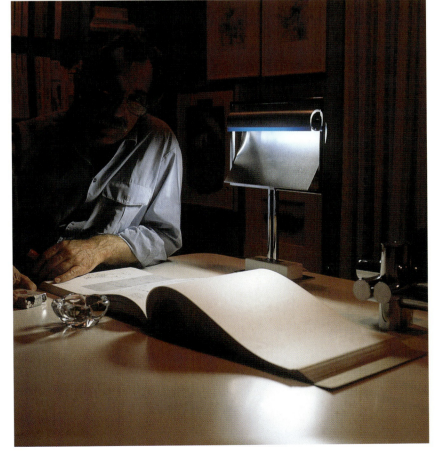

Steh- und Tischleuchten

Stehleuchten

Stehleuchten markieren durch ihr Licht direkt den Ort, an dem sie stehen. Sie geben durch die unterschiedlichen Lichtzonen eine Orientierung im Raum an. Diese erfolgt nicht nur durch die ablesbaren Lichtzonen, sondern auch durch das besondere Design des Beleuchtungskörpers und seine Eigenhelligkeit (farbiger Lampenschirm).

Vorwiegend indirekt strahlende Stehleuchten, die oft auch nicht ortsveränderlich ausgeführt sind, widersprechen jedoch den Erwartungen an eine Stehleuchte. Sie schaffen keine markante Lichtzone rund um ihren Standort und erfüllen nicht den Wunsch der Ortsveränderlichkeit.

Tischleuchte

Tischleuchten haben einen Vorteil: Sie sind sehr personenbezogen. Sie geben dem Nutzer das Gefühl einer an ihn angepassten Privatheit. Tischleuchten geben Licht für den ganz persönlichen Gebrauch an einem Schreibtisch. Richard Sapper, der Designer der wohl erfolgreichsten Serientischleuchte TIZIO, sagte dazu, es sei beim Lesen sehr angenehm, den Rest des Raumes im Halbdunkel zu haben.

Dieses Licht ist die ganz kleine Verlängerung des Tages in den Abend. Auf Grund der meist geringen Größe dieser Leuchte nimmt man an, dass sie nicht so viel Energie verbraucht, und man will vielleicht auch nicht den ganzen Raum hell haben, wie Sapper sagte. Die Bibliothekenleuchte mit dem grünen Schirm ist ein gutes Beispiel für die genannten Punkte. Sie ist klein und schafft eine private Lichtzone, d. h., sie ist nur für den jeweiligen Leser da, und ihr Umfeld in der Bibliothek bleibt relativ dunkel.

2.188
Stehleuchte im Foyer der Börse, Zürich

2.189 und 2.190
Atmosphäre und Design von Tischleuchten

Pendelleuchten

Einer der Hauptpunkte, die eine Pendelleuchte charakterisieren, ist ihre raumteilende Wirkung. Sie trennt deutlich zwischen oben und unten im Raum. Je nach ihren Direkt- oder Indirekt-Anteilen erhellt sie die Decke sehr stark und bringt damit eine zweite vertikale Ebene in den Raum. Mit dem direkten Lichtanteil konzentriert sie eine Lichtzone und markiert einen bestimmten Platz, z. B. einen Arbeitsplatz. Ihr Volumen und ihre vertikale Geometrie machen sie zu einem hängenden Möbelstück und als Gestaltungselement im Raum eher schwierig.

2.191 bis 2.198
Abgependelte Leuchten und Lichtstrukturen

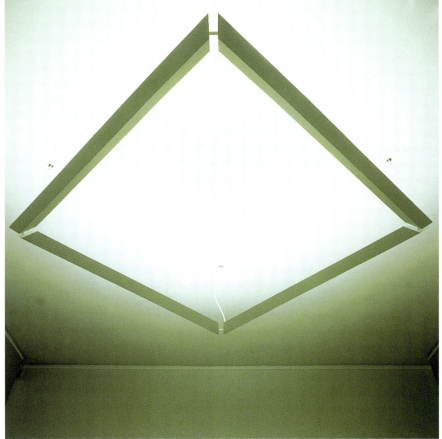

2.3 Quantitative Gestaltungskriterien – Dimensionierung des Lichtes

Der Designer soll Gebäude und Räume gemäß seiner Kenntnis der Erwartungen des Nutzers an das Ambiente sowie das Wissen über die Kausalzusammenhänge zwischen Ambiente und Erwartungen geeignet planen und gestalten.

Dabei soll er speziell die Wirkungen des Lichtes berücksichtigen, die heute außerhalb des Erfahrungsbereiches vieler Nutzer liegen, nämlich

- die biologische Dosis
- die geeigneten Sehbedingungen.

Dazu muss das Licht und/oder die Arbeitsplatzgestaltung berücksichtigt werden. (Es kommt auf die wirkungsvollste Maßnahme an.)

Die Dimensionierung des Lichtes muss sich nach den Erwartungen der Nutzer und den Erfordernissen für eine bestimmte Tätigkeit richten. Während die qualitativen Anforderungen an Licht und Ambiente (Human Needs und 8 Gebote) als im Wesentlichen kulturunabhängig bezeichnet werden können, ist die quantitative Festlegung des Lichtes extrem kulturabhängig. Daher ist die Gegenüberstellung der verschiedenen Dimensionierungsverfahren des Lichtes in vollem Umfang nur für einen bestimmten Kulturkreis gültig. Die abendländische Kultur in Mitteleuropa mit ihrem Lebensstil diente hierfür als Grundlage. Schon die angrenzenden nördlichen Länder (Skandinavien) und die mediterranen Länder Europas haben auf Grund ihrer Lage und ihres Klimas völlig unterschiedliche Lichtbedürfnisse. Daher müssen für diese Länder die Dimensionierungen angepasst werden.

Bei jeder weiteren Differenzierung müssen die kultur- und persönlichkeitsabhängigen Kriterien mit berücksichtigt werden, und deshalb sollte jeder Kulturkreis eigene Empfehlungen für gutes Licht entwickeln.

Den heutigen Empfehlungen für eine Lichtplanung liegen im Wesentlichen quantitative photometrische Werte für Helligkeit zugrunde. Sie wurden in den Industrienationen als Richtlinien für Arbeitsstätten eingeführt und unterscheiden nicht zwischen Tages- und Kunstlicht. Die festgelegten Werte sind so niedrig, dass der Biorhythmus dadurch nicht beeinflusst wird. Hierfür sind erheblich höhere Beleuchtungsstärken notwendig, wohingegen die in den Richtlinien festgelegten Werte eher biologische Dunkelheit darstellen.

Dimensionierung des Lichtes

Am Tage (Tageslicht verfügbar)

Dimensionierung der Fenster/Oberlichter

- Ein Arbeitsplatz soll folgende Orientierung zum Fenster/Oberlicht haben: Blickwinkelbereich durch das Fenster horizontal +/− 50°, vertikal 0 bis 60°
- Die Fensteröffnung muss verglast sein, mit klarem Glas, Lichtdurchlässigkeit >70%; Glas soll außerdem Tageslicht im ultravioletten Strahlungsbereich A und im infraroten Strahlungsbereich A + B ungedämpft durchlassen; im sichtbaren Bereich soll keine Farbverfälschung entstehen.
- Fenster und Oberlichter müssen eine variable und raffbare Sonnenschutzeinrichtung haben; Sie muss im vollständig geschlossenem Zustand mindestens einen freien Querschnitt von 10% haben; Sie muss individuell steuerbar sein (keinesfalls automatisch).
- Außerdem muss es einen Sichtschutz geben, der den Einblick von außen nach innen auf Wunsch des Nutzers verhindert.
- Der Blick aus dem Fenster sollte folgendermaßen zusammengesetzt werden:
  - ca. ein Drittel Himmel (ein Ausschnitt, über den die Sonne geht)
  - ca. ein Drittel Natur (Bäume, Pflanzen etc.)
  - ca. ein Drittel städtisches, ländliches und nachbarliches Leben
- Die Fenstergröße und -orientierung müssen so sein, dass am Arbeitsplatz mindestens 3 bis 4 Stunden/Tag eine vertikale Beleuchtungsstärke auf den Augen von 2.000 bis 3.000 Lux durch das Tageslicht erzeugt wird. Dies gilt besonders, wenn ein Mensch z. B. 8 Stunden arbeiten muss und keine Möglichkeit hat, die nötige Dosis außerhalb der Arbeitszeit zu erhalten (in Mitteleuropa im Winter bei 8 Stunden Arbeitszeit). Die notwendige Dosis muss so zur Verfügung gestellt werden, dass nach Feierabend bzw. an arbeitsfreien Tagen der Biorhythmus nicht verschoben wird.
- Kunstlicht kann das Tageslicht nicht ersetzen; es kann nur in kurzen Übergangszeiten psychologisch unterstützen, z. B. durch Strahler, die sehr helle Lichtzonen (Sonnenflecken) schaffen, und durch Tischleuchten für die Übergangszeit und Beleuchtungsarten, die Schattenzonen des Tageslichtes aufhellen bzw. Transparenz vermitteln. Wenn die oben genannte Tageslichtqualität und -quantität nicht gegeben ist, verschlechtert – besonders gleichmäßig verteiltes – Kunstlicht die Akzeptanz des Raumes.

In der Nacht (kein Tageslicht verfügbar)

Dimensionierung des Kunstlichtes

- Entsprechend dem Biorhythmus und den Tätigkeiten der Menschen werden unterschiedliche Lichtstimmungen in einem Raum gewünscht. Daher sollten die einzelnen Tätigkeits- und Aufmerksamkeitszonen grundsätzlich differenziert beleuchtet werden, und die Schwerpunkte sowie die Lichtstimmung sollten durch den Nutzer veränderbar sein. Zur Veränderung der Lichtstimmung ist nicht nur die Helligkeit variabel zu gestalten, sondern auch die Beleuchtungsarten wie direkt, direkt/indirekt, indirekt. Und die Zonierung bzw. das Lichtgefälle zwischen dem Zentrum einer Zone und dem Umfeld, d.h. die Beleuchtung, muss den verschiedenen emotionalen und funktionalen Ansprüchen anpassbar sein.

- Helligkeits- und Farbverteilungen, Pattern, Montagearten und Lichtfarben von Leuchten beeinflussen die empfundene Dimension des Raumes bzw. Lichtstimmung.

- Ausgangspunkt für die Bewertung der Helligkeitsverhältnisse im Raum ist immer der Standort des Nutzers und keinesfalls der eines neutralen Beobachters außerhalb des Raumes. Da die Lichterfahrungen am Tage und in der Nacht grundsätzlich verschieden sind, wird eine tageslichtähnliche Lichtverteilung in der Nacht als ungewöhnlich angesehen und daher abgelehnt. In einem Raum vorhandene Fenster und Oberlichter machen dem Nutzer dieses Raumes bewusst, dass es Nacht ist und eine tageslichtähnliche Stimmung künstlich erzeugt wurde. Die nächtlichen Lichterfahrungen mit künstlichem Licht besagen, dass der Schein einer Lichtquelle eng begrenzt ist (eine Lichtzone schafft), dass die Lichtquellen nur in unmittelbarer Nähe ausreichende Helligkeit erzeugen und damit nur eine begrenzte Reichweite haben. Eine hohe, gleichmäßig im Raum verteilte Helligkeit sowie Lichtquellen in großen Höhen entsprechen nicht den Lichterfahrungen der Menschen in der Nacht. Da die Menschen auch in der Nacht in der Lage sind, aus ihrer Erfahrung zu beurteilen, ob am Tage die Lichtverhältnisse in diesem Raum ihren Vorstellungen entsprechen, wirken sich mangelnde Tageslichtverhältnisse auch negativ auf die Bewertung des Kunstlichtes in der Nacht aus.

- In den Arbeitszonen wird entsprechend den Sehanforderungen eine unterschiedliche Helligkeit gefordert. Diese Anforderungen sind als Stufen der Helligkeit bekannt (z.B. 1, 10, 100 cd/m²). Über dem mittleren Reflexionsgrad eines Raumes kann dann der notwendige Lichtbedarf ausgerechnet werden. Die Verteilung der Reflexionsgrade und Farben wird entsprechend der zu installierenden Lichtstimmung festgelegt.

Da sich die prägenden Lichterfahrungen und Lichtbedürfnisse am Tage wesentlich von denen in der Nacht unterscheiden, muss die Verteilung der Helligkeiten im Ambiente auch nach diesen Gesichtspunkten unterschieden werden.

Die Dimensionierung des Lichtes am Tage sollte auf der einen Seite den psychologisch notwendigen Kontakt zur Außenwelt, zum Wetter und zu den Tages- und Jahreszeiten bieten und außerdem die biologisch notwendige Dosis an Strahlen gewährleisten.

Hierbei kommt es im Wesentlichen auf die Lage und Orientierung der Fenster sowie die Ausrichtung der Arbeits- und Aufenthaltszonen zu diesen Fenstern an. Selbstverständlich orientiert sich die notwendige Strahlungsdosis am Arbeitsplatz auch danach, wie lange die Arbeit im Vergleich zur Tageslänge dauert und ob für den Nutzer des Arbeitsplatzes die Chance besteht, außerhalb der Arbeitszeit die für ihn wichtige Strahlendosis zu erhalten.

Kunstlicht hat am Tage nur unterstützende Funktion und kann das Tageslicht nicht ersetzen. Tageslichtersatz durch Kunstlicht verbietet sich sowohl aus psychologischen und biologischen als auch aus ökologischen Gründen.

Prinzipiell muss Licht sowohl am Tage als auch in der Nacht so dimensioniert sein, dass es den biologischen Rhythmus des Menschen unterstützt und keinesfalls gegen ihn arbeitet. Deshalb ist ein aktivierendes Licht in der Nacht kontraproduktiv zu dem Ruhe- und Erholungsbedürfnis der Menschen.

Wenn die qualitativen Kriterien entsprechend der Nutzung der Räume mit Bauherrn und Nutzern festgelegt sind, kann man beginnen, die Helligkeiten eines Raumes zu dimensionieren. Die tabellarische Gegenüberstellung gibt Anhaltspunkte für den mitteleuropäischen Raum und Hinweise auf Berechnungsverfahren.

3 Lichtanwendungen

Gesellschaft, Architektur und Licht

Bau-, Stadt- und Umweltgestaltung haben sich – wie bereits im ersten Teil des Werkes dargestellt – immer wieder mit den gesellschaftlichen Veränderungen gewandelt. Sie waren immer auch ein Spiegel des gesellschaftlichen Selbstverständnisses und der dadurch maßgeblich bestimmten Umweltwahrnehmung. Im Kapitel »Entwicklung der Wahrnehmungen von Raum, Zeit und Licht« wurde erläutert, dass die Wahrnehmung des Menschen durch eine Vielfalt unterschiedlicher Eindrücke geprägt wird. Diese Eindrücke finden auf verschiedenen Ebenen statt, zu denen die Kultur einer Gesellschaft, die Gesetze des Zusammenlebens, die Erziehung und Ausbildung, die ein Mensch in Familie, Gemeinschaft und Kulturkreis erfahren hat, gehören. Letztendlich machen die gesamten Umstände, in die ein Mensch hineingeboren wurde, in denen er lebt, seine individuelle Wahrnehmung greifbarer und spürbarer Dinge aus.

Wie Teil 1 dieses Werkes deutlich macht, kann man nur zu einem entsprechenden Verständnis von Lichtqualität in der Architektur finden, wenn man sich diese über die kulturellen Grundlagen des menschlichen Zusammenlebens erschließt.

Aus diesem Grund werden im Folgenden aktuelle Veränderungen dieser kulturellen Grundlagen angesprochen, um zur Definition derzeitiger Gestaltungs- und Planungstendenzen zu kommen. Dabei können wir jedoch dem Anspruch umfassend zu sein kaum gerecht werden, sondern nur einige unserer Meinung nach wichtigen Punkte beleuchten.

Die Globalisierung des Handels, die Entwicklungen in der Telekommunikation und vor allem die Umformung der Industriegesellschaft zur Informations- und Mediengesellschaft bringen weit reichende gesellschaftspolitische Konsequenzen mit sich. Arbeitsprozesse werden z.B. neu definiert, und dabei verändert sich nicht nur unser Sozialverhalten.

Zum einen führt dies zu immer größerer Anpassung und vereinfachenden Symbolisierungen und Verflachung, da eine möglichst gute Verständigung zwischen den unterschiedlichen Kulturkreisen erreicht werden muss. Diese Angleichung vollzieht sich nicht nur in der sprachlichen Kommunikation, sondern sie erstreckt sich zugleich auf fast alle gesellschaftlichen Gebiete, nicht zuletzt auch auf das Konsumverhalten, die Freizeittrends und die kulturellen Bereiche, wie Musik, darstellende Kunst, Literatur und auch Architektur.

Zum anderen ist als direkte Folge und Gegenreaktion an die Stelle des sozialen oder politischen Menschen der private, der individualistische Mensch getreten. Diese Gegensätze dominieren derzeit das gesellschaftliche Leben und zeigen sich in der Architektur als Spiegel des Zeitgeistes. Wir erleben einen Zusammenbruch der örtlichen, sozialen und politischen Bindungen, die von der Globalisierung in den Bereichen der Produktion, des Konsums, der Kommunikation und der Kultur überrannt werden. Als Gegenreaktion bilden sich Ersatzgemeinschaften ethnischer, nationaler oder religiöser Art.

Architektur wird heute immer mehr Raum und Bild introvertierter Privatheit. Der öffentliche Raum wird dabei zum Restraum der privaten Solitäre.

Bei den Kulturbauten entstehen Gebäude, die weder visuellen Kontakt nach außen zulassen noch sich mit der Außenwelt, dem Umfeld, baulich verbinden. Auch die Wohnbauten symbolisieren diesen Trend zur Introversion und Privatheit, zur Isolierung und Individualisierung.

Zusätzlich zeigt sich unser technisches Selbstverständnis geradliniger Logik und transparenter Wissenschaft in der Architektur bei den unterschiedlichsten Projekten. So wird Transparenz vor allem als Firmenphilosophie in Bürogebäude hineingetragen und damit vermeintliche Offenheit und externe und interne Kommunikation verordnet. Auch die Gebäude, die das Zeitalter der mobilen Gesellschaft symbolisieren (Flughäfen, Bahnhöfe etc.), strahlen diese Vorstellung des Unterwegsseins in verstärktem Maße durch große technoide Transparenz aus.

Das Internet ist zugleich Ursache und Folge der Globalisierung, während der sich daraus weiterentwickelnde weltweite Handel ihre stärkste Antriebskraft ist. Es intensiviert das schnelle Zusammenwachsen der Handels- und Finanzmärkte ebenso wie die weltweite Ausbreitung der Popkultur (beinahe aller kulturellen und vermeintlich kulturellen Werte). Heute sind Finanztransaktionen in Sekundenschnelle rund um den Globus möglich. Internet und Satellitenkommunikation werden gegenwärtig so weit ausgeweitet, dass jeder zu jedem Zeitpunkt überall erreichbar ist; die Welt wird zu einer globalen Telefonzelle.

Zeit und Ort sind durch die elektronische Kommunikationsmöglichkeit für einen Dialog vermeintlich nebensächlich geworden. Der Weg in die Informationsgesellschaft und in die Virtualisierung aller konkreten Vorgänge führt zu einer Verschiebung von Zeit und Raum. Räumliche und zeitliche Distanzen werden aufgehoben.

Das Computernetz negiert den Ort, den definierten Raum. Es ist unräumlich. Seine typischen Formen und Proportionen lassen sich nicht beschreiben. Man kann Daten darin finden, ohne zu wissen, wo sie gespeichert sind. Das Netz ist eine Umwelt, in die man nicht (körperlich) eindringt, sondern in

die man sich einloggt. So findet die Wahrnehmung des Menschen zunehmend in einem Reich der Zeichen statt, in einem virtuellen Bilduniversum. Elektronische Kommunikationsträger reduzieren komplexe Informationen auf das Nötigste und verwandeln lebendige Sprache in verkürzte Zeichensymbole. Emotionen und Körpersprache werden vollkommen ausgeschaltet, es kommt zu einem Sozialisationsverlust und zur Wahrnehmungsveränderung. Der Zeitgeist, alles virtuell werden zu lassen, schließt emotionale Empfindungen weitgehend aus.

Personen, die ausschließlich über das Netz kommunizieren, müssen nicht preisgeben, an welchem Ort sie sich befinden; neutrale elektronische Identifikationen ersetzen die körperliche und geistige Identität. Der damit einhergehende Sozialisationsverlust wird *noch* nicht durch neue Verhaltensformen ersetzt, er wird durch Individualisierung und Konsumierung kompensiert. Dies spiegelt sich in vielen Lebensbereichen wieder, nicht zuletzt in unserem Verhalten, Architektur wahrzunehmen und Licht zu konsumieren.

Eine solche Künstlichkeit unserer Wahrnehmung reduziert die Welt auf eine einseitige Sinneswahrnehmung. Wir verlieren unsere Selbstwahrnehmung, da der Mensch seinen Umweltbezug erst erreicht, wenn eine zerebral gesteuerte komplexe Integration von Auge, Ohr, Hand und Sprache zustande kommt. Um ein Objekt als solches zu erkennen, müssen wir es in unterschiedlichen Lichtverhältnissen gesehen haben und es im Raum erleben. Licht vermittelt uns, dass Zeit vergeht und Veränderungen stattfinden. Ohne sich veränderndes Licht wäre das Sichtbare monoton und bliebe zweidimensional.

Natürliches Licht bewegt sich, verändert sich. Nur so sind wir in der Lage, differenziert zu sehen und zu denken (»in anderem Licht sehen«). Wenn uns etwas in einem anderen Licht als zuvor erscheint, können wir es differenzierter beurteilen. Menschen und Dinge, insbesondere gebaute Architektur, verändern im wechselnden Licht ihr Aussehen.

Eine Kernfrage ist: Können wir bei unserer statischen, optimierten Beleuchtung die uns umgebende Welt überhaupt noch »richtig« erfassen und reflektieren?

Das 20./21. Jahrhundert wird als das visuelle Zeitalter bezeichnet, eine Zeit der umfassenden Ausleuchtung. Städte werden nie mehr dunkel. Alles wird und bleibt beleuchtet, und selbst bei Tageslicht meint man, mit einer vollflächigen Verglasung aller Bauteile eine Maximierung an bester und dauerhafter Belichtung erreichen zu können. Dies ist aber keine Beleuchtung, weder bei künstlicher noch natürlicher Belichtung, sondern eine Durchleuchtung, bei der wir alles, einschließlich uns selbst, freiwillig unter das Mikroskop der Helligkeit legen.

Alles muss klar, logisch, nachvollziehbar, sauber werden. In jedes Dunkel ist Licht zu bringen – Transparenz bis in jede Phase des Handelns.

Erst die Entwicklung des Umgangs und Einsatzes von Licht, mit seiner gleißenden Ausleuchtung, brachte die Möglichkeit der offenen transparenten Gesellschaft mit neuen Schönheits- und Hygieneidealen. Alles wird eingebunden in das Modell der offensiven Durchleuchtung der Dinge, als die sich die informative, wissenschaftlich technisierte Neuzeit versteht. Die Gesellschaft emanzipierte sich von der »Erleuchtung« Einzelner zur (Be)leuchtung aller. Dabei ist uns jedoch der Bezug zur notwendigen Auseinandersetzung von und mit Schatten verloren gegangen. Der Schatten bestimmt die Welt der Dreidimensionalität. Er definiert den Raum, das Erlebnis *Nacht* und macht den Tag erst begreifbar. Wir beurteilen Licht oft zu sehr nach dessen quantitativen und nicht nach dessen qualitativen Eigenschaften: Wir haben dadurch das Maß verloren, mit Licht umzugehen. *»Man wird nicht erleuchtet, indem man sich lichtvolle Gestalten vorstellt, sondern indem man sich das Dunkel bewusst macht.«* (C. G. Jung). Das Fehlen des Schattens werden wir immer als schwere Störung natürlicher Gesetzgebung empfinden.

Die derzeitige Architektur – ebenso wie z.B. die Literatur, die Musik und die bildende Kunst, das Industriedesign oder Produktpaletten – äußert sich in einer vielschichtigen Komplexität. Dabei lassen sich nicht immer eindeutige charakteristische Merkmale einzelner Elemente aufzeigen. Die derzeitige Epoche, in der alle hier beispielhaft gezeigten Projekte entstanden, steht dabei im Zeichen eines ausgeprägten Individualismus. Dieser präsentiert sich durch deutliche persönliche und subjektive Formen der Architektur, die sich meist als Solitäre geben und wenig mit der Einbindung in vorhandene Szenerien gemein haben. Dabei handelt es sich um eine technisch funktionale, stilistisch regionale und futuristisch geprägte Architektur in unterschiedlicher individueller Form, um beispielhafte Entwürfe, bei denen das Licht deutlich prägendes Element war.

Es muss sicher zusätzliches Ziel bleiben, darüber hinaus Ausdrucksformen zu finden, die zeitbezogen Zeugnis von der geschichtlichen Besonderheit der Aufgabe und der Umgebung geben, die den Materialeinsatz und seine jeweils technischen Möglichkeiten, seine Natürlichkeit und die technische Industrialisierung und Perfektion dokumentieren und die das natürliche und künstliche Licht zur Grundlage unserer Wahrnehmung machen.

3.1 Stadträume

Zum ersten Mal in der Geschichte der Menschheit wird in zwei bis drei Jahren die Mehrheit der Weltbevölkerung in Städten leben. Dieses Jahrhundert wird das erste sein, in dem ein Großteil der Menschen Teil einer einzigen vernetzten Welt wird. Wie diese internationale Vernetzung die Aktienkurse der Börsen anfällig für die unberechenbaren Reaktionen eines weltweiten Anlegerpublikums macht, so steigen und fallen auch die »Aktien« der Kommunen. Ihr Konkurrenzkampf ist beispielhaft. Sie vernetzen sich weltweit immer mehr zu komplexen Gebilden global konkurrierender Unternehmen und geraten damit stärker in gegenseitige Abhängigkeiten.

Die Voraussetzung für eine wirtschaftlich potente städtebauliche Entwicklung heißt heute, an dieses Informationssystem angeschlossen zu sein und darauf zu reagieren. Datenautobahnen werden wichtiger als herkömmliche Verkehrsnetze. Reale und virtuelle Transportsysteme bestimmen immer deutlicher das hierarchische Gefälle zwischen den einzelnen Städten.

Funktionstrennungen und die Refugien einzelner sozialer Schichten führten und führen zur Entmischung der für eine lebendige Stadt notwendigen Gemengelage. Der Individualverkehr wird deshalb trotz hoher Benzinpreise und selbst bei Verbesserungen des öffentlichen Nahverkehrs weiter ansteigen, da uns zu einer programmierten Individualität noch keine Alternativen geboten werden.

Wir leben in Städten, die sich über viele Jahrhunderte unter sich immer wieder veränderten gesellschaftlichen Bedingungen weiterentwickelt haben. Sie bildeten sich fast ausnahmslos an strategisch wichtigen Orten mit guten Verkehrsmöglichkeiten. Heute spielen diese zwar immer noch eine entscheidende Rolle, aber Autobahnen, Bahnhöfe und Flughäfen werden zum Teil durch zeitgemäße Datennetze ergänzt und ersetzt. Obwohl sich die Lebensformen dadurch verändern, erweisen sich die alten baulichen Grundstrukturen als erstaunlich robust und auch für veränderte Nutzungen brauchbar. Sie werden überstülpt mit allerneuesten Datentechniken gemeindeeigener Kommunikationssysteme.

Durch die multimedialen Kommunikationsformen wird ein Teil der öffentlichen Räume vermeintlich überflüssig. So sind z.B. Diskussionsforen und Kongresse heute nur noch zum Teil an räumliche Angebote gebunden. Ob das den öffentlichen Raum auf Dauer in Frage stellen wird, darf man jedoch begründet bezweifeln.

Unsere Nutzung des öffentlichen Raumes hat sich schon verändert. Man geht bzw. fährt ganz gezielt in die Stadt, um sich zu besonderen Anlässen an ausgesuchten Orten und in definierten Gebäuden mit bestimmten Menschen zu treffen. Öffentliche Plätze haben dadurch als Kommunikationszone aller Sozialschichten einen Teil ihrer ursprünglichen Bedeutung verloren. Dieser Entwicklung kann mit besonderen Nutzungsangeboten, besonderer quartierbezogener Charakteristik partiell begegnet und die typische städtische Lebendigkeit wenigstens zum Teil zurückgewonnen werden.

Für eine wachsende Zahl von Menschen verliert allerdings der geographisch definierte Ort als primärer Bezugspunkt der persönlichen Identität an Bedeutung; weitgespannte kulturelle, soziale und geschäftliche Bündnisse ersetzen diese. Neue Arbeitsanforderungen lassen große Ballungsräume immer mehr zu periodischen Durchgangsstationen verkommen. Um so wichtiger erscheint es deshalb, jedem Ort wieder eine eigene Identität zu geben.

Die Stadt strukturiert sich nach ihren Verkehrsverbindungen in großflächige, sich wiederholende Dimensionen, die für die Menschen gute Orientierungsmöglichkeiten notwendig machen. Neben baulicher Akzentuierung können dabei Licht und Farbe im Detail wichtige Orientierungshilfen sein.

Das Bild der Stadt wird bei Nacht besonders durch die Werbebelichtung bestimmt. In einem solchen »Patchwork« einzelner Bruchstücke gehen städtische Schwerpunkte und Orientierungen schnell verloren. Beleuchtungskonzepte, die die Stadt in ihren unterschiedlichen Ebenen und Funktionen differenziert unterstreichen, fehlen fast durchweg. Helligkeit ist selbstverständlich geworden, es fehlt aber das charakterisierende Licht. Da heute der Freizeitwert des öffentlichen Raumes immer mehr in die Nacht verlegt wird, fällt dem Kunstlicht dabei eine besonders hohe Bedeutung zu. Es kann neben Helligkeit ästhetische Werte, Sicherung und Orientierung und damit hohe Akzeptanz für eine Stadt ergeben.

Die visuelle Wahrnehmung des Menschen bewegt sich in der Nachtzeit in geringen Helligkeitswerten. Das Auge ist nachts extrem empfindlich. Wenig Licht kann also stärker akzentuieren als eine zu aufdringliche Helligkeit. Diese Problematik wird oft bei städtebaulichen Lichtplanungen völlig außer Acht gelassen. Licht wird durch noch mehr Licht überstrahlt, die Grenzen zwischen Innen und Außen, zwischen öffentlichem und privatem Raum verwischt, die soziale Komponente von Straßen und Plätzen geht verloren. Licht ist für die Begreifung und Benutzung, für das Wohlfühlen in einer Stadt ein mitentscheidender Faktor, dem wir wieder mehr Bedeutung beimessen müssen.

Lichtkonzept Lyon

Lichtplaner: Urban design department of the Greater Lyon urban community, municipal technical department, Jean-Pierre Charbonneau, technical consultant, in Zusammenarbeit mit Alain Guilhot, Lichtdesigner

Planungsbeginn: 1989 mit 10 bis 25 Installationen pro Jahr

Lyon Place des Terreaux

Architekten: Daniel Buren, Christian Drevet

Lichtplanung: Laurent Fachard (Les-Eclairgistes Associés)

Lyon hat von jeher eine eigene Beziehung zum Licht. So veranstaltet die Stadt ihr eigenes Lichtfest, bei dem alle Bürger Kerzen in ihre Fenster stellen. Vor allem aber macht die Lage am Zusammenfluss von Saône und Rhône diese Stadt zu allen Jahreszeiten zu einem Erlebnis: Die sanften Ufer der Saône bei Sonnenuntergang, die Majestät der Rhône an einem kalten Wintermorgen, die unterschiedlichsten Blautöne des Himmels auf den Steinen und Ornamenten der Häuser von Lyon malen ein besonderes Bild. Durch das unterschiedliche Licht wird die Stadt wie ein Bühnenbild immer wieder neu erlebbar.

Lyon ist reich an kulturellem, architektonischem Erbe, und es gibt ehrgeizige Pläne für die zukünftige Entwicklung der Stadt. Das Lichtkonzept für die nächtliche Erscheinung spielt dabei eine besondere Rolle. Es dient nicht nur der Selbstdarstellung der Stadt, sondern mit ihm wurde ein neuer Ausdruck für öffentliche Beleuchtung entwickelt, der die Stadtstruktur besonders betont.

Der unter dem Namen »Die Stadt bei Nacht« herausgegebene Beleuchtungsplan will differenzierte Einheitlichkeit und Klarheit durch unverwechselbare Farbgebung vermitteln. Dafür wurden Leitlinien entwickelt, die verschiedene städtische Bereiche kennzeichnen:

Grün: Grünanlagen

Ocker: Gebiete mit städtischem Charakter

Gelb: zur Erleichterung des Lesens von Schildern an Verkehrsknotenpunkten und wichtigen Durchfahrtsstraßen

Blau: Lichtdarstellung wichtiger baulicher Perspektiven der Stadt

Grau: zum Hervorheben historischer Bauwerke und malerischer Elemente der Stadt.

Dieses Konzept unterstreicht nicht nur die vorhandene Stadtstruktur bei Nacht, es schafft auch ein differenziertes Beleuchtungssystem, das Orientierungen ermöglicht und unterschiedliche Bedeutungen innerhalb der Stadt sichtbar werden lässt.

Dieses Gesamtkonzept wird unterstützt und ergänzt durch verschiedene Einzelprojekte wie das der Universität Lumière oder des Stadtteils Fourvière, dessen Beleuchtung sich dynamisch verändert. Jede der wichtigen Brücken über die Rhône und die Saône wird durch eine spezielle Beleuchtung charakterisiert, die ihre besondere eigene Architektur hervorhebt.

Place des Terreaux

Dieser Platz gehört zu den zentralen Punkten der Stadt und wird bestimmt durch die symbolische Darstellung der vier historischen gesellschaftlichen Elemente: König, Klerus, Bürgerschaft und Volk. Sie werden versinnbilchlicht durch das Massiv des Terraux, das bischöfliche Palais Saint Pierre, das Rathaus und das Croix-Rousse (Viertel der Seidenarbeiter), die den Platz säumen.

Durch den Bau einer Tiefgarage bot sich für die Stadt die Gelegenheit zu einer Umgestaltung dieses Platzes. Die Grundlage des Entwurfes bestand darin, den vorhandenen Raum neu zur Geltung zu bringen und in seiner vorhandenen Struktur zu unterstützen. So entstand ein geradliniges Bodenraster mit den Farben Grau, Schwarz und Weiß. Innerhalb dieses Rasters sind 69 Springbrunnen mit variablen Fontänen angeordnet. Deren besonderer Reiz liegt im Wechselspiel von Wasser und Licht. Regen, Sonne, Nacht, Tag, Winter, Sommer ändern ständig die Erscheinung des Platzes, er integriert den Faktor Zeit ebenso wie unterschiedliche nächtliche Beleuchtung.

Die Kunstbeleuchtung dieses Platzes ist tragendes Element der Lichtkomposition des Stadtkerns von Lyon. Es gibt zwei sich ergänzende und überlagernde Lichtkonzepte: das erste bodennah, das durch die beleuchteten Fontänen für den Fußgänger den Raum strukturiert. Das zweite Konzept beleuchtet die Fassaden der umliegenden Gebäude, die wiederum den Platz durch Reflexion, mit indirektem

Licht beleuchten. Der beleuchtete Bartoldibrunnen und die beleuchteten 69 Fontänen bilden die Hauptmöblierung des Platzes. Drei verschiedene Varianten des Lichtes und des Wasserspiels wurden entwickelt. Während eine Fontäne ihre Höhe verändert, ändert sich die Intensität des Lichtes. Die Fontänen beherrschen in ständiger Animation das Innere des großen Platzes. Das gestreifte Gefüge des Bodenrasters in hellen und dunklen Naturmaterialien spiegelt die Eleganz der umliegenden Gebäudefassaden auch auf die Platzoberfläche.

Tag und Nacht prägen den Platz in sehr unterschiedlicher Weise. Licht von unten statt vom Himmel lässt ihn verspielt oder ernst erscheinen, für den Vorübergehenden anders als für den Verweilenden: ein Raster aus einzelnen Lichtpunkten, spielend sich verändernd, strahlend, behutsam. Feuchtigkeit liegt in der Luft, Wassertropfen schwirren durch die Atmosphäre und brechen das Licht, ein dünner Wasserfilm bedeckt ein kleines Terrain um jeden Brunnen, darin spiegeln sich bruchstückhaft die Fassaden, Oberflächen verändern sich, die Luft schimmert. Das Neue des Platzes, das Imaginäre wird dem Betrachter deutlich.

Lyon zeigt mit seinem die Gesamtstadt umfassenden, an diesem Platz kumulierenden Projekt, was öffentlicher Raum für die Benutzer sein kann, eine Atmosphäre die jeglichem Vandalismus geistigen und physischen Einhalt gebietet.

Hafengebiet, St. Nazaire

Lichtkünstler: Yann Kersalé
Installation: 1991

Der Hafen von St. Nazaire war durch die Entwicklung, während der er seine Bedeutung als wirtschaftlicher Mittelpunkt verlor, kein lebensstiftender integrierter Stadtteil mehr. Deshalb wurde versucht das Herz der Stadt, die Docks, effektvoll zu beleuchten und dadurch wieder als Bestandteil der Stadt sichtbar zu machen. Inspiriert vom Geruch des Hafens, wurde der Beleuchtungsentwurf auf drei Hauptprinzipien gegründet:

Leuchtfeuer, rot auf der einen, grün auf der anderen Seite

dynamische Beleuchtung für alle beweglichen Objekte im Hafen wie bewegliche Brücken, fahr- und drehbare Kräne

statische Beleuchtung für die Gebäude, um deren Formen zu betonen und hervorzuheben.

Die Leuchtfeuer beleuchten Konturen und Silos, Lagerhäuser, Schiffe, Kräne und Bollwerke. Acht Scheinwerfer, die oben an den riesigen Silos angebracht wurden und nach unten gerichtet sind, bringen deren runde Form und grobe Textur zur Geltung, während 16 Leuchtfeuer die äußeren Grenzen dieser gewaltigen Bauwerke anzeigen. Riesige Kräne werden bis zur Spitze ihrer Ausleger durch verborgene Scheinwerfer beleuchtet.

An der Spitze befindet sich jeweils noch ein zusätzlicher Scheinwerfer, der mit einem speziellen Filter versehen ist, um einen farbigen und dynamischen Beleuchtungseffekt zu erzielen. Rote Leuchtfeuer an verschiedenen Enden der Konstruktion sorgen dafür, dass die Kräne geheimnisvoll glühen.

Das eindrucksvollste Bauwerk im Hafen, teils auch wegen seiner unrühmlichen Vergangenheit, sind die Bunker zum Schutz der U-Boote aus dem letzten Krieg. Das Innere dieser U-Boot-Bunker ist beleuchtet durch 32 Scheinwerfer mit Metallhalogenlampen (400 W). Jede der Eingangsstützen aus Beton wird von oben bis unten von zwei Scheinwerfern beleuchtet, die besonders abgeschirmt sind, um Blendung zu vermeiden. In einer Reihe von Sehschlitzen unter dem Dach befinden sich 17 Kompaktleuchtstofflampen (PLS 9 W), während 16 Leuchtfeuer die Ecken des Bauwerkes hervorheben.

Der Hafen prägt nun wieder das Gesicht der Stadt und lässt ihre Struktur deutlicher hervortreten. Bei Anbruch der Dämmerung beginnt ein Lichtprogramm, das die Bedeutung und die Funktion des Hafens sichtbar macht und damit nicht nur eine visuelle, sondern auch eine emotionale Verbindung mit der Stadt herstellt. Bei Tag sorgt der Hafenbetrieb, bei Nacht dessen Illumination für seine Präsenz im Stadtgefüge.

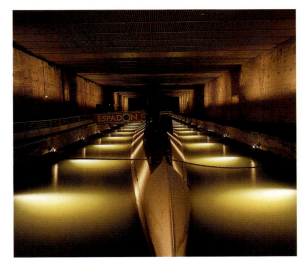

Beweglicher Bogensteg, Duisburg

Architekten:
Schlaich, Bergermann & Partner
Lichtplaner: Uwe Belzner
Fertigstellung: 1999

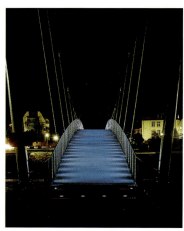

Das stadtnahe reizvolle Areal des alten Duisburger Innenhafens wird derzeit revitalisiert. Hier entsteht nach einem Masterplan von Sir Norman Foster ein vielschichtiges, lebendiges neues Stadtviertel. Die Fußgängerbrücke bildet in diesem Rahmen eine wichtige Verbindung zwischen dem Altstadtpark und der neuen Parkerweiterung auf der anderen Seite des alten Hafenbeckens.

Zwischen Pylonen am Ufer wurde der Steg dieser Bogenbrücke aufgehängt. Er kann, um den Verkehr größerer Schiffe weiterhin zu ermöglichen, aus seiner Normallage bis zu einer Durchfahrtshöhe von 10,6 m bei maximalem Wasserstand hochgebogen werden. Für diesen Prozess wurden drei unterschiedliche Höhenpositionen festgelegt, wobei die Mittellage bereits 90 % der notwendigen Höhe für die Schifffahrt abdeckt. Leider ließen es die Behörden nicht zu, dass auch in dieser Position eine Benutzung durch die Fußgänger möglich ist, die ursprünglich vorgesehen war.

Bei Bedarf werden die Masten der Brücke mittels Hydraulik nach außen gekippt. Durch die dabei entstehende Längenänderung der Trag- und Hängeseile wird der als Gelenk ausgebildete Laufsteg aus Betonfertigteilen nach oben gehoben und durch zusätzliche in der Ruheposition unter Schleppplatten positionierte Teilstücke vergrößert.

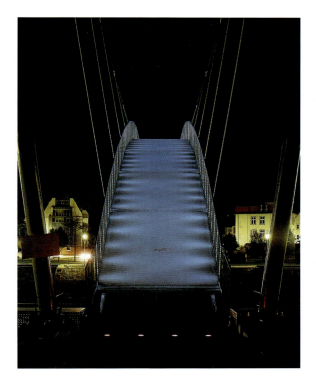 

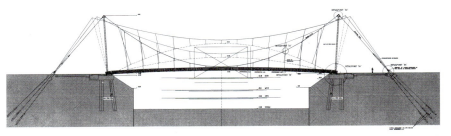

Die abendliche Beleuchtung macht die Wandlung der Brücke in ihren unterschiedlichen Positionen nachvollziehbar und unterstreicht damit die räumlichen und funktionalen Aspekte.

Die Schwierigkeiten des Beleuchtungskonzeptes bestanden darin, dem auf den ersten Blick nicht zu vereinbarenden Anforderungen, den Schiffsverkehr nicht zu blenden und den Steg trotzdem hell genug auszuleuchten, gerecht zu werden. So wurde die Beleuchtung in die vertikalen Streben des Geländers integriert. Jede zehnte Strebe ist mit einer Kette aus Leuchtdioden ausgestattet, die mit ihrem strahlenden Licht den Gehweg ausleuchten. Während die Innenseite der Brücke in einer Vielzahl von Lichtpunkten erstrahlt, befindet sich an der dem Wasser zugewandten Seite nur ein einziger Lichtpunkt pro Strebe.

Das Licht im bodennahen Bereich umrahmt den schwebenden Steg, während die Wasseroberfläche das Licht der Brücke nur unmerklich reflektiert (Verfremdung der Bilder durch die notwendigen langen Belichtungszeiten).

So entstand eine künstliche Beleuchtung, die sowohl funktional als auch durch ihre sensible Zurückhaltung einen ästhetischen Anspruch erhebt und die Brücke auch bei Nacht und insbesondere in Bewegung zu einem neuen Merkzeichen innerhalb der Stadt werden lässt.

Kaianlagen Kuip van Zuid, Rotterdam

Architekten: Bolles + Wilson
Planung und Fertigstellung: 1991 bis 1996

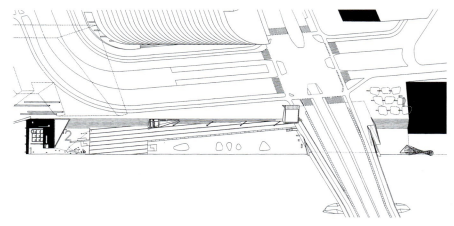

Der Kai befindet sich vor den Hochhaustürmen des Geschäftsdistriktes und neben der neuen Brücke, die die ehemaligen Docks mit der Innenstadt im Norden der Maas verbindet. Die Grundlage der Umgestaltung bestand darin, die großen Maßstäbe zu brechen, dafür individuelle Formen zu finden und die Wasserfront als öffentlichen Raum nutzbar zu machen.

Eine Rampe mit streifig verlegtem blauem Basalt verbindet die Straße und die Brückenebene mit dem unteren Kai: eine Fläche, die sich teppichartig über die Kante des Kais ins Wasser faltet. Zwei im Niveau abgesetzte mit rauem Granit gepflasterte Räume werden über die Rampen erreicht. So erschließt sich der Garten der »fixierten Nummern« und das Feld der »elektronischen Steine«, welche von unten angestrahlt werden. Es wird dem Besucher überlassen, diese Elemente auf seine Weise individuell zu erfahren.

Hinzu kommen drei größere Objekte, die den Kai besetzen:

Das Bridgewatcherhouse am östlichen Ende des Kais, das den Blick auf die Stadt einrahmt und von der Hafengesellschaft genutzt wird. Von hier werden der Schiffsverkehr und die beweglichen Brücken auf der Maas organisiert. Die Außenwände des Gebäudes bestehen aus unterschiedlichen Materialien: glasierte Ziegel zur Straße, schwarze Metallplatten zum Hafen, weiß einbrennlackierte Paneele zum Kai hin.

Auf der Gegenseite wird der Platz durch eine transparente Bildoberfläche mit Eckdach geschlossen. Ein Restaurant soll in einem späteren Stadium hinzukommen.

Der Turm der elektronischen Zahlen schließt sich im Westen am Anfang des Wilhelminapeers an und setzt ein Zeichen kommender Entwicklung.

Integrierter Bestandteil der architektonischen Planung war von Anfang an die Beleuchtung, die diesem neuen Stück Stadt eine besondere Atmosphäre gibt. In der Veränderung der Tages- zur Kunstlichtbeleuchtung wird das Wasser zum besonderen Erlebnis inszeniert.

3.2 Verkehr

Mit der Verlagerung des Wohnens in die Vororte hat sich die Notwendigkeit ergeben, die Verbindungsmöglichkeiten zwischen den Wohnbereichen in der Peripherie und den Handelszentren in der jeweiligen Stadtmitte weiterzuentwickeln. Verkehrsbauwerke und Verkehrsmittel, Bahn und Bustrassen und deren Haltepunkte sind zu wichtigen Identifikationspunkten der Stadt geworden. Sie bestimmen das Bild einer Stadt nahezu im gleichen Maße wie ihre sonstigen Bauten.

Im Gegensatz zu Flughäfen sind Bahnhöfe städtebauliche Elemente geblieben. Beide sind darüber hinaus aber auch Aufenthaltsorte und Kommunikationspunkte von überörtlicher Bedeutung. Reiseströme zu dirigieren darf demnach nicht ihr einziges Ziel sein, sondern es ist wichtig, dass sie Gebäude mit besonderer Atmosphäre baukultureller Dimension sind, so wie sie es im 19. Jahrhundert einmal waren.

Der Stadtverkehr verknüpft die unterschiedlichen Bereiche einer Stadt. Wo sich die Netze der diversen Fortbewegungsarten verdichten und überlagern, bilden sich bevorzugt städtebauliche Anziehungspunkte. Dort entstehen als Erstes weitere städtische Funktionen, die großvolumige Nutzungen nach sich ziehen und zu hoher baulicher Verdichtung führen. Dabei zählt nicht so sehr die räumliche Distanz oder die Nähe einzelner Elemente innerhalb der Verdichtungszonen, sondern die Wegezeit, die man von einem Punkt zum anderen zurücklegen muss. Die Zeit bzw. die Geschwindigkeit ist heute Maßeinheit für die Entfernung zwischen einzelnen Orten und somit bestimmendes Element des Verkehrs. Verbindungselemente werden zu Trennlinien und umgekehrt: Trennlinien werden zu Verbindungselementen – Entferntes liegt nah, während auf Sichtkontakt Nahes durch »Barrieren« in die Ferne rückt. Links oder rechts von der Autobahn liegt unterschiedlich charakterisiertes Terrain. Die Verkehrsschneisen werden dadurch Trennlinien mit sozialer Dimension. Wo Verkehrslinien sich bündeln und sich wieder verteilen, entstehen Knotenpunkte mit einer neuen Form öffentlicher Räume. In unserer mobilen Welt bekommen diese Punkte große Bedeutung als Identifikationsorte, bei denen Licht als Charakterisierung und als Maßeinheit für die Geschwindigkeit eine wichtige Rolle spielt. Die Verkehrsmittel und der Umgang mit ihnen werden über die Zukunft unserer Städte entscheiden. Zwischen Verkehr und Stadtbild besteht eine symbiotische Beziehung, d.h., die Entwicklung der Städte ist abhängig von der Wahl und den zur Verfügung stehenden Verkehrsmitteln. Der Verkehr nimmt in hohem Maße Einfluss auf das zukünftige Bild einer Stadt.

Auch hier bekommt die Orientierungsmöglichkeit einen immer höheren Stellenwert, vor allem weil immer mehr Menschen in Städten nur als Durchreisende unterwegs sind. Durch sie bekommen die Knotenpunkte als Orte mit Aufenthaltsqualität entscheidende Bedeutung für das Stadtbild.

Flugzeuge sind ein Symbol des verkehrlichen Fortschritts im weltweiten Verknüpfungssystem. Angesichts zeitraubender Zufahrtswege zu den weit außerhalb der Stadt gelegenen Flughäfen, überfüllter Abflughallen und langer Wartezeiten auf Grund überlasteter Lufträume bestimmt auch hier die Qualität des Ortes dessen Attraktivität. Andererseits beginnt der innerstädtische Bahnhof wieder an Akzeptanz für mittlere Distanzen zu gewinnen. Moderne Hochgeschwindigkeitszüge haben die Fahrtzeiten über Land drastisch verringert. Als großer Umschlagplatz von Personen und Postverkehr der modernen Massengesellschaft ist der Bahnhof immer ein Ort höchster Aktivität und Attraktivität in den europäischen Städten geblieben. Dabei überlagern sich bei der architektonischen Gestaltung von Bahhöfen der Wunsch nach Darstellung der Dynamik und Geschwindigkeit, der Mobilität und dem des städtischen Fixpunktes. Die Entmaterialisierung in Glas, Stahl und Licht mit besonderer Formgebung kann diese Kombination besonders wirkungsvoll demonstrieren, bei der der Weg zum Ziel und zum Startpunkt in unserer mobilen Gesellschaft wird.

Mobilität kann und muss gerade deshalb an diesen Orten Identität und Aufenthaltsqualität erreichen. Dieser Qualitätsanspruch gilt sowohl für die Bauten als auch für die Trassen, deren Möblierung und die Fahrzeuge selbst.

Gute Orientierung und Organisation in den Bauten, gestaltete Linienführung für Trassen mit ihren Brücken, Rampen, Böschungen, mit ihren Lenkungs- und Regelungseinrichtungen und die äußere und innere Erscheinung und Wahrnehmung der Fahrzeuge: Hier kann mit Licht zum Sehen und Ansehen, zum Gesehen-Werden und eigenen Erkennen, das die Charakteristik sehr unterschiedlich stützt, die Stimmungslage beruhigend reduziert oder verstärkt dynamisiert viel an gestalterischer Qualität gewonnen werden.

Jubilee Line, London

Gesamtplanung: Roland Paoletti
Fertigstellung: 2000

Canary Wharf Station
Architekten: Foster and Partners

Westminster Station
Architekten: Michael Hopkins & Partners

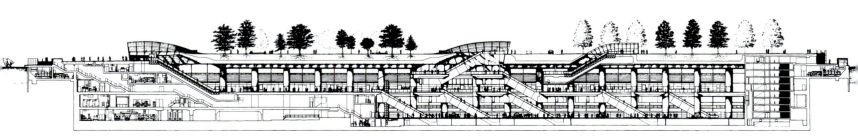

Dieses seit 25 Jahren größte U-Bahnprojekt in London umfasst ein Netz von 12,2 km langen neu gegrabenen Tunneln in einer Tiefe zwischen 15 und 32 m. Seine Bedeutung für das Londoner Verkehrsnetz wird klar, wenn man sich vor Augen führt, dass die neu geschaffenen Strecken viermal die Themse unterqueren. Es wurden sechs U-Bahn-Stationen neu gebaut und fünf komplett saniert.

Roland Paoletti, dem Chefarchitekten der Jubilee Line Extension, ist es zu verdanken, dass zu diesem Projekt neben Fachingenieuren auch neun Architekturbüros für die Gestaltung der Bahnhöfe hinzugezogen wurden. Die Idee dabei war, dass sich die unterirdische U-Bahn-Landschaft durch die Kreativität verschiedener Architekten in jeweils eigene Erlebniswelten verwandeln würde.

Nur wenige Standards, wie Bodenbeläge, gläserne Bahnsteigtüren und standardisierte Rolltreppen, waren für die Planung vorgegeben.

Zwei Stationen werden hier vorgestellt:

Canary Wharf

Die Station von Norman Foster beeindruckt schon im Eingangsraum durch ihre großzügige Überschaubarkeit. Unterirdisches wird mit Großräumigkeit im Tageslicht verbunden.

16.000 Passagiere benutzen stündlich diese Station, die das Geschäftsviertel auf der Isle of Dogs mit der Stadt verbindet. Die Herausforderung, sie gewissermaßen ins Wasser zu bauen, machte diesen Haltepunkt zum größten, teuersten und technisch kompliziertesten der gesamten Linie.

Den Eingangsbereich symbolisieren muschelförmige Glasdächer, die Licht bis auf das Bahnsteigniveau leiten und so immer einen direkten Bezug zum Außenraum herstellen.

Die an den Stützen geschwungen zulaufende Decke gibt dem gesamten Raum eine Leichtigkeit, die an eine Flughafenhalle erinnert. Durch die überlegt angebrachte künstliche Beleuchtung verliert sich der Eindruck, unterhalb der Erdoberfläche zu sein, auch bei Nacht.

Westminster Station

Die niedrige Eingangshalle sorgt für einen zurückhaltenden Auftakt in das unterirdische U-Bahnsystem. Mit zunehmender Tiefe jedoch wandelt sich dieser Eindruck. Man gleitet in eine futuristische, technische Welt großen Maßstabs. Schräg gestellte Rolltreppen, Aufzüge und Treppen durchschneiden diagonal die ca. 20 m hohe offene Verteilerhalle, an die insgesamt drei übereinander gestapelte Plattformen angebunden sind. Die Materialen, Sichtbeton und grau beschichtetes Metall, werden durch die eingesetzte Beleuchtung dramatisch in Szene gesetzt.

Das Thema *U-Bahn als modernes innerstädtisches Verkehrssystem* wurde nicht nur in technischer, sondern auch in räumlicher Struktur, in den Materialien, in den gestalterischen Details und insbesondere durch deren dramatische Beleuchtung thematisiert.

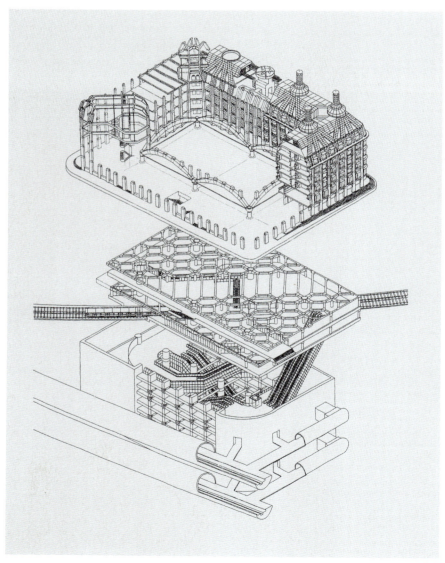

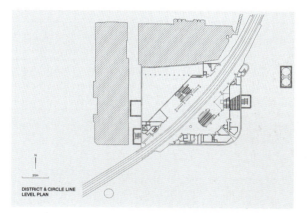

DISTRICT & CIRCLE LINE LEVEL PLAN

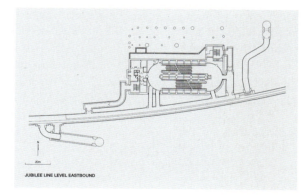

JUBILEE LINE LEVEL EASTBOUND

Parkhaus Heilbronn

Architekten: Mahler, Günster, Fuchs
Fertigstellung: 1995

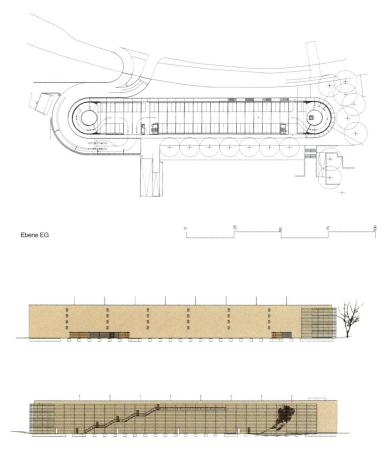

Ebene EG

Das innerstädtische Parkhaus markiert durch seine Ausformung den Stadteingang zu Heilbronn. In unmittelbarer Nähe zum zylindrischen Bollwerkturm nimmt seine Form Rücksicht auf den reichhaltigen Baumbestand des Grundstücks. Sie entstand durch die Anordnung der Auf- und Abfahrtspindeln an den Enden der Parkdecks, in deren Innerem sich ein behindertengerechter Aufzug befindet. Im Bereich der Ein- und Ausfahrtspuren wurde eine 3 m hohe Stahlbetonstützmauer errichtet, die im rückwärtigen Bereich die Sanitärräume des angrenzenden Eissportstadions sowie Lagerräume der Stadtwerke aufnimmt.

Die einprägsame, großzügige Fassade des Parkhauses besteht aus Holzlamellen und passt sich sensibel und zugleich eigenständig seiner Umgebung an. Die zweite, optisch durchlässige Fassade aus doppelt verzinktem Drahtgeflecht bietet die notwendige Absturzsicherung und schafft gleichzeitig eine differenzierte Wahrnehmung, die den abgestuften Übergang zwischen außen und innen formt. Sie gewährleistet eine natürliche Belichtung und Lüftung des Innenraumes. Im Übergangsbereich zwischen beiden Fassadenschichten erstreckt sich räumlich reizvoll eine einläufige Außentreppe, die nachts angestrahlt wird; dadurch sind die Parkflächen auch nachts sicher zu erreichen.

Das Gebäude lässt durch die Wahl seiner Materialien und den Umgang mit Licht eine Atmosphäre entstehen, die einen angenehmen Kontrast zu der des Autoverkehrs bildet.

Waterloo Station, London

Architekten:
Nicholas Grimshaw
& Partners

Lichtdesign:
Lighting Design
Partnership

Fertigstellung:
1992 bis 1994

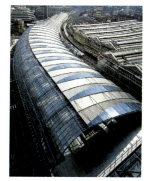

Waterloo Station liegt zentral zwischen den Houses of Parliament, Whitehall und County Hall. Dieser neue Terminal bedient ausschließlich die internationalen Routen, die durch den Kanaltunnel auf den Kontinent führen, und verkörpert damit den britischen Anschluss an Europa.

Um fünf bereits vorhandene Bahntrassen herum geplant, ist Waterloo Station Teil des weitläufigen viktorianischen Bahnhofes. Die Form geht allein auf die Anlage der Bahngleise zurück und unterstreicht damit das Thema der Mobilität. Der Passagier wird in zwei Ebenen geführt. Aus- und Einchecken sind das Grundthema und werden unterschiedlich inszeniert.

Eine neu gezogene Glaswand bildet den Übergang zur viktorianischen Bahnhofshalle und damit eine Verbindung zwischen alt und neu. Durch einen Zwischenraum trennt sie den neuen Terminal als eigenständigen Körper ab und symbolisiert so auch die Hoheitsgrenze. Gleichzeitig gibt die Glaswand den Blick auf die Züge frei, die wie auf einer Theaterbühne in den Bahnhof einlaufen.

Auf einer niedrigeren Ebene, von der Hauptbahnhofshalle getrennt, erreicht man den Ticketcheck über Rolltreppen und Aufzüge von der alten Bahnhofshalle aus. Im Erdgeschoss wird die Zentralität und die organische Natur des neuen Gebäudes hervorgehoben. Das Betriebssystem des Bahnhofs verlangt, dass die Passagiere zunächst in den unteren Ebenen bleiben, bevor sie rasch nach oben gehen, um die wartenden Züge zu besteigen.

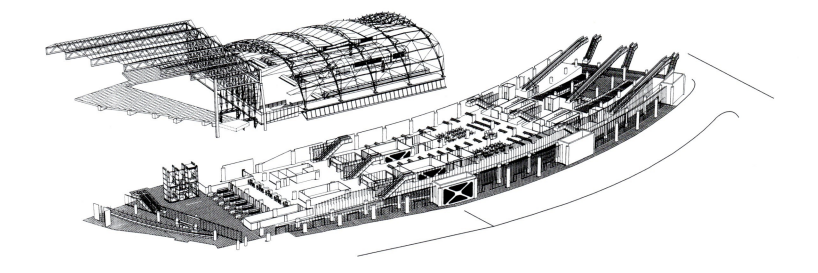

Durch die Ticket-, Pass- und Gepäcksicherheitskontrolle gelangen die Passagiere zur Abfahrtshalle, einem dem Gleisverlauf folgenden geschwungenen Raum, dessen Profilierung die technischen Notwendigkeiten mit aufnimmt. In den niedrigeren Bereichen der Abfahrtshalle, unter den Gleisen, liegen Geschäfte und Cafés. Wichtige Farbtupfer in einem vorwiegend weiß und grau dominierten Interior sind die Reihen der roten Polsterstühle der Wartezone. Die Passagiere verlassen auch diese Halle mit Rolltreppen, Aufzügen und Rollsteigen, die sie auf kürzestem Weg zum Bahnsteig in die lichtdurchflutete und technisch perfekt instrumentierte Bahnsteighalle bringen.

Der Querschnitt der Halle wurde nicht als Bogen ausgebildet, da eine der Bauanforderungen darin bestand, die Deckenhöhe so niedrig wie möglich zu gestalten. Die gesamte Struktur schwankt unter dem Druck der ankommenden und abfahrenden Züge beträchtlich; aus diesem Grund standen starr befestigte Glasscheiben nicht zur Debatte, sondern die Lösung war eine schuppenartige Struktur, die sich unter den auf sie einwirkenden Kräften flexibel verformen kann: An allen waagerechten Fugen überlappt das Glas um bis zu 100 mm; die Lücken zwischen den Scheiben werden durch dehnbare Klappen und Fugen ausgefüllt. In der schärfsten Kurve hebt und senkt sich die Verglasung wellenförmig wie nach einem kleinen Erdbeben.

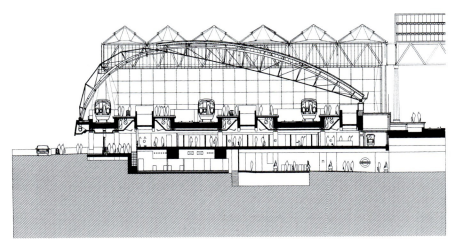

Die Grundform wurde durch eine Serie von Dreipunktbögen erzeugt, jeder aus zwei Bogen-Seil-Trägern. Die östlichen Träger sind länger und haben Abspannungen auf den Innenseiten. Bei den kürzeren wird das Prinzip umgekehrt; auf dieser Seite der Station ist die Außenverkleidung ganz aus Glas. Auf der Ostseite wurde der Bereich zwischen

den Trägern mit Edelstahlelementen verkleidet, die die Wärmeeinstrahlung der Sonne reduzieren und eine innere reflektierende Oberfläche, einen fast kaleidoskopartigen Spiegeleffekt erzeugen.

Die Gebäudeform nutzt das Tageslicht. Sie wird auf gelungene Weise durch das vorhandene Lichtkonzept ergänzt und gesteigert. In feingliedrigem Rhythmus dringt durch planebene Glaslamellen Tageslicht in die Halle. Obwohl die beiden Seiten der Struktur sehr unterschiedlich sind, ist das Volumen, das sie bilden, großzügig einheitlich beleuchtet. Bei Nacht ist der visuelle Effekt des Daches umgekehrt. Mit Edelstahlelementen, die durch die Scheinwerfer scharf und brillant ausgeleuchtet sind, wird der Kontrast zum schwarzen Glas betont.

Die Gleise werden primär durch drei Reihen massiver Metalldampf-Deckenlampen beleuchtet; ihre Positionen wurden vor allem durch das strukturelle Raster des Gewölbes und die Geometrie des Raumes vorgegeben. Dachpaneele und Sprossen sind zusätzlich von unten beleuchtet, um der Struktur der gesamten Gebäudefiguration auch nachts den besonderen Ausdruck zu geben. Die unteren Räume werden gleichfalls durch riesige in voller Höhe verglaste Wände der Nordfassade mit Tageslicht versorgt.

Das neue Bahnzeitalter hat eine ihm angemessene architektonische Symbolik erhalten, das Besteigen der Züge und das Aussteigen werden zum Erlebnis. Geschwindigkeit und Mobilität finden ihren Ausdruck im luftig leichten Glasdach. Seine S-Form verleiht der Struktur eine faszinierende räumliche und konstruktive Spannung, die durch die sich verjüngende Spannweite zur Ausfahrt hin noch gesteigert wird. Auf der der Stadt zugewandten Seite präsentieren sich die Züge wie in einem Schaufenster; Inhalt und Funktion werden zu einem Teil der Architektur.

U-Bahn-Station
Westfriedhof, München

Architekten: Auer + Weber
Lichtplanung: Ingo Maurer GmbH
Fertigstellung: 1995 bis 1998

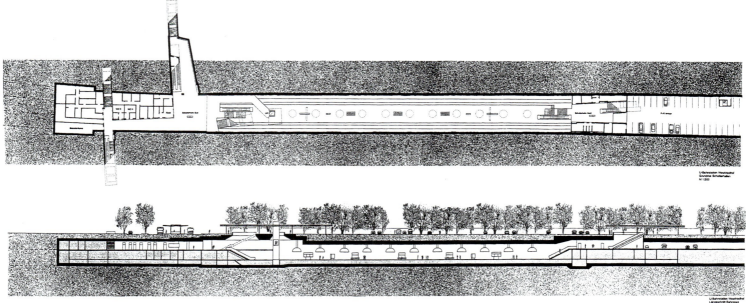

Als Gestalt bestimmende und prägende Elemente sind die durch den Herstellungsprozess felsartig entstandenen Oberflächen der Schlitzwände sichtbar belassen worden. Mit dieser Ursprünglichkeit der Tunnelröhre steht die Präzision der Innenausbau-Elemente in einem dynamischen Dialog. Das Lichtkonzept unterstreicht den Kontrast zwischen Urgestein und feingliedrigem Ausbau.

Der Bahnsteig wird durch so genannte Lichtdome hell und präzise ausgeleuchtet. Der Tunnel dagegen ist in ein gedämpftes, das Mystische des Raumes betonendes blaues Licht getaucht.

Die Schalterhallen bilden die vermittelnden Zonen zwischen den Welten über und unter der Erde und sind mit rötlich gefärbtem Putz ausgekleidet, um nicht in Konkurrenz zum Hauptraum des Bahnsteigs zu treten.

Diese U-Bahn-Station bildet eine gelungene Inszenierung lichtverstärkter unterschiedlicher Welten.

Stadtbahnzugang Reinoldi-Kirchplatz, Dortmund

Architekten: Walter von Lom & Partner
Tragwerk: Prof. Dr. Stefan Polónyi
Lichtplanung: Malotki Lichtdesign
Fertigstellung: 1990 bis 1991

Neben der Markierung des geistig historischen Mittelpunktes der alten Hansestadt Dortmund durch den Turm der Reinoldi-Kirche an der Wirtschaftswegekreuzung Hellweg/Brückstraße ist ein technisch funktionales Merkzeichen der Stahlstadt im Kreuzungspunkt der neuen innerstädtischen Hauptverkehrsachsen Kamp-/Kleppingstraße entstanden. Beide Markierungen der Stadtmitte, die traditionelle Schwere und Erdgebundenheit des Reinoldi-Kirchturmes und das leichte technisierte, zukunftsweisende Glas-Stahl-Vertikalelement ergänzen sich kontrapunktartig und zeigen die Zeitspanne der Stadtentwicklung auf.

Der neue städtebaulich fernwirksame Fixpunkt gliedert das Platzgefüge um die Reinoldi-Kirche neu und verbindet den unterirdisch und ebenerdig geführten öffentlichen Nahverkehr. Er verbindet mit Blickbeziehungen und Tagesbeleuchtung den unterirdischen Haltepunkt des technischen Verkehrsmittels mit dem oberirdisch sichtbaren Herz der Stadt.

An den tragenden Pylon ist das Stahl-Glas-Dach mit seiner Schutzfunktion für den Haltepunkt der oberirdischen Straßenbahn angehängt.

Dieses nadelartige Merkzeichen wird auch nachts fernwirksam. Dazu wird über zwei Parabolspiegel im Schwerpunkt des Pylons gebündeltes Licht nach oben und unten geschickt, das sich an den Querriegeln bricht. Es entsteht eine Lichtleiter, die in ihrer Intensität nach oben abnimmt und neben der angestrahlten Reinoldi-Kirche eine leichte selbst leuchtende Komponente stellt. Mit Tageslicht und Kunstlicht wird hier funktionale Stadtgeschichte symbolisch charakterisierend miteinander verknüpft.

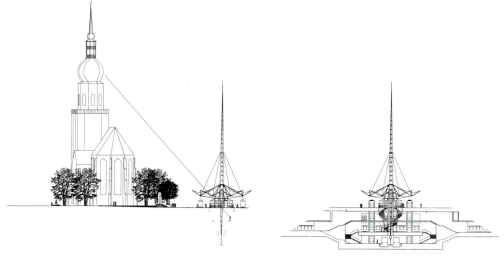

3.3 Wohnen

Wohnräume, Wohngebäude, Wohnumfeld sind neben den Arbeitsplätzen und deren Umfeld die von uns zeitlich am längsten genutzten Aufenthaltsbereiche. Trotz aller globaler Beweglichkeit haben und behalten sie ihre zentrale Bedeutung für unser Wohlbefinden. Dass dafür Licht, als Tageslicht und Kunstlicht, in direkter oder indirekter Form mit ausschlaggebend ist, kann und hat jeder schon selbst erfahren.

Das Bestreben, dabei die Individualität der einzelnen Menschen und deren unterschiedliche Bedürfnisse zu berücksichtigen, macht insbesondere den Massenwohnungsbau zu einer schwierigen Planungs- und Bauaufgabe, zumal hier die Nutzer im Gegensatz zum klassischen Einfamilienhausbau nicht feststehen und oft wechseln. Außerdem ist für dessen Wirtschaftlichkeit die industrielle Serienproduktion Voraussetzung, damit ein quantitativ und qualitativ leistbares Angebot an Wohnungen entsteht.

Die Anforderungen an das Wohnen haben sich in der Menschheitsentwicklung qualitativ kaum geändert: Freiheit und Freizügigkeit, Kommunikationsangebote für eine soziale Einbindung im Quartier und individuelle Ansprüche an einen Rückzugsbereich, das eigene Zimmer in der Wohnung, waren und sind schon lange berechtigte Anforderungen, denen es Rechnung zu tragen gilt.

Auch die folgenden Entwicklungen haben an den Grundbedürfnissen nach Raum, Licht und Luft wenig geändert:

- dass dank moderner Techniken und neuer Konstruktions- und Materialpaletten heute andere Möglichkeiten der architektonischen Antworten auf diese Forderungen bestehen,
- dass sich Strukturgrößen wegen der Veränderungen des familiären Zusammenlebens verändern,
- dass hohe Mobilitätsnotwendigkeiten wegen der Beschäftigungslage sozialen Bindungen entgegenstehen,
- dass die Ressource *Grund und Boden* und damit die gesamten städtebaulichen Leitlinien für das Wohnen überdacht werden müssen,
- dass das Auseinanderreißen unterschiedlicher Funktionsbereiche, durch den programmierten Verkehrskollaps bedingt, wieder zur Überlagerung von Wohn- und Arbeitsraum führen müssen.

Wir müssen allerdings sehr differenziert und detailliert auf die sich dramatisch verändernden inneren und äußeren gesellschaftlichen Randbedingungen baulich reagieren, denn es bleiben die Wünsche:

- im gesamtstädtischen Umfeld in einem Quartier mit eigener Identität zu leben
- mit unserer Wohnung eine eigene Adresse im städtebaulichen Quartier zu erhalten
- eine Bausituation und Gebäudequalität mit eigenständiger zeitloser Architektur zu erreichen
- schon mit der Erschließung des Gebäudes unsere persönliche Eigenheit zu markieren
- unsere Wohnung in Schnitt und Größe individuell auf unsere Bedürfnisse zuschneiden zu können
- in diesem Raumgefüge genügend Platz zu finden uns selbst darzustellen,
- darin kommunikative und kontemplative Räume für Gemeinsamkeiten und individuelle Nutzung zu finden.

Licht und Luft spielen dabei eine ganz entscheidende Rolle: Natürliches Licht von außen nach innen, mit direktem Blickbezug oder indirekt geführt, das ganze Spektrum des Tageslichtablaufs mit witterungs- und jahreszeitlichen Veränderungen von Farbe und Intensität, kann schon einen erheblichen Teil dieser Wünsche realisieren helfen. Das Kunstlicht mit allen Variationen der Ausleuchtung und punktuellen Akzentuierung bietet nochmals ein breites Spektrum individueller Wunscherfüllung. Bei aller notgedrungener Kleinteiligkeit und wirtschaftlicher Grenzziehungen im Wohnungsbau kann Licht auch zu Großzügigkeit und Großräumigkeit verhelfen. Bei aller Großflächigkeit flexibel zu nutzender Räume kann Licht Kleinteiligkeit und individuelle Vielfalt bewirken.

Licht kann uns also symbolisch und real geistige Weiträumigkeit körperlich vermitteln, kann uns stimulieren, großzügig, offen und neu zu denken und unsere eigene Position im Zusammengehen mit vielem und mit vielen zu suchen – gerade im Zeitalter der elektromagnetischen entpersonifizierten Vernetzung. Licht kann uns aber ebenso die heimische Privatheit und die notwendige individuelle Wärme des eigenen Nestes verdeutlichen.

Wohnen in Raum und Licht und in Offenheit mit der Gemeinschaft kommunizieren, aber, wann immer es für den Menschen wichtig ist, auch in Introvertiertheit den individuellen Ansprüchen ein eigenes Umfeld geben – diese Kombination muss die Architektur und ihre Belichtung im Wohnungsbau bieten.

Wohn- und Bürogebäude, Rathenow

Architekten: Keim + Sill
Fertigstellung: 1997

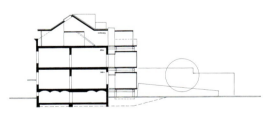

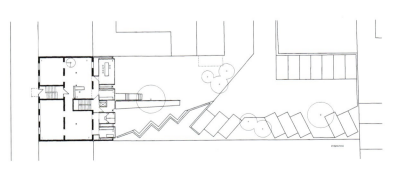

Das Gebäude wurde als Ergänzung zu dem 100-jährigen Vorderhaus geplant, das sich im innerstädtischen Bereich der Stadt Rathenow befindet. Das bisherige Hofgebäude war bereits so stark eingefallen, dass eine Sanierung nicht sinnvoll gewesen wäre. Darum wurde das bestehende Gebäude bis auf seine tragenden Bauteile entkernt.

Die Neukonstruktion hat die traditionellen Merkmale des Gebäudes und seines Quartiers aufgegriffen und eine homogene Nutzungsdurchmischung von Wohnen und Arbeiten erreicht. Damit fügt sich das Gebäude gut in die städtebauliche Umgebung ein.

Eine großzügige Blockinnenbegrünung, die den Nutzern und Bewohnern des Vorderhauses als Garten und Spielfläche dient, wurde gestaltet. Deren Ziel war es, die Durchmischung von Wohnen und Arbeiten in einer neuen zeitgemäßen Qualität und Form zu erreichen und in das Wohnumfeld zu integrieren.

Die Konstruktion des Gebäudes besteht aus im Industriebau verwendeten Produkten, wie Wand- und Deckenkassetten, sowie eloxierten Alu-Wellblechen. Die Erweiterung durch eine eigenständige Container-Struktur reicht 4,5 m in den Hof hinein. Zwölf im Straßenverkehr transportable Container wurden hierfür sowohl aus produktionstechnischen als auch aus ökonomischen Gründen 500 m von der Baustelle entfernt gefertigt.

Im ersten Obergeschoss befindet sich eine Bürofläche. Diese ist mit Besprechungsräumen sowie notwendigen Nebenräumen ausgestattet. Im Dachgeschoss befinden sich drei Maisonettewohnungen von 60 bis 90 m² Größe. In diesem Bereich lösen sich Wände und Decken langsam zu einer Dachterrasse hin auf und spielen dadurch täglich aufs Neue mit dem Lichteinfall. Großzügige Öffnungen sorgen im gesamten Gebäude für einen weit reichenden Tageslichteinfall und Sichtbeziehungen zwischen innen und außen. Dieses Gebäude verbindet eine innovative Wohnform mit althergebrachter Bauweise, Licht und Umgebung.

Apartmenthaus, Paris

Architekt: Philipp Gazeau
Bauzeit: 1993

Das Gelände, auf dem sich die 26 Wohnungen befinden, ist äußerst schmal und lang gezogen und liegt in einem heterogenen Umfeld in der näheren Umgebung des Canal de Lòrcq neben dem Parc de la Villette.

Zur Straßenseite vermittelt die Fassade des Gebäudekomplexes einen streng geordneten städtischen Charakter, auf der Rückseite befinden sich niedrige und ungleichmäßig wirkende Bauten. Insgesamt entstanden vier Baukörper.

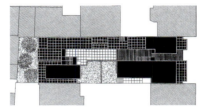

Im Vordergrund der Planung dieser Gebäude stand die Verteilung der Volumen, die für einen günstigen Lichteinfall sowie eine bessere Luftzirkulation auch im Zentrum des Komplexes sorgen sollen. Zudem sollte sich der gesamte Komplex harmonisch in die Umgebung einordnen. Es entstanden so zwei Gebäude mit je zwei Gebäudeflügeln, die sich an die Brandwände der Grenzbebauung anschließen und ein gutes Stück vom Straßenrand versetzt sind – zwei Baukörper, die eine Öffnung umrahmen, in der sich alle Erschließungen befinden. Durch diesen Zwischenraum werden Einblicke von der Straße in die ganze Tiefe des Gebäudes geboten, und wie sich der Blick bis zum anderen Ende des Grundstücks bewegt, so sucht sich auch das Licht seinen Weg durch das Innere des Häuserblocks.

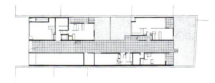

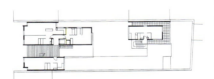

Diese Komposition begünstigte die Erschließung des Grundstücks, erlaubte aber auch die Entwicklung einer besonderen Wohnungstypologie, die sich durch die außen liegende Haupttreppe ergibt.

Die Planung des Projektes, das sich am Pariser Städtebau orientiert, sowie der sehr innovative Umgang mit den dicht bebauten Innenstadtquartieren ermöglichte die Entstehung von Wohnungen mit unterschiedlicher Himmelslichtorientierung. Das verbindende Element der in mehrere Baukörper aufgegliederten Gesamtbebauung ist der überall verwendete schwarze Backstein. Einen Kontrast dazu bildet das Aluminium der Schiebeläden an der Straßenfassade im Süden. Durch die Einbettung der vertikalen Erschließung und der Laubengänge in den Zwischenraum sowie durch die Holzböden der Laubengänge und die Verkleidung der Wände mit Holzlamellen entsteht in dem halböffentlichen Raum eine warme Atmosphäre, die mit Licht und Schatten spielt. Hier ist ein kleiner Gebäudekomplex entstanden, bei dem sehr geschickt der Wunsch nach einer hohen Tageslichtfrequenz und einer hohen Bebauungsdichte zu einer besonderen baulichen und wohnlichen Anlage geführt hat.

Wohnungen Rheingasse 14–16, Köln

Architekten: Walter von Lom & Partner
Bauzeit: 1990 bis 1991

Die eigene Wohnung oder das eigene Wohnhaus ist der Lebensbereich, in dem jeder Mensch den größten Teil seiner Lebenszeit verbringt. Entsprechend intensiv sollte man sich bei dem zu schaffenden baulichen Rahmen um die optimalen funktionalen und gestalterisch atmosphärischen Voraussetzungen bemühen. Dabei spielt neben dem Zuschnitt der Räume und ihren Verknüpfungen der Umgang mit Tageslicht, der damit verbundene Ein- und Ausblick, die Erweiterung des eigentlichen Wohnumfeldes und natürlich auch die nächtliche künstliche Beleuchtung eine für die Charakterisierung, die Nutzbarkeit und das Ambiente mitentscheidende Rolle.

Mit einer besonderen Lichtführung, mit der Nutzung des Zenitlichtes und mit konstruktiv auf ein Minimum reduzierten Festanteilen bei den Glasgauben und flächigen Verglasungen ist bei diesem Projekt versucht worden, ein innerstädtisches Dachgeschoss besonders intensiv zu durchlichten, ohne die architektonische Geschlossenheit des Daches im äußeren Erscheinungsbild aufzugeben.

Die Kombination sehr unterschiedlich dimensionierter stehender Fenster und Belichtungsflächen in der Schräglage geben der jeweiligen Wohnung ihr besonderes Gepräge, das sich auch in den übrigen Wohnungen des Alt- und Neubaus fortsetzt.

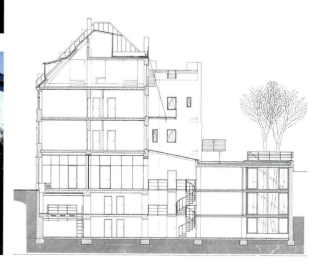

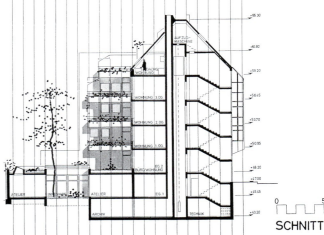

Bei der künstlichen Beleuchtung wurden die drei Komponenten:

- Außenwirkung der belichteten Flächen,
- Akzentuierung der unterschiedlichen Raumbereiche und
- deren notwendige Nutzbeleuchtung

so aufeinander abgestimmt, dass Gestaltung, Atmosphäre und Funktion ausgeglichen berücksichtigt bleiben.

Wohnhaus mit Atelier, Almere

Architekten: Arconiko architecten
Bauzeit: 1997 bis 1998

Das Grundstück befindet sich in einem Wohn- und Gewerbegebiet, dessen Umgebung mit identitätslosem Wohnungsbau und charakterlosen Betriebsgebäuden keine Bezugspunkte liefert. Hier entstand ein solitäres Gebäude mit klar erkennbarer Form, dessen funktionale Gliederung in Pufferzonen (Nass-, Abstell- und Installationszone), frei unterteilbare Wohn- und Atelierbereiche die formal ästhetische Grundform unterstützt. Eine Tunnelhülle aus Aluminium-Wellen formt das Dach und die Stirnwände und ist fast vollständig geschlossen, während die Längsfassaden vollständig geöffnet sind. Die Eingänge zum Haus liegen an der niedrigen Seite, im Zwischensegment.

Die hohe Südfassade ist mit Wohn- und Schlafteil auf den Außenraum ausgerichtet. Diese transluzenten Stirnseiten aus Kunststoffplatten öffnen das Gebäude zum Skulpturengarten und zur Straße hin. Das Konzept großer ununterbrochener Flächen verlangte eine flache, beinahe nahtlose Ausführung der Fassade. Dies wurde erreicht, indem die einzelnen Fassadenelemente aufgeklebt und nur an den Aussichts- und Durchgangsöffnungen durch Holzumrahmungen unterbrochen und hervorgehoben wurden.

Die hier verwendeten Materialien kommen vorwiegend aus dem Industrie- und Gewächshausbau: Beton, Stahlkonstruktion, Metall-Profilplatten für geschlossene Fassadenteile und Kunststoffplatten. Die Materialisierung arbeitet mit einem Minimum an verschiedenen Komponenten: Die geschlossenen Teile gehen ineinander über (innen verzinktes Trapezblech, außen Alu-Wellblech, dazwischen 11 cm Dämmung), die Kunststoffplatten, die die Längsfassade bilden, sind Drei-Kammer-Polycarbonatplatten, die das Licht so filtern, dass im Atelier und Wohnbereich eine optimale Lichtintensität erreicht wird. In der hier verwendeten Ausführung ermöglichen sie eine leichte Bauweise und einfache Verarbeitung.

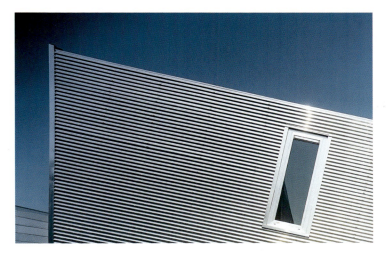

Die Galerien in der Wohn- und Atelierzone bieten Ausblick auf den Garten. Die schräge Decke erhöht den Lichteinfall aufgrund ihrer besseren Reflexionseigenschaften. Nur dort, wo Aussicht gewünscht wurde, ist Glas eingesetzt. Bei der Wahl des Fassadenmaterials hat auch die abendliche Ausstrahlung eine entscheidende Rolle gespielt. Die Innenbeleuchtung akzentuiert nicht allein Fenster und Türen, sondern lässt auch nach außen die Unterschiede zwischen Wohnraum, Pufferzone, Atelier und Galerie durchscheinen.

Mit einfachen Mitteln wurde bei diesem Haus sowohl für die Tages- als auch für die Kunstlichtbelichtung eine besondere Qualität erreicht.

3.4 Arbeiten

Der Mensch steht immer mehr im Mittelpunkt einer prozessorientierten Arbeitswelt, und nur wenn die dafür notwendige Mobilität durch das flexible Angebot in der Architektur ermöglicht wird, kann sein volles Leistungspotential genutzt werden. Das Leistungspotential ist individuell unterschiedlich und ganz besonders vom Umfeld des Arbeitsplatzes abhängig.

Große Gebäude, in denen hunderte Menschen täglich arbeiten, sind mittlerweile zu komplexen Maschinerien geworden, in denen die notwendigen umfeldbedingten Ansprüche allgemeiner und individueller Art an die Architektur neu gefunden werden müssen.

Die Architektur braucht und sucht nach Modellen, dieser komplexen technischen Welt neue Form zu geben.

Firmen sind Machtzentren, die jeweils eine eigene Philosophie besitzen und ausstrahlen; sie legen sich Identitäten zu. In ihrem Firmenlogo spiegelt sich das interne Denken und die politische, unternehmerische Haltung, die sich natürlich insbesondere auch in der Architektur ihrer Gebäude zeigen soll. Dazu gehört z.B. das Image, umweltschonend, ressourcenbewusst zu sein oder auch einen hohen technischen Standard zu vertreten. Zur Schaffung eines repräsentativen Images gehört heute natürlich auch die Bereitstellung einer angenehmen, harmonischen Arbeitsatmosphäre unter humanitären Gesichtspunkten.

Macht und Größe, technische Perfektion und Solidität, Verbraucher-, Bürgernähe und Offenheit, Umweltbewusstsein sowie ein individueller atmosphärisch gestalteter Arbeitsplatz, diese zum Teil widersprüchlichen Anforderungen in ein einheitliches Gestaltungsbild zu gießen, das ist die gestellte bauliche, kaum lösbare Aufgabe. Dass hierbei Licht als repräsentatives Licht, als Arbeitslicht, als Atmosphäre gebender Faktor entscheidend ist, wird sicher deutlich.

Der neue Markt in Europa ist kein Hardwaremarkt mehr, sondern immer mehr ein Softwaremarkt »konkurrierender Geistes- und Ideenfindung«. Die Produktion wird nicht mehr so sehr von Arbeitsabläufen, sondern von Problemlösungen bestimmt. Die Ideenwirtschaft unterscheidet sich damit fundamental von der materiellen Massenproduktion:

Probleme werden in einem kreativen gemeinsamen Prozess gelöst, im Wettlauf mit der Konkurrenz, im Wettlauf mit der Zeit. Diese neuen Arbeitshierarchien bedingen andere als die gewohnten Arbeitsräume. Neue, multifunktionale Raumkonzepte sind erforderlich, die sich den rasch wechselnden Bedürfnissen von Gruppierungen anpassen; die neuen Medien sind dabei ortsunabhängig. Es gilt, ein neues Gleichgewicht zwischen Stabilität und Beweglichkeit zwischen Beständigkeit und Veränderung zu finden.

Transparenz ist für Firmengebäude ein positiver Begriff geworden; sie wird zum Gütezeichen. Transparenz bedeutet aber, dass kein definierter Raum mehr vorhanden ist; sie reduziert die Dreidimensionalität des Raumes. Es fehlt an Schattenwurf, der uns u.a. Entfernung und Tiefe einschätzen lässt und uns die notwendige statische Komponente vermittelt. Das Licht bekommt nur dann eine Wertigkeit, wenn es gezielt gestalterisch eingesetzt werden kann. Wenn es durch Materialien wie Glas und dünne Profile omnipräsent wird, kann es seine qualitative, differenzierte Wirkung nicht erzielen. Künstliches und natürliches Licht wird dabei immer flächiger, immer gleißender, immer intensiver. Es wird benutzt, den Menschen zu höheren Leistungen zu treiben, kann diese aber nur kurzfristig sichern.

In einer Gesellschaft, die auf Selbstständigkeit setzt, in der man als Freelancer gleichzeitig an verschiedenen Projekten für verschiedene Arbeitgeber arbeiten kann, verschwimmen die Abgrenzungen zwischen Privat- und Berufsleben, verschwinden die unterschiedlichen Ansprüche an den Privatraum und den Arbeitsplatz. Somit wird auch hier die Zukunft in der Architektur in einem gesunden Kompromiss zwischen optimierter allgemeingültiger Arbeitsplatzgestaltung und den notwendigen Zugeständnissen an die Individualität des Einzelnen liegen.

Vieles kann durch Architektur und Licht vorgegebene Verordnung sein. Noch wichtiger aber ist die Möglichkeit des individuellen Umgangs mit diesen objektiven Vorgaben.

Wieder bildet Licht- und Raumgestaltung dabei eine sich ergänzende Einheit zur Erreichung optimaler Voraussetzungen für das Arbeitsumfeld. Die anderen Einflussgrößen bleiben dabei lediglich technische und gestalterische Hilfsmittel.

Reichstag, Berlin

Architekten: Foster und Partner
Lichtplaner: Claude Engele
Fertigstellung: 1999

Der Reichstag ist in der Vielfalt seiner Bauteile sowie der damit verbundenen Symbolik und damit auch in seiner Lichtbearbeitung sehr komplex. Über dieses Gebäude präsentiert sich nicht nur das heutige Parlament und die Regierung, sondern der Reichstag soll auch die Verbindung zwischen Bürgern und Politikern herstellen und ein Stück Geschichte dokumentieren. Nicht zuletzt ist er auch Bühne und Arbeitsraum. Während des Umbaus musste deshalb sensibel mit den geschichtlichen Belegen umgegangen werden.

Der Umbau versucht durch Neuinterpretation, durch neu hinzugefügte Formelemente den zeitgemäßen gesellschaftlichen und arbeitstechnischen Anforderungen gerecht zu werden.

Die eingebaute Kuppel spielt eine zentrale Rolle in der Gebäudekonzeption; sie stellt die Verbindung zwischen Bürgern und Parlament her und ist mit ihrer technischen Durchsichtigkeit Ausdruck einer transparenten Demokratie. Die Kuppel ist städtischer Fixpunkt und darüber hinaus weit leuchtender Informationsträger und steht für einen neuen Umgang mit Umweltschutz, denn sie ist auch die Schlüsselkomponente der Belichtungs- und Energiesparstrategien des Gebäudes.

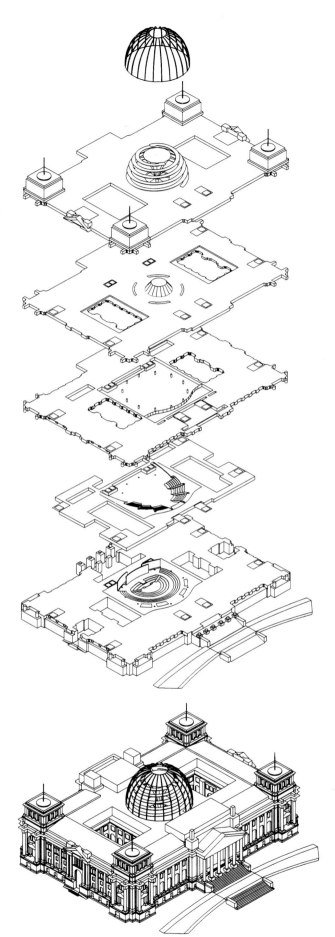

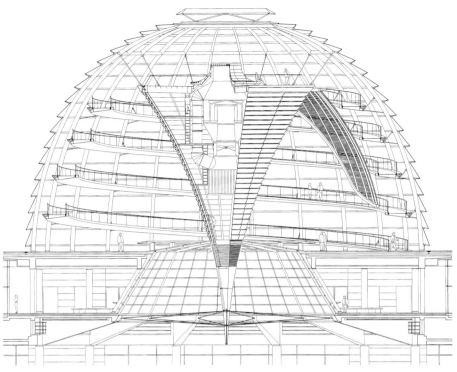

Bezeichnenderweise betreten die Bürger den Reichstag als Gleichberechtigte auf dem gleichen Weg wie die Politiker, und sie haben eine direkte Sicht auf die Sitze des Präsidenten des Bundestages und des Kanzlers.

Die generelle parlamentarische Ebene, Foyer, Lobby und Plenarsaal sind wieder im historischen Erdgeschoss eingerichtet worden. Im ersten Obergeschoss befinden sich die Räume für den Präsidenten und den Bundestagsältesten, während das zweite Obergeschoss Parteikonferenzräume und die Presselobby beherbergt, die außerhalb der Sitzungsperioden des Bundestags Leben in das Gebäude bringen.

Die Kuppel ist ein technisch komplexes Gebilde, deren 12 m hoher Lüftungskegel bis tief in den Plenarsaal hineinragt. Unmittelbar unterhalb der Kuppel befindet sich das Pressezentrum, dessen schräge Glaswände den Blick in den Plenarsaal ermöglichen. Sie ist, auch unter dem Namen »Laterne«, schnell zu einem Wahrzeichen Berlins geworden: In ihrem Inneren führen zwei Helixrampen (gewundene Rampen) den Bürger zu einer Aussichtsplattform hoch über dem Plenarsaal, sie heben ihn so symbolisch über die Köpfe der politischen Repräsentanten.

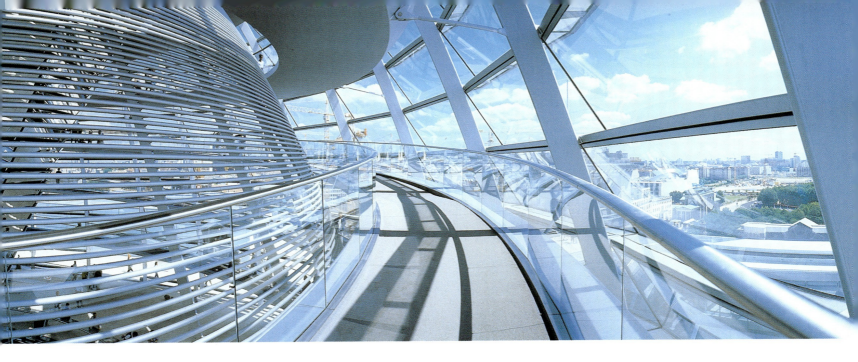

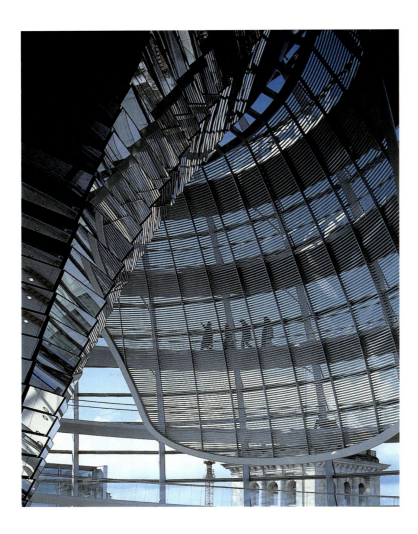

Die Kuppel verdeutlicht Themen wie Leichtigkeit, Leuchtkraft, Eleganz, Transparenz und technische Perfektion. In Verbindung mit den Altbauteilen und ihrer tradierten behäbigen Erdverbundenheit zeugt sie vom Aufbruch in eine moderne Gesellschaftsform.

Im Kern der Kuppel befindet sich eine »Lichtskulptur«, eine konkave kegelähnliche Form, die wie ein umkehrbarer Leuchtturm funktioniert. Sie nutzt winklige Spiegel, um Horizontlicht in den Plenarsaal zu reflektieren, während ein bewegliches Sonnensegel dem Weg der Sonne folgt, um die Einwirkungen der Sonnenhitze und -blendung zu verhindern. Im Winter, wenn die Sonne niedrig steht, kann das Schild zur Seite geschoben werden, um die Strahlung wärme- und lichttechnisch auszunutzen. Nachts kehrt sich der Prozess um. Das künstliche Licht im Saal dringt nach außen und bringt die Kuppel zum Glühen.

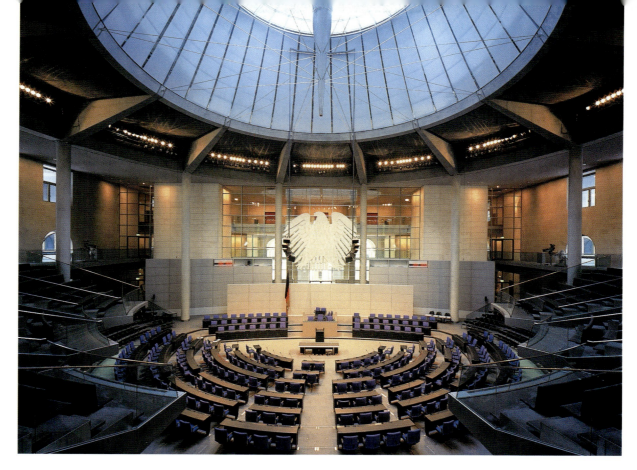

Der Kegel spielt darüber hinaus eine bedeutende Rolle im natürlichen Belüftungssystem des Saales, er extrahiert warme Luft, während Axiallüfter und Wärmetauscher Energie aus der verbrauchten Luft zurückgewinnen. Frische Luft wird von außen über den westlichen Portico eingeführt und durch den Saalboden als Niedriggeschwindigkeitsventilation entlassen. Die Frischluft verteilt sich im Raum sehr langsam und steigt leicht auf. Dies stellt einen maximalen Komfort für die Nutzer dar und minimiert Zugluft und Lärm. Die Energie, die benötigt wird, um die im Saal befindliche Belüftungsanlage und die Verschattungsanlage in der Kuppel zu betreiben, wird durch Solarzellenelemente/-module mit Photovoltaikzellen zur Verfügung gestellt.

Das sanierte Gebäude vermittelt die axiale Ordnung des alten Reichstags. Diese wurde wohltuend kombiniert mit Licht und Luft, Durch- und Ausblicken, die die kommunikative Vielschichtigkeit parlamentarischer Arbeit widerspiegeln.

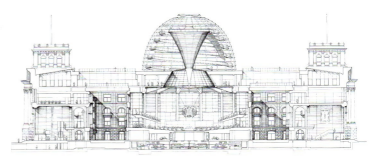

Wichtig waren der Einklang zwischen dem neuen Innenausbau und dem Altbau, die Ablesbarkeit der Umbauten, die vielen historischen Schichten des Gebäudes, die klar zu erkennen sein sollten. Die Erinnerungen an die Vergangenheit wurden dadurch erhalten, und der Reichstag ist in seiner lebendigen Funktion gleichzeitig auch ein Sinnbild deutscher Geschichte.

Die Planung der Beleuchtung für den Plenarsaal war ein Balanceakt zwischen den technischen Anforderungen des Fernsehens und den Komfortansprüchen der Abgeordneten. Der benötigte Lichtstrom wurde deshalb auf eine Vielzahl von Strahlern verteilt, um so die Blendung zu begrenzen. Außerdem gibt es schwierige Mischlichtverhältnisse zwischen dem Tageslicht aus der Kuppel, dem Kunstlicht von der Lichtgalerie und dem Tageslicht, das durch die Fenster der Außenwände kommt. Die räumlichen Gegebenheiten forderten eng bündelnde Leuchten, die in der Lage sind, das Licht über große Entfernung zu transportieren.

Durch die Verwendung von Parabol-Segmentreflektoren wurde gleichzeitig erreicht, dass die Strahler schlierenfreie und weich zeichnende Lichtkegel von hoher Gleichmäßigkeit produzieren; harte Schlagschatten werden weitgehend vermieden – als schwebten Licht, Luft und Raum über den Saal.

Entstanden ist ein in seiner Tag- und Nachtwirkung symbolhafter Gesamtgebäudekomplex, der nicht zuletzt in seinem Umgang mit Tages- und Kunstlicht unsere heutige Gesellschaft in ihren gewachsenen Geschichtserinnerungen dokumentiert.

Laserfabrik und Logistikzentrum, Stuttgart

Architekten: Barkow Leibinger Architekten
Bauzeit: 1996 bis 1998

Die Laserfabrik an der Stuttgarter Peripherie macht das patchworkartige Umfeld aus landwirtschaftlichen Flächen zum Thema. Die Topographie wird in zweifacher Hinsicht aufgegriffen: erstens bei der Gliederung der Grundrissflächen und zweitens bei der Gestaltung des Daches, dessen Oberfläche die Bodenkonturen aufnimmt. Im Osten des Grundstücks befindet sich das Hauptgebäude des Werkes, im Westen wird es begrenzt durch landwirtschaftlich genutzte Flächen und im Norden durch die A 10.

Die Ost-West-Achse in der Mitte trennt die Produktionsflächen von den Lagerflächen und der LKW-Anlieferung. Diese Achse verläuft auf dem Untergeschoss des Stammwerkes, unterquert die vorhandene Straße mit Hilfe eines Tunnels und lässt sich später erweitern. Hierdurch wird der Neubau mit dem bestehenden Gebäudekomplex verbunden. Drei Lichtkamine aus Stahl, Glas und Beton leiten das Licht auf die Tunnelsohle und lassen auch überirdisch die Verbindung der Gebäude erkennen. Die Achse bildet das kommunikative und logistische Rückgrat und unterteilt die beiden großen Hallen.

Die Büros im Süden und die Empfangshalle im Norden umgeben auf drei Etagen die Laserproduktionshalle, die von diesen durch einen von oben belichteten Korridor in doppelter Höhe getrennt wird.

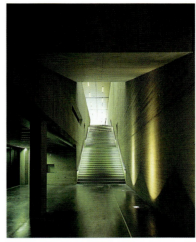

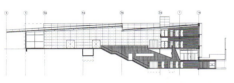
Schnitt Mittelspange - Tunnel

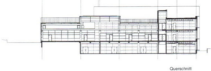
Querschnitt Laserfabrik

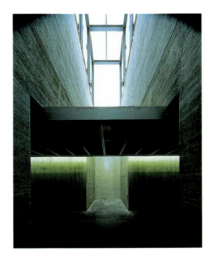

Die Grundrissentwicklung entlang der Autobahn schafft eine Verbindung zwischen industriellem Raumprogramm und ländlicher Umgebung. Dachformationen schieben sich ebenso in die landwirtschaftlichen Flächen hinein, wie die Landschaft in die Fabrikdächer übergeht, die bepflanzt und anderweitig genutzt werden können. Das Dach bildet die fünfte Fassade, es folgt der Wellenform des Bodens und lässt durch den Richtungswechsel in jeder zweiten Welle das Tageslicht in die Hallen einströmen. Diese vertikalen Öffnungen dienen den Produktionshallen als primäre Lichtquellen.

Die Materialien, wie Ortbeton, der durch eine Holz- und Stahlschalung eine Oberflächenstruktur erhielt, das Stahldach und die horizontale Zink-Außenverkleidung, zeigen typische Werkstoffe aus den Materialien, die von den hier hergestellten Maschinen bearbeitet wurden.

Auf der unteren Etage befindet sich eine Regenwasserzisterne für die Kühlung der Lasergeräte.

Die Büros, die Lobby und der Verbindungstunnel wurden in ihrer Erscheinung zurückhaltend ausgeführt, während die Produktions- und Lagerhallen eher expressiv gestaltet sind.

Dies spiegelt deutlich den Funktionsschwerpunkt, die Produktion, wider.

Rodelschlittenfabrik, Böhen

Architekten: Baumschlager + Eberle
Fertigstellung: 1998

LAGEPLAN 1:1000

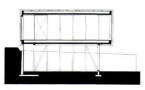

SCHNITT 1:200

Der Rodelschlittenbetrieb liegt wie ein gerade am Ende einer Abfahrt angelangter Schlitten im Gelände. Ein Stück der bayrischen Landschaft wurde aus dem Hang herausgeschnitten und mit Betonwänden gesichert, darin steht auf Holzstützen die neue Fertigungshalle. Das Gelände steigt auf der gegenüberliegenden östlichen Seite bis zur Anfahrtshöhe an. In der Nord-Süd-Ausrichtung nutzt die Halle den Geländeverlauf auf dem nach Westen abfallenden Grundstück für ein zweites Produktionsgeschoss. Von Westen hat man einen weiten Blick auf das zweigeschossige Gebäude.

Die knapp 1.200 m² große Halle mit den beiden Fertigungs- und Lagergeschossen ist einfach und zweckbestimmt gestaltet. Das Obergeschoss kragt allseitig über das zum Hof geöffnete Untergeschoss, in dem Holzpaletten hergestellt und gelagert werden, hinaus. Die offenen Stirnseiten erhielten einen breiten, wohl proportionierten Rahmen durch den man in den Bau hineinsehen kann, wie in einen Ausstellungskasten.

Das hohe Untergeschoss, in dem Paletten genagelt und gelagert werden, gräbt sich 4,8 m in die Erde, dreiseitig umfasst von einer dickleibigen Wanne aus Betonstützwänden.

Asymmetrisch ragt das Erdgeschoss über den Unterbau hinaus und hält den Blick auf die hölzerne Untersicht frei. Man hat den Eindruck, die aufgeständerte hölzerne Röhre sei auf der leichten Unterkonstruktion verschiebbar. Einer überdimensionalen Bildröhre gleich, vermittelt sie Ein- und Ausblicke in die Landschaft. Eng liegen die Lärchenholzlamellen nebeneinander und umhüllen die ebenfalls verglasten Längsseiten. Aus der Ferne sind sie kaum als einzelne vertikale Streifen wahrzunehmen.

Eine hölzerne Stützenreihe schimmert durch die hohen milchigen Tafeln des Unterbaus. Wie bei einem Pfahlbau scheint das Erdgeschoss darauf aufzusitzen.

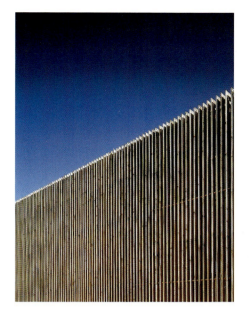

Tagsüber zeigt sich der fein profilierte lange und schmale Riegel fast wie ein massiver Holzblock in dem weich modellierten grünen Hügel. Je nach Blickwinkel und Lichtverhältnissen wechselt der Charakter des Gebäudes: massiv, fragil, schwebend, durchsichtig. Erstaunlicherweise müssen die in die helle mit Holztafeln verschalte Decke des stützenfreien Fertigungsraumes eingelassenen Leuchtstoffröhren für ergänzende Tagesbelichtung kaum in Aktion treten. Durch einen schmalen Oberlichtstreifen aus Doppelstegplatten fällt Tageslicht auch in das eingegrabene Untergschoss.

Bei Dunkelheit bleibt das Gebäude als leuchtender, schwebender und transparenter Bau präsent. Dann wird aus dem »massiven« Holzbaukörper ein Leuchtobjekt, das Aufmerksamkeit erweckt.

Mit Tageslicht und Kunstlicht werden hier auf einfache Weise Funktionalität und Gestaltungseffekte miteinander verknüpft.

Das Rathaus im spanischen Murcia steht an einem historisch geprägten Platz, an der Plaza Cardenal Belluga, gegenüber der Kathedrale und dem Kardinalspalast. Das Grundstück liegt an der westlichen Seite des Platzes mit ihrem besonderen barocken Charakter, direkt gegenüber der Kirchenfassade. Im Süden schließt sich die Monumentalfassade des Kardinalsplastes an, dessen starke Wirkung noch durch die Schlichtheit der gegenüberliegenden Bürgerhäuser unterstrichen wird. Das neue Rathaus sollte eine Lücke in der Platzbebauung schließen und die städtebaulichen Qualitäten des Platzes wiederherstellen.

Der Ort, Symbol für die Macht der Kirche im 18. Jahrhundert, bekommt ein Gebäude, das die Macht des Volkes repräsentiert.

Das Gebäude hat zum Platz hin keinen Eingang und respektiert so die Vorherrschaft der anderen Gebäude. Mit dem seitlichen Eingang bleibt die Kontinuität zwischen Rathaus und Stadt erhalten. Die Fassade steht als Aufsatz der Kathedrale gegenüber, ihr Hauptelement ist der Balkon der Galerie. Er liegt auf gleicher Höhe wie der zentrale Balkon des Kardinalspalastes und nimmt damit bestehende Elemente auf und interpretiert sie neu. Die Seitenwände erhielten Öffnungen, die sich in ihren Proportionen den umliegenden Gebäuden anpassen.

Rathaus, Murcia

Architekt: Rafael Moneo
Fertigstellung: 1998

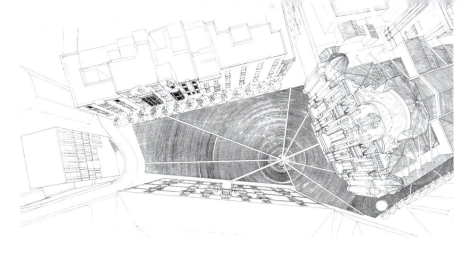

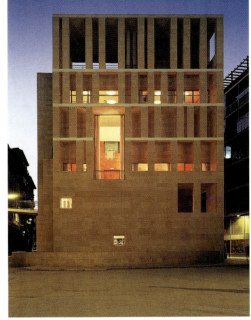

Aus der städtebaulichen Vorgabe ergibt sich auch die innere Geometrie des Gebäudes: Der Eingang führt in eine kleine zentrale Halle mit dem städtischen Informations- und Touristenbüro. Von hier gelangt man über eine Treppe zu den Aufzügen und Aufgängen, die innerhalb eines Luftraumes alle Ebenen erschließen.

Oberhalb der Plaza befindet sich das Ratszimmer. Die Einzelbüros sind alle nach Süden ausgerichtet. Ihnen gegenüber liegen die Großraumbüros.

Eine Brücke über eine Gasse verbindet dieses Geschoss mit dem alten Rathaus.

Das Herzstück des Gebäudes bildet der zweigeschossige Saal, der sich dem Platz zuwendet, er wird vornehmlich für Empfänge genutzt. Von der Galerie hinter der vorgestellten Fassade kann man die Kulisse des Platzes genießen.

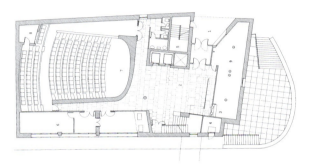

Die Stahlbetonkonstruktion wurde mit Naturstein verkleidet; örtlicher Sandstein ist entscheidend für das Erscheinungsbild, er bindet das Gebäude in die Umgebung ein, und widersteht der mediterranen Sonne.

Die Gliederung der Fassade lässt die Qualitäten des Materials sichtbar werden, vor allem seine geologische Vergangenheit, und spielt mit Sonne und Schatten.

Die im Inneren verwendeten Materialien sind Naturstein als Bodenbelag, Holzparkett in den Arbeitsräumen, Holzverkleidungen und Putz.

Das Design der Räume bleibt eher im Hintergrund, zurückhaltend, aber repräsentativ, dort wo es erforderlich ist, flexibel hinsichtlich der Aufgabenbereiche und offen für den täglichen Kontakt zur Stadt.

Die Fassade spendet an heißen Sommertagen Schatten und rahmt die Ausblicke auf den Platz. Sie bildet in ihrer Kombination von Licht und Schatten, Offenheit und Geschlossenheit das perfekte Ergänzungsstück für diesen Platz.

Werbeagentur, Gelsenkirchen

Architekten: Anin Jeromin Fitilidis & Partner
Fertigstellung: 1997

Zielsetzung bei diesem Bürokomplex war es, ein Gebäude mit hohem Wiedererkennungswert zu schaffen. Mit einfachen, klaren Linien sollten Gestaltung und Materialien die Arbeitsweise des Unternehmens selbstbewusst und progressiv symbolisieren.

Das Grundstück befindet sich in einem revitalisierten ehemaligen Zechengelände, das als Gewerbegebiet entwickelt wird und in dem das Gebäude ein Zeichen für den angestrebten Gesamtqualitätsmaßstab setzt.

Der dreigeschossige Baukörper teilt sich in zwei Bereiche. Im Erdgeschoss befindet sich die Produktion und Endfertigung der Produkte der Werbeagentur, während sich in den beiden Obergeschossen die Kreativbereiche sowie der Besprechungsraum und die Verwaltung anschließen. Durch die offenen und transparenten Arbeitsbereiche wird die direkte Kommunikation der Mitarbeiter gefördert.

Von jedem Geschoss gibt es die Möglichkeit, auf die Balkone, an der als Rückgrat konzipierten Betonscheibe, ins Freie zu gelangen. Die Materialien Beton, Stahl, Holz und Glas wurden sensibel und in einem spannungsvollen Dialog eingesetzt.

Um den Eindruck von Leichtigkeit und Transparenz zu verstärken, wurde bei der Glasfassade auf Öffnungsflügel verzichtet; die natürliche Belüftung wird über Öffnungen in der Betonfassade sowie über das Dach gewährleistet.

Die Betonlamellen auf der Südseite dienen als fest installierter Sonnenschutz, im Sommer ist eine optimale Verschattung und im Winter eine maximale Sonnenlichtausbeute gewährleistet.

Indirekte und direkte Beleuchtung lassen das Spannungsfeld von Transparenz und plastischer Massivität bei Nacht besonders deutlich werden.

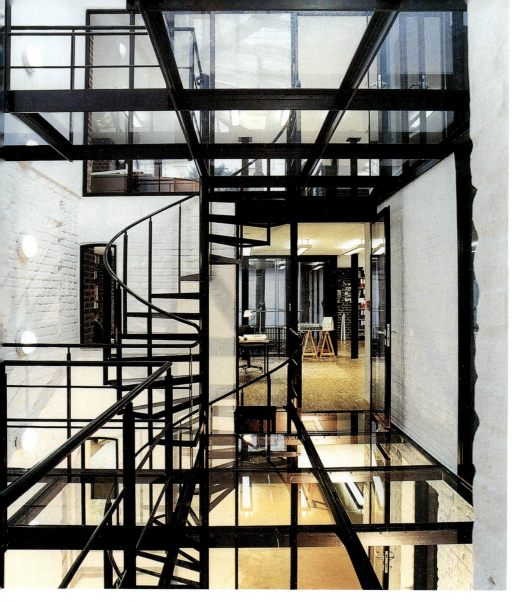

Architekturbüro Rheingasse 14–16, Köln

Architekten: Walter von Lom & Partner
Bauzeit: 1990 bis 1991

Kreativität ist in jedem Beruf gefordert. Für die Architektentätigkeit gilt dies jedoch ganz besonders. Die Beschaffenheit der Arbeitsplätze muss also die Kreativität stützen, obwohl jeder Mitarbeiter geistige und seelische, letztlich auch physische Anregungen individuell anders empfindet. Das räumliche Gefüge sollte deshalb nicht in allen Teilen festgelegt und sofort erfassbar sein. Enge und Weite, Offenheit und Abgeschlossenheit, Ruhe und Kommunikation, Höhe und Gedrungenheit, Licht und Schatten sollten nebeneinander existieren. Der Raum und der Arbeitsplatz sollten ein Stück Herausforderung bedeuten, um vielleicht neue Perspektiven für sich selbst und die Arbeit zu entdecken.

Für die Planung unseres eigenen Büros in drei gestaffelten Untergeschossen war deshalb die akustische und optische Verbindung und ein kommunikationsförderndes Gehäuse, das die Zusammengehörigkeit aller Arbeitenden vermittelt, wichtig. Die Abgrenzung individueller Bereiche sollte dennoch auch ungestörtes kreatives Arbeiten ermöglichen. Licht und Luft, Ausblicke und Einblicke sollten trotz der beiden nutzbar gemachten Untergeschosse das Blickfeld erweitern. Ein Hauch von Grün sollte auch den Außenbezug in allen Räumen erhalten.

Der fehlende Ausblick in die Landschaft wird durch sichtbar gemachte Geschichtsringe im Inneren ersetzt. Die römischen und mittelalterlichen Bauteile geben den Räumen der Untergeschosse ihren besonderen Charakter.

Ein durchglaster Erschließungshof, ein durchgrünter Belichtungshof, ein durchgehendes Oberlicht lassen Tageslicht bis in das zweite Untergeschoss herein. Die durch einfache Mittel ergänzte künstliche Zusatzbelichtung mit direkt gerichtetem Licht und mit hohen Reflexionsanteilen lassen die tief in die Erde gegrabene Gesamtsituation vergessen.

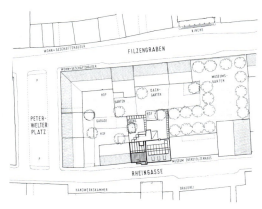

Rhenag-Betriebsgebäude, Siegburg

Architekten: Walter von Lom & Partner
Lichtplanung: Kress, Adams
Fertigstellung: 1993

Mit dem technisch orientierten Erscheinungsbild der Neubauanlage sollen die Inhalte des Unternehmens als Energieversorger deutlich gemacht und alle funktionalen und wirtschaftlichen Zielsetzungen erfüllt werden.

Die Zusammengehörigkeit der Belegschaft und ihr Kontakt zur Kundschaft machten den Erfolg eines Unternehmens aus. Qualitative und individuelle Arbeitsplätze in der Gemeinschaft waren dabei wichtige Ziele des Rhenag-Hauses.

Besonders innerhalb eines relativ anonymen Gewerbegebietes hat die besondere Gestaltung des Umfeldes auf das Wohlbefinden, auf die geistig-körperliche Verfassung der Mitarbeiter ganz besonderen Einfluss, zumal hier die aktivste Zeit des Tages verbracht wird.

Die Fassade des dreigeschossigen, gemischt genutzten Gebäudes präsentiert sich nach außen in einer offenen Metall-Glas-Konstruktion. Die umlaufenden Stahlbalkone bilden einen konstruktiven Sonnenschutz. Vorgesetzte Betonpfeiler rhythmisieren die Fassade und lassen Raum für die besondere Ausgestaltung des mit Licht unterstützten Eingangsbereichs. Den Büros vorgelagert ist eine offene Kontaktzone, die zusätzlich als Ausstellungs- und Präsentationsraum genutzt wird.

Die begrenzte Dimension des Grundstücks führte zu der kompakten Unterbringung der verschiedenen Funktionsbereiche unter einem Dach. Werkstatt-, Büro-, Sozial- und Kundenräume sind alle in diesem einen Gebäude zusammengefasst.

Das Materiallager bildet für das Unternehmen einen besonders wichtigen Schwerpunkt und ist zu dem gemischt genutzten Gebäude im Betriebshof parallel geschaltet. Auch hier waren die Tageslichtdurchdringung und die filigrane Technisierung einzelner Elemente ausschlaggebend für die gesamtgestalterische Komposition.

Tagesbelichtete, großzügige Ein- und Ausblicke charakterisieren den insgesamt kundenorientierten Dienstleistungsauftrag des Versorgers. Akzentuierte Kunstbeleuchtung transportiert diesen konzeptionellen Ansatz auch in den Nachtbetrieb.

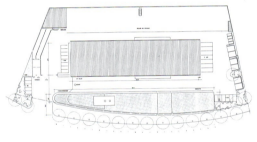

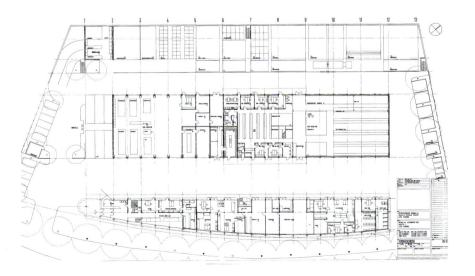

3.5 Bildung

Unser Lebensumfeld verändert sich rasch: Neue Technologien, die Internationalisierung der Arbeitsverhältnisse, das Zusammenleben von Menschen unterschiedlicher kultureller Prägungen, die Veränderung der Wahrnehmung unserer Welt durch die Medien, der Anstieg ökologischer Risiken und der Orientierungsverlust durch Abbau sozialer Beziehungen sind Charakteristika der modernen Gesellschaft.

Schulen müssen Spiegel dieser gesellschaftlichen Entwicklung sein. Ja, sie müssen sogar mit ihren Programmen und ihren Bauten zukünftige Entwicklungen voraussehen, zumindest aber zeitnah auf Veränderungen reagieren können. Sie müssen aber auch in der globalen Vernetzung aller Werte die kulturellen Unterschiede definieren und neu bewerten.

Dieser notwendige Aufbruch ins Neue muss der öffentlichen Bildung immer mehr Raum für Innovationen, auch in ihrer Architektur, anbieten.

Kinder und Jugendliche, die heute zur Schule gehen, müssen sich morgen in einer sich ständig verändernden Welt behaupten können. Sie werden in Schule und Familie die Fähigkeiten entwickeln müssen, in einer solchen Welt ihr Leben zu gestalten und den gesellschaftlichen Wandel mit zu bewegen. Da das zu vermittelnde Lernprogramm sich mittlerweile immer schneller potenziert, werden die Schulen und Universitäten ihr Hauptaugenmerk nicht mehr nur auf das reine Vermitteln eines Lernprogramms, sondern auf das Begreifen eines notwendig lebenslangen Lernens und die Förderung der Lernfähigkeit verlegen müssen. Dies wird immer mehr zu dem entscheidenden Bildungsziel. Die Aufnahmefähigkeit unterschiedlicher Lebens- und Arbeitssituationen, die Sicherheit im Verstehen von Zusammenhängen und in der Urteilsbildung eigener Wertorientierung, das sind die notwendigen Grundbefähigungen für die Zukunft.

»In einer Zeit des Wandelns werden die Lernenden die Welt erwerben, während die Belehrten sich wunderbar an eine Erde angepasst haben, die es nicht mehr gibt.« [Hartgemeyer; Dhority]

Lernen bleibt ein ausgesprochen individueller Prozess, der sich auf eigenständigem, konstruktivem Wege vollzieht und sich durch instruktive Unterweisung nur am Rande beeinflussen lässt. Problemorientiertes Lernen als »Bewältigungsstützung« in alltäglichen Lebensbereichen, aber auch in der Arbeitswelt, ist zunehmend gefragter Bildungsinhalt. Ein neues Medium, ein neues Handwerkszeug dafür ist u.a. das Internet. Dieses wird auch im Bildungsbereich zu einem eigenständigen und integralen Teil gesellschaftlicher Wirklichkeit.

Die neuen Medien durchdringen und beeinflussen die privaten wie beruflichen Lebensbereiche in zunehmendem Maße. Arbeitsplatzmangel und Arbeitsplatzbedarf machen es heute schon notwendig, Schulbildung und Schulabschluss weltweit zu harmonisieren. Die aktuelle Diskussion macht deutlich, dass den neuen Institutsgebäuden eine angemessene Form zusteht, deren Bedeutung zugleich auch deren Sinn verständlich macht.
Die Wahrnehmung von Räumen erfolgt über eine gesamtsinnliche Erfahrung. Der angebotene Raum muss spürbar, erfassbar, erlebbar und erarbeitbar sein, um gesamtheitliches Lernen zu fördern. Das erfordert eine frühe und enge Zusammenarbeit zwischen Raumnutzern und Raumschaffenden. Nur in einer für den Benutzer funktional und emotional angelegten Räumlichkeit hat dieser auch das Gefühl, aufgehoben und nicht nur geparkt zu sein.

Dabei hat jede Altersgruppe eine unterschiedliche Umweltwahrnehmung, und damit ist jede Altersgruppe auch räumlich gesondert herauszufordern.

Räume sind Behältnisse, in denen sich physische, psychische und soziale Prozesse in wechselseitigem Austausch vollziehen. Verschiedenartige Räume sind wichtige Angebote der Individualisierung und Differenzierung. Ungewohntes kann dabei zum wichtigen Denkanstoß werden. Pädagogische Räume sollen inszenierte Räume sein, die Lernen und Denken initiieren und fördern.

Der Raum hat aber auch die Funktion, ein konstitutives Element zu sein, in dem Bewegung, Dynamik, geistige Erfahrung und Empfindungen unterschiedlich Platz greifen können. Form- und Gestaltwahrnehmung, Kultur- und Kunstverständnis werden geschult, aber auch das Begreifen von geistigen und räumlichen Zusammenhängen.

Dass Begreifen, Aufnehmen und Verstehen eben auch mit Licht und Schatten, mit Stimmung und Farbe zu tun hat, verbindet auch in diesem Kapitel sicherlich ganz besonders den Raum und das Licht, eine Architektur der Substanz und der Imagination.

Musikgymnasium, Weimar

Architekten: Thomas van den Valentyn, S. Mohammad Oreyzi
Lichtplanung: Licht-Kunst-Licht, Dorette Faulhaber
Bauzeit: 1995 bis 1996

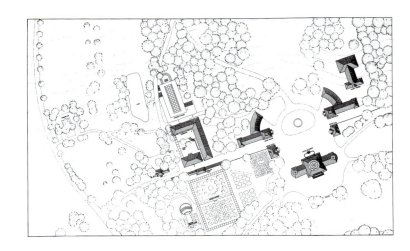

Südlich von Weimar liegt auf einer Anhöhe die barocke Anlage des Schlosses Belvedere. Darin eingebunden ist der Ergänzungsbau des Musikgymnasiums Weimar. Der Denkmalschutz forderte die Einbeziehung des barocken Dreiseitenhofes in den Entwurf dieses Baus, d.h. nicht nur die Sanierung, sondern auch die komplette Wiedererrichtung von zwei der drei Gebäudeflügel, die jetzt als Internat genutzt werden.

Der Neubau der Schule steht als selbstbewusster Körper mit Musiksaal in dem Park. Große grüne, sandgestrahlte Steinplatten bilden ein Plateau, das das Gefälle von 10 m für ein verstecktes, fast komplett in die Erde geschobenes Geschoss mit dem großen Musiksaal nutzt. Zehn Rundstützen tragen den oberen weißen Kubus mit den acht Klassenräumen, von denen aus man den Blick in den englischen Park schweifen lassen kann.

An der Stirnseite dieses Geschosses liegt die Bibliothek. Vis-à-vis von hier führen offene Fluchttreppen ins Freie. Das gläsernes Dach über der Mittelzone, über Treppe und Steg lässt Licht bis ins Erdgeschoss fallen, und der weiße Putz wird zur Projektionsfläche für Schattenwürfe, die Box scheint zu schweben.

Das darunter liegende Geschoss unterstreicht diesen Eindruck in besonderem Maße, da es visuell nicht als geschlossener Körper auftritt. Der rahmenlose Glasvorhang springt hinter die Säulen zurück, die Fachräume werden von frei stehenden Holzwürfeln gebildet, die nie die Decke berühren, sie bilden Häuser, Gassen und Straßen, Nischen und Plätze. Panoramafenster, bündig aus den Körpern geschnitten, holen die Natur in dieses lebende Gebäude. Im Gegensatz dazu steht der sakrale Bauch des Neubaus. Eine Wendeltreppe führt in die Wandelhalle, zu der sich der große Musiksaal –

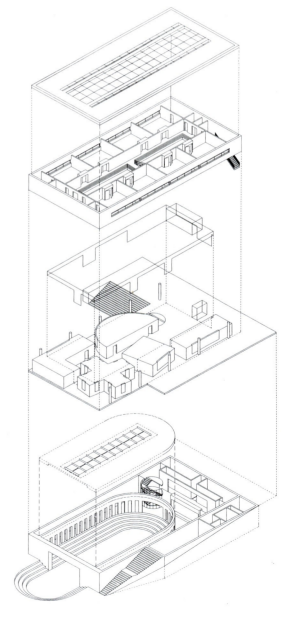

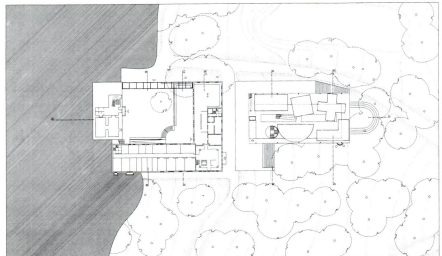

ähnlich einem griechischen Stadion – mit einer ausgezeichneten Akustik öffnet. Wie eine Apsis schließt sich draußen die kleine Waldbühne an, stellt eine Verbindung zwischen innen und außen her und führt formal das Oval aus dem Innenraum zu Ende. Nur von hier ist die Größe des Hauses erkennbar.

Die sinnlichen Eindrücke von Natur, Licht, Raum und Musik bilden hier ein Ensemble von intensiver Eindringlichkeit und Leichtigkeit.

Hier ist mit Tageslicht und Kunstlicht die architektonische Gestaltung der verschiedenen Funktionsbereiche durch unterschiedliche Materialisierung spannungsreich interpretiert. Innen und außen verbinden sich und schließen sich ab, wo Introvertiertheit erforderlich ist. Licht wird zum besonderen Erlebnis der inneren Atmosphäre und des äußeren Erscheinungsbildes.

Wirtschaftsfakultät, Magdeburg

Architekt: Prof. Peter Kulka
Bauzeit: 1994 bis 1999

  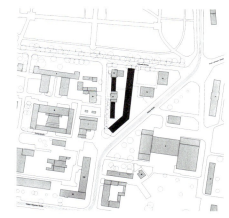

Charakteristisch für das Universitätsviertel der Stadt Magdeburg ist die städtebauliche Struktur zwischen gründerzeitlichen Blockrandfragmenten und mehrgeschossigem Wohnungsplattenbau. Für die Universität Magdeburg sollte in dieser Umgebung ein Ensemble einzelner Institutsgebäude geschaffen werden. Hart angrenzend an eine stark befahrene Ausfallstraße, wird die östliche Grenze des Geländes durch die wirtschaftswissenschaftliche Fakultät gebildet.

Das Raumprogramm – Seminarräume, ein großer Hörsaal und Büros – fügten die Architekten zu einer heterogenen Baugruppe, die sich vermittelnd um die bestehenden Gebäude entwickelt hat und gleichzeitig einen langen, zum nördlichen Parkgelände hin offenen Hof bildet.

Die Übergänge zwischen Alt- und Neubauten werden durch gläserne Fugen inszeniert und bieten unterschiedliche Kommunikationsflächen. Die anschließenden, nach außen orientierten Flure sowie die Eingangshalle sind durch Ganzglasfassaden begrenzt. Durch das Hineinziehen der außenräumlichen Farbe in die Treppenhalle wird ein fließender Übergang von außen nach innen gestaltet und die Hoffassade des langen Riegels bis in das Vestibül geleitet.

Diese Fassaden ermöglichen es, die Einzelgebäude als solche zu erkennen. Durch sie öffnet sich die Universität zur Stadt hin. Die oberen Fenster liegen direkt unter der Raumdecke und ermöglichen, das Tageslicht bei den Büro- und Seminarräumen bis weit in die 6 bis 7,6 m tiefen Räume hineinzuziehen. Nicht nur die Kommunikation zwischen Professoren und Studenten, sondern auch mit dem Umfeld und den Tagesgegebenheiten bieten einen erweiterten »Lernhorizont«.

Der Innenhof wurde als begrünter Ruhepol geplant. Zusammen mit gläsernen Fugen und den einzelnen massiven Häusern entsteht ein Wechselspiel zwischen geschlossen und offen, massiv und transparent, Einzelbau und Bauverbund.

Kindertagesstätte, Berlin

Architekten: Prof. Dipl.-Ing. Klaus Zillich, Prof. Dipl.-Ing. Jasper Halfmann

Bauzeit: 1988 bis 1993

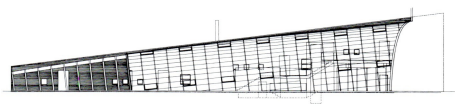

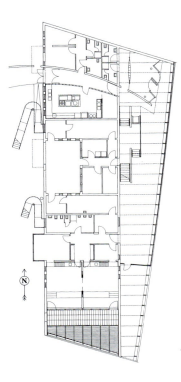

Die Kindertagesstätte liegt im Umfeld einer Berliner Blockrandbebauung, deren Lücken sie bewusst nicht schließt. Sie steht selbstbewusst diagonal auf dem Grundstück und ist damit konsequent nach Süden hin ausgerichtet.

Es war den Architekten wichtig, die Interessen der Kinder, wie Stapeln und Erkunden, in Architektur umzusetzen. So staffelt sich das Gebäude von West nach Ost mit Satteldächern und Seitentreppen, die sich im Inneren als große stabholzbelegte Treppen fortsetzen und die in den Spiel- und Aufenthaltsräumen als Podeste aus Holz weitergeführt und als Kletterlandschaft ausgebildet sind.

Alle Kindergruppenräume mit den vorgelagerten gemeinsamen Spielterrassen sind zur Sonne hin orientiert und durch die treppenförmige Anordnung des Gesamtgebäudes so in die Tiefe gestaffelt, dass die tief stehende Wintersonne bis in die hintersten Raumwinkel scheint. So scheint die Morgensonne in den Foyer- und Spielbereich der Glashalle, die Mittagssonne in die Gruppenräume mit den zugeordneten Terrassen und die Nachmittagssonne in den Westgarten und die großen Spielerker.

Diese Art der Sonnengeometrie wird räumlich spannungsvoll ausgereizt, sie beschert den Kindern den ganzen Tag über Sonne. Die Außengärten reagieren in Größe und Ausstattung auf die Tagesphasen.

Die Erschließung der Tagesstätte erfolgt über die Westseite und führt durch das Gebäude zur Ostseite, wo die Eingangshalle bewusst auf der Gartenseite zum Osten hin als großer Wintergarten inszeniert wird. Das Ereignis des morgendlichen Treffens, Sammelns und Verteilens findet so unter den Strahlen der Morgensonne statt. Die Halle ist gleichzeitig Foyer, Erschließung, Aktionsraum und Theater, er ist warm, hell und weiträumig. Seine runde Form, seine Transparenz und die warme Materialität des Holzes kontrastieren zur steinernen Kantigkeit des Hauptbaukörpers. Holz, Helligkeit und Weiträumigkeit dominieren auch an den Orten der Kinder, den Gruppenräumen und den großen Spielterrassen.

Alle Zimmer der Kinderwohnungen sind über einen internen Rundlauf miteinander verbunden. Zu jeder Wohneinheit gehört ein gesondertes bespielbares Erkerzimmer sowie eine große Sonnenterrasse mit direktem Zugang zum Garten.

Tageslicht und kindlicher Entdeckerdrang haben hier zu einer ganz besonderen Antwort der Gestaltung im Berliner Blockalltag geführt.

Europäisches Ausbildungszentrum der Wohnungsbauwirtschaft, Bochum

Architekten: Walter von Lom & Partner
Lichtplanung: Lichtdesign
Fertigstellung: 1997

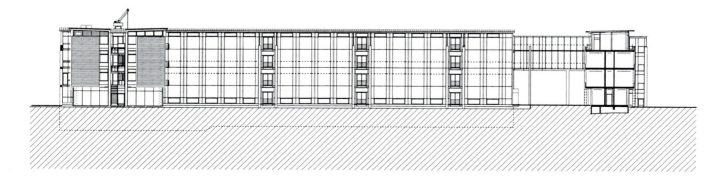

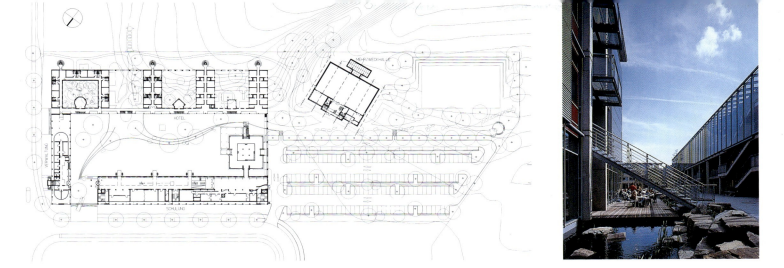

Auf einem alten Zechenkraftwerksgelände in Bochum-Springgorum entstehen im Rahmen eines sehr einfachen, großzügigen Bebauungsplankonzeptes innovative Schulungs-, Dienstleistungs- und Produktionsstätten, die der Umstrukturierung des Ruhrgebietes mit neuen Ausbildungs- und Arbeitsplätzen sichtbare Zeichen geben. Eine erste Einrichtung dieses neuen Quartiers bildet die kleine überschaubare Akademie der Wohnungsbauwirtschaft, in der Tages-, Wochen- und Jahreskurse abgehalten werden, eine kleine Universität mit integrierten Internat- und Freizeiteinrichtungen, eine kleine eigene Welt, die, um einen Campus orientiert, auch ein Eigenleben auf einer Großbaustelle führen kann und dabei ein integrierter Bestandteil der gesamtstädtebaulichen langzeitigen Entwicklung wird.

Das Konzept baut im Großen wie im Detail der einzelnen Häuser darauf auf, kommunikative und kontemplative Elemente miteinander zu verbinden und diese nach Bedarf dem Einzelnen und der Allgemeinheit zur Verfügung zu stellen. Die Gesamtfiguration bildet einen gefassten, nach außen klar abgegrenzten massiven baulichen Rahmen, der im Inneren die eingrenzenden individualisierten Qualitäten mit den offenen des Kommunizierens kombiniert. Der Sport- und Freizeitbereich, der auch als großer Versammlungsraum genutzt werden kann, ist aus dem streng Orthogonalen in den zur Landschaft hin offenen Außenbereich ausgelagert und bildet mit den übrigen Serviceflächen den Übergang zum öffentlichen Fuß- und Wegenetz. Dem großen Schulungstrakt mit seinen abgeschlossenen Klassenräumen ist die kommunikative offene Pausenzone vorgelagert, die sich zum Innenhof orientiert und der die Mensa als Restaurant und Treffpunkt angegliedert ist. Auch die individualisierten, um Einzelhöfe gelagerten Wohnbereiche des Internates erschließen sich von einem offenen einfachen Verbindungsgang vom Gesamtcampus aus.

Es entstand eine Gesamtanlage aus differenzierten Einzelelementen, zusammengefasst durch eine durchlässige Ummauerung, in die die Außenräume gefiltert bis in den Campus hinein wirken. Der Campus wiederum wirkt durch den Durchblick, den er gewährt, und durch Einblicke in den alles verbindenden Wassergarten ebenso nach außen, bis in das städtische Umfeld hinein. Damit wird die Verknüpfung des Projektes mit dem Stadtteil und die interne und externe Verbindung aller unterschiedlichen Funktionsbereiche deutlich.

Ein Kunstkonzept, das als Bestandteil der Wechselwirkung von innen und außen entwickelt wurde, unterstreicht die Bedeutung dieser wichtigen, sich überlagernden Beziehungsebenen.

Sowohl das Tageslichtkonzept als auch die differenzierte Nachtbeleuchtung akzentuieren diese besondere Charakteristik des Hauses:

- kommunikative Verbindung
- Verknüpfung von innen und außen
- individuelle Schulungs- und Wohnräume
- hell durchlichtete Gemeinschaftszonen,

in die Außenanlage, Campus, Wasser, Licht und Kunstgestaltung als integrative Bestandteile eingebunden sind.

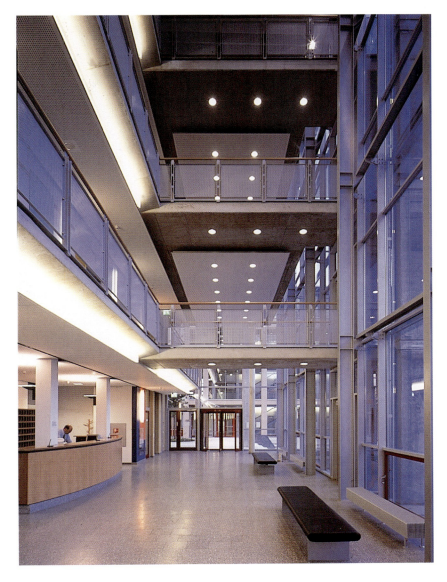

3.6 Kultur

Der Begriff Kultur ist definiert als eine vom Menschen geschaffene gesamtheitliche gesellschaftliche Leistung, der geistige und greifbar geformte Ausdruck einer Zeit.

Die Veränderungen der Gesellschaft bewirken natürlich Diskussionen um eine mögliche Neudefinition kultureller Werte und damit auch um die baulichen Ausdrucksformen ihrer Architektur.

Diese Definition kann also nirgendwo deutlicher werden als in unseren Kulturbauten. Und innerhalb der Kulturbauten geben die Neubauten für Museen sicher den deutlichsten Hinweis auf die große Bandbreite von Definitionsmöglichkeiten.

Unsere heutigen gesellschaftlichen Probleme, wie z.B. die Auflösung von Zeit und Raum oder auch die ständige Inszenierung des Alltäglichen als das ganz Besondere und Individuelle, führen zu neuen Interpretationen in der Kunst und zu den dafür zu definierenden Räumen. Die Kunst bringt heute die alltäglichen, unscheinbaren Dinge und deren Entstehungsprozess in die Museen, und Kunst braucht den Rahmen des besonderen Raumes. Der Raum, der Ort, muss die Objekte als Kunst interpretierbar werden lassen. Bei dieser Präsentation war z.B. die Zeit als Jahres- oder Tageszeit in den »white cube«-Konzepten der 80er Jahre als Einfluss nehmende Größe ausgeklammert.

Auf der anderen Seite wird die Tradition der unterschiedlichen Kulturen und die Präsentation ihrer Ausdrucksformen den Anspruch für die architektonischen Hüllen bestimmen, die selbst wieder Ausdruck ihrer Zeit und ihres Kulturkreises sind, in dem sie entstehen.

Innerhalb der Popkultur, die eine über die gesamte Welt verbreitete Gleichheit, über Medien und Transportmittel gesteuert, gebracht hat, besteht die Notwendigkeit zur Förderung lokaler Unterschiede und zur Individualisierung ihrer Ausstellungsmöglichkeiten.

Bei diesen sehr unterschiedlichen inhaltlichen Rahmenbedingungen wird auch die Einbeziehung des Umfeldes und des Tages- und Kunstlichtes sehr unterschiedlich berücksichtigt. Es gibt die baulichen Lösungen, die die Kunst aus dem örtlichen Gesamtzusammenhang herausnehmen und isolieren und auch in ein absolutes, gleichbleibendes künstliches Licht setzen. Es gibt andere Lösungen, die zusätzlich den Umfeldbezug und das Tageslicht einbeziehen und die Kunst damit auch in einen natürlichen und direkt erlebbaren Gesamtzusammenhang stellen.

Unsere Gesellschaft, die immer deutlicher von Medien und künstlichen oder virtuellen Szenarien bestimmt wird, braucht dringend auch den haptisch und optisch unmittelbar erlebbaren Raum und den spürbaren Gesamtzusammenhang, in dem auch und gerade Kulturgüter dargestellt werden.

Wieder spielt dabei das natürliche und auch das künstliche Licht eine entscheidende Rolle, das in diesem Falle zusätzlich mit den großen Problemen der konservatorischen Ansprüche belastet ist.

Die ausgewählten Beispiele versuchen einen kleinen Teil des Spektrums möglicher architektonischer und lichttechnischer Antworten aufzuzeigen, bei denen sowohl Eigeninszenierungen der Architektur als Kunstwerk im öffentlichen Raum als auch zurückgenommene klare architektonische Rahmensetzung für Kunst, Antworten auf inhaltliche Akzente und auf Stadtsituationen oder auf unterschiedliche Wechselausstellungsansprüche bieten können.

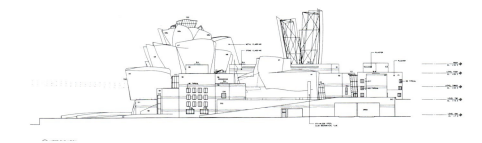

Guggenheim-Museum, Bilbao

Architekten: Frank O. Gehry & Associates Inc.
Lichtplaner: Lam Partners Inc.
Fertigstellung: 1999

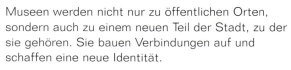

Museen werden nicht nur zu öffentlichen Orten, sondern auch zu einem neuen Teil der Stadt, zu der sie gehören. Sie bauen Verbindungen auf und schaffen eine neue Identität.

Das erste Guggenheim-Museum Europas wurde an einem Ort errichtet, der alle Brüche der ehemaligen Industriestadt Bilbao vereint. Inmitten ehemaliger Industrie- und Hafenanlagen, einiger Brücken und Autobahnzubringer sowie einer Bahnlinie gelang es Gehry, nicht nur die Verbindung mit der Stadt und dem Fluss Nervión wieder herzustellen, sondern alle Probleme zu integrieren und diesem Ort und darüber hinaus der gesamten Stadt eine neue Identität zu verleihen.

Das Gebäude mit seinen skulpturalen Volumen schiebt sich unter die Autobahn und bindet diese durch den Signalturm in den Museumskomplex mit ein. Zur Neustadt hin vermitteln ein rechtwinklig geschnittener Block aus Travertin und ein ovales Volumen. Sie geben einer großen Piazza Halt, die die Eisenbahnlinie überdeckt und über eine Art Amphitheater zum tiefer gelegenen Eingang des Museums führt. Eine Treppenrampe erschließt das Wasserbecken, das das Museum umgibt, und gestaltet damit den Übergang zum angrenzenden Nervión.

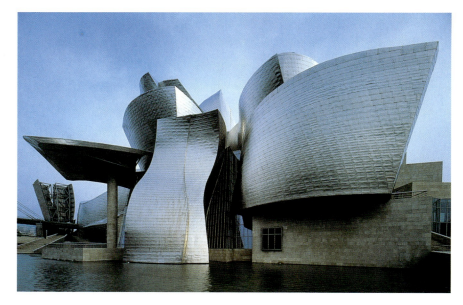

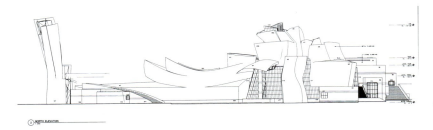
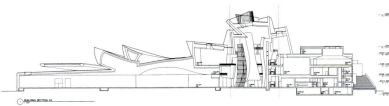
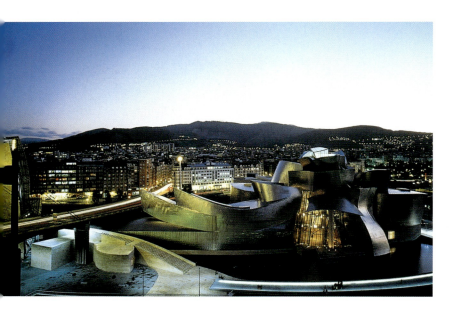

Den Mittelpunkt des Museums bildet das 50 m hohe Foyer mit seinem Dach aus Glas. Es ist öffentlicher Raum, Erschließung des Museums und lichtdurchfluteter Kommunikations- und Erlebnisraum. Von hier aus gelangt man über Brücken, gläserne Fahrstühle und Treppentürme in die Ausstellungsräume sowie in die Büroräume der Verwaltung, die in drei abzweigenden Flügeln untergebracht sind. Klassische Ausstellungsräume stehen für die Präsentation ebenso bereit wie unkonventionelle Räume, die sich auf Grund ihrer architektonischen Besonderheiten für ortsspezifisch konzipierte Kunstwerke anbieten. Die große Wechselausstellungshalle mit einer Länge von 130 m und einer Breite von 30 m lässt selbst bei Riesenskulpturen (Snake) die Dimensionen schwinden. Die Architektur des Museums fordert mit ihren gekurvten, verschobenen und skulpturalen Räumen die Kunst heraus, und nicht alle Werke können darin bestehen.

Der Einsatz von Stein, Glas und Titan in Verbindung mit der Formenvielfalt führt zu einer intensiven Wechselwirkung von Material, Form und Licht. Der unerwartete Wechsel von Geschlossenheit und Fensteröffnungen gewährt zusätzlich Aussichten auf die Flusslandschaft und die Stadt Bilbao und stellt so den Bezug zur Außenwelt her.

Die übersprühend bewegten Formen des Museums sind mit einer Titan-Haut überzogen, die auf jede Lichtveränderung reagiert. Jedes Volumen erzeugt sein eigenes charakteristisches Spiel von Schatten und Lichtreflexion, das mit jeder Wolke, mit jedem Sonnenstrahl unterschiedlich wirkt.

Nach Sonnenuntergang strömt warmes Licht aus den Durchbrüchen der Außenhaut des Guggenheim Museums, und der Widerschein auf der schuppigen Oberfläche betont die plastische Gestalt des Bauwerkes.

Gehry wählte dieses Material, obwohl es noch nie in diesem Zusammenhang eingesetzt wurde, wegen seiner Eigenschaften in der Lichtbrechung. Die Platten besitzen eine Stärke von weniger als 0,5 mm, was der Oberfläche eine interessante leicht gewellte Textur verleiht

Mehr noch als am Tage erzeugt das Museum im Dunkeln den Eindruck eines lebendigen Organismus, der pulsiert, sich verändert, vor Licht sprüht.

Mit seiner Vielfalt an Formen, mit seiner spannenden Tages- und Nachtlichtinszenierung wird der Bau zu einer immer präsenten Stadtskulptur, zur Initialzündung für die weitere Stadtentwicklung, die zur symbolhaften Entwicklung einer ganzen Region werden kann.

Beyeler Foundation, Basel

Architekten: Renzo Piano Building Workshop
Bauzeit: 1994 bis 1997

Die Beyeler Foundation besitzt eine kostbare Sammlung von Kunst der klassischen Moderne sowie aus Ozeanien, Afrika und Alaska. Charakteristisch für die Sammlung ist einerseits die Betonung der Einmaligkeit der Werke und andererseits die Verwandtschaft zwischen dem künstlerischen Schaffen unterschiedlicher Kulturbereiche. Mit dem Neubau sollte ein Ausstellungsgebäude geschaffen werden, in dem sich die Kunst ungestört entfalten und von der Öffentlichkeit wahrgenommen werden kann und das sich sensibel in die bestehenden Landschaftsstrukturen integriert.

Das Gebäude erstreckt sich in seiner Nord-Süd-Ausdehnung entlang der Baselstraße. Durch seinen Dienstleistungstrakt wird es gegen den Verkehrslärm abgeschottet. Die Gebäuderückseite öffnet sich an der Westseite durch die verglaste Galerie zu einer Felderlandschaft.

Die Grundidee der Planung basiert auf der früheren leicht gebogenen Mauer an der Baselstraße. Das Konzept der Mauer wurde zum architektonischen Grundelement.

Das Museum entstand aus einer intensiven Zusammenarbeit zwischen Kunstsammlern, Architekten, Landschaftsarchitekten und Ingenieuren.

Die vier 115 m langen Mauern definieren die nord-südlich ausgerichteten geradlinigen Ausstellungsräume, die durch quer gestellte Wände unterteilt und durch mauerhohe Durchgänge miteinander verbunden sind.

Nur die äußeren mit rotem Porphyr verkleideten Betonscheiben sind massiv, die inneren Wände sind Gipskartonhohlwände, in denen unsichtbar die Haustechnik untergebracht ist.

An den Schmalseiten nach Norden und Süden werden die Ausstellungsräume durch raumhohe Verglasungen abgeschlossen, an deren Außenseite das Glasdach weit über die Mauern auskragt und zu schweben scheint. Während der innere Kern ungestört Raum für die Kunst bietet, stellen diese Räume die Kunst auch in den Zusammenhang mit der Natur. Dadurch entstehen zwei außen liegende sonnengeschützte Zonen, die in ihrer Verbindung

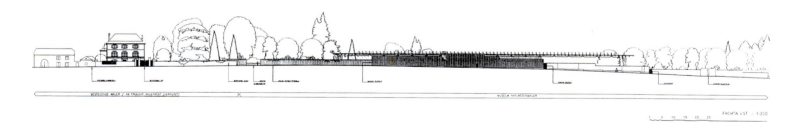

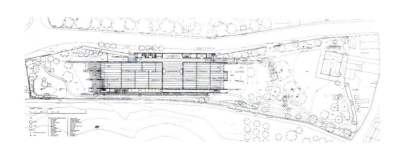

mit den Blickbeziehungen zur umgebenden Natur, dem Licht und dem Wasser eine Atmosphäre der Stille schaffen.

Der Baukörper baut mit seinem leichten, schwebenden Glasdach und seiner dunklen, massigen Haut aus Porphyr einen reizvollen dynamischen Kontrast auf.

Das transparente Dach lässt Licht gleichmäßig in die Ausstellungsräume fließen. Das räumliche Stahlskelett-Sheddach besteht aus mehreren Schichten: Die tragende Funktion übernimmt ein Trägerrost aus Stahlprofilen, auf dem leicht geneigte Glaselemente aufliegen. Darüber befinden sich die außen liegenden Sheddach-Sonnenschutzelemente, die aus schräg gestellten, auf der Rückseite emaillierten Glaslamellen bestehen. Sie mindern die direkte Sonneneinstrahlung und lassen nur diffuses Nordlicht hinein. Als dritte Verglasungsebene und weiterer Lichtfilter wurde die halbtransparente Decke als innerer Abschluss der Ausstellungsräume eingehängt. Sie besteht aus Lochblechen, die mit weißem pulverbeschichtetem Vlies bespannt sind und zu den Satteldächern einen Abstand von 1,4 m haben. Dieser Zwischenraum wird zum Puffer für Temperaturschwankungen sowie zum Ort für die technischen Installationen und die künstliche Beleuchtung.

Die transparente Dachkonstruktion lässt eine gleichmäßige natürliche Beleuchtung zu, indem sie die spezifischen Eigenschaften des Nordlichtes ausfiltert und damit sowohl konservatorischen Bedürfnissen Rechnung trägt als auch dem Anspruch nach natürlicher Beleuchtung gerecht wird. Auch der durch den Tagesablauf gegebene Lichtwechsel bleibt geringfügig spürbar.

So entstehen im Inneren Ausstellungsräume, die durch keinen direkten Außenkontakt und die gleich bleibende Beleuchtung sehr ruhig wirken. Sie werden durch die nach außen offenen Räume ergänzt, in denen das direkt einfallende Tageslicht wechselnde atmosphärische Stimmungen erzeugt.

Das Hauptmaterial des Museums, der rote Porphyr, tönt das Licht auch innerhalb des Gebäudes noch sanft. Die bescheidene Zurückhaltung der anspruchsvollen architektonischen Mittel, verbunden mit einer großen Raffinesse insbesondere auch in der Lichtführung, binden das Gebäude in die Landschaft ein und machen den Wechsel zwischen Ruhe und Dynamik zu einem ganzheitlichen, ausgewogenen Kunsterlebnis.

Kreismuseum Burg Friedestrom, Zons

Architekten: Walter von Lom & Partner
Fertigstellung: 1994

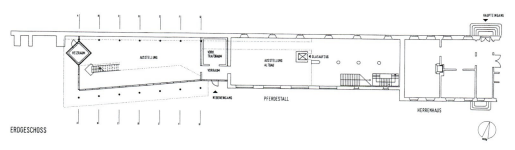

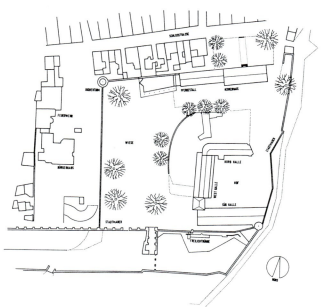

Eingriffe in denkmalgeschützte Ensembles müssen mit besonderer Sensibilität vollzogen werden. Ein Neubau muss die bestehende Bebauung akzeptieren und sollte sie nicht historisierend imitieren, sondern aus ihr Kraft für eine selbstbewusste eigene Interpretation gewinnen.

Die alte Zollfeste Zons blickt auf eine 600-jährige Geschichte zurück und gilt heute als best erhaltene Befestigungsanlage am Niederrhein. Am Rande ihrer Stadtmauer liegt auf dem Gelände des alten Schlosses Friedestrom das Kreismuseum, gebildet aus einem Gebäudeensemble von Herrenhaus und Stall, das durch ein drittes Bauelement ergänzt wurde. Dieser Neubau reagiert in Proportion, Strukturierung und Gliederung auf die kleinmaß-

städtische Nachbarschaft. Aus der Übernahme dieser Maßstäbe und Gliederungselemente, aber auch aus dem Kontrast der Linienführung und Bewegungen, aus der Materialisierung und dem neuen Farbenspiel resultiert eine spannungsvolle Trilogie. Der Eingriff in die historische Substanz ist behutsam ausgeführt, die unverkleidete Stadtmauer lässt auch im Inneren des Anbaus die Geschichtsringe ungestört sichtbar.

Die filigrane Stahlkonstruktion und ihre transparente Fassade steht im spannungsvollen Gegensatz zu der Massivität der beiden anderen Bauten und der rohen Struktur dieser Mauer. Die Außenhaut übernimmt mit ihrer zweischichtigen Metall-Glas-Konstruktion die Lichtregulierung des Gesamtgebäudes: großzügiger Lichteinfall von außen bei gleichzeitiger Berücksichtigung der konservatorischen Notwendigkeiten. Durch Metalljalousien mit gelochten Aluminiumblechen entstand eine gefilterte Transparenz mit Ausblick in die reizvolle Situation des Schlossparks.

Auch nachts bleibt die Stadtmauer verbindendes Element der neuen Gesamtkomposition, ein besonders beleuchtetes Rückgrat, von dem sich die filigrane Struktur des neuen Bauteils reizvoll abhebt. Den jeweiligen Ausstellungsinhalten ist das besondere Ambiente des Umfeldes als zusätzlicher geschichtlicher Erlebnisbereich zugeordnet.

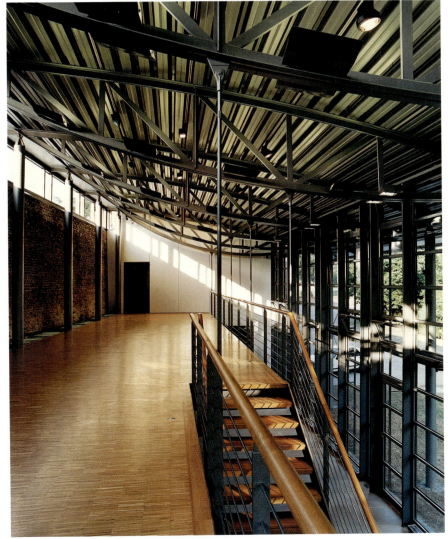

Krematorium Baumschulenweg, Berlin

Architekten: Axel Schultes, Charlotte Frank
Bauzeit: 1996 bis 1998

Der Grundtenor dieses Ortes ist: Kontemplation, Andacht, Frieden, Ruhe. Den Trauernden werden hier Tod, Abschied und Hoffnung vermittelt. Dabei spielt der Umgang mit dem Tageslicht, das Filtern und Akzentuieren des Lichteinfalls, eine ganz entscheidende Rolle.

Das räumliche Ritual des Abschieds als Weg beginnt mit einem stilisierten Hain. Dieser einstimmende Weg über den Platz führt über eine der Seitenvertiefungen, durch eine Glaswand ins Innere des Gebäudes. Das Krematorium ist ein monolithischer Bau aus hellem Sichtbeton und Glas, dessen Mittelachse den Vorplatz besetzt. Der umliegende Naturraum des Waldfriedhofes scheint in das Gebäude hineinzureichen. Im Inneren befindet sich eine zentrale Halle, deren quadratischer Grundriss in der Dimension eines städtischen Platzes angelegt ist. Betonwände von 9 m Höhe schließen den Raum nach Norden und Süden hin ab. Im Osten und Westen befinden sich wandhohe ungeteilte Glasfronten, in denen die Durchgänge zu den Feiersälen integriert sind. Unregelmäßig verteilte Stützen vor den Feiersälen lassen Lichtungen entstehen, Rückzugsorte, die die verschiedenen Trauergesellschaften mit minimalem Aufwand voneinander distanzieren. Sie sind als gläserne Kuben zwischen gebäudehohen Nischen von außen deutlich erkennbar.

Die hohen Betonwände werden durch die Schalungsmuster und flachen Nischen reliefartig strukturiert. Die Vergänglichkeit wird durch Becken dargestellt, die mit weißen Wüstensand gefüllt sind. Eine mit dem Boden bündige kreisrunde Brunnenscheibe markiert die Mitte der Halle als Symbolisierung des Lebens.

Im Inneren herrscht eine betont weiche Farbgebung vor; es gibt keine starken Kontraste. Ein grünlicher Granitfußboden, die blaugraue Möblierung, silberne Leuchtkörper und die in Lindgrün lackierten Lamellen sorgen für eine ruhige Zurückhaltung. Die hohen Mauern blenden jegliche Banalität aus und zwingen zur Kontemplation.

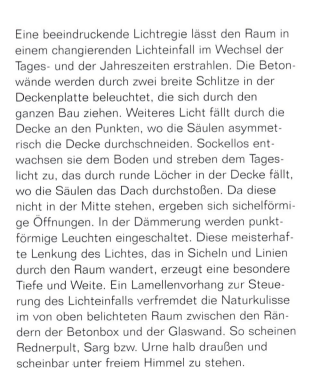

Eine beeindruckende Lichtregie lässt den Raum in einem changierenden Lichteinfall im Wechsel der Tages- und der Jahreszeiten erstrahlen. Die Betonwände werden durch zwei breite Schlitze in der Deckenplatte beleuchtet, die sich durch den ganzen Bau ziehen. Weiteres Licht fällt durch die Decke an den Punkten, wo die Säulen asymmetrisch die Decke durchschneiden. Sockellos entwachsen sie dem Boden und streben dem Tageslicht zu, das durch runde Löcher in der Decke fällt, wo die Säulen das Dach durchstoßen. Da diese nicht in der Mitte stehen, ergeben sich sichelförmige Öffnungen. In der Dämmerung werden punktförmige Leuchten eingeschaltet. Diese meisterhafte Lenkung des Lichtes, das in Sicheln und Linien durch den Raum wandert, erzeugt eine besondere Tiefe und Weite. Ein Lamellenvorhang zur Steuerung des Lichteinfalls verfremdet die Naturkulisse im von oben belichteten Raum zwischen den Rändern der Betonbox und der Glaswand. So scheinen Rednerpult, Sarg bzw. Urne halb draußen und scheinbar unter freiem Himmel zu stehen.

Durch die perforierte Deckenscheibe über dem Stützenhain schießt das Licht, zeichnet Muster und Punkte auf Wände und Böden. Es bricht harte Schatten auf, sickert durch Lamellen vor den haushohen Fenstern oder fließt durch breite Fugen zwischen Decke und Wand an den Mauern aus Sichtbeton hinab.

Die Trauernden sehen, wenn sie nach oben blicken, ins Licht, und das Licht spiegelt sich in dem flachen Wasserbecken am Boden.

Dieses Gebäude strahlt die notwendige Ruhe sowie Frieden und Hoffnung aus und gibt durch seine Zurückhaltung Raum für Abschied und vermittelt mystische Tiefe durch Licht.

Die versteckte Lage am Rand der Stadt steht für den verschämten Umgang mit der Realität des Sterbens.

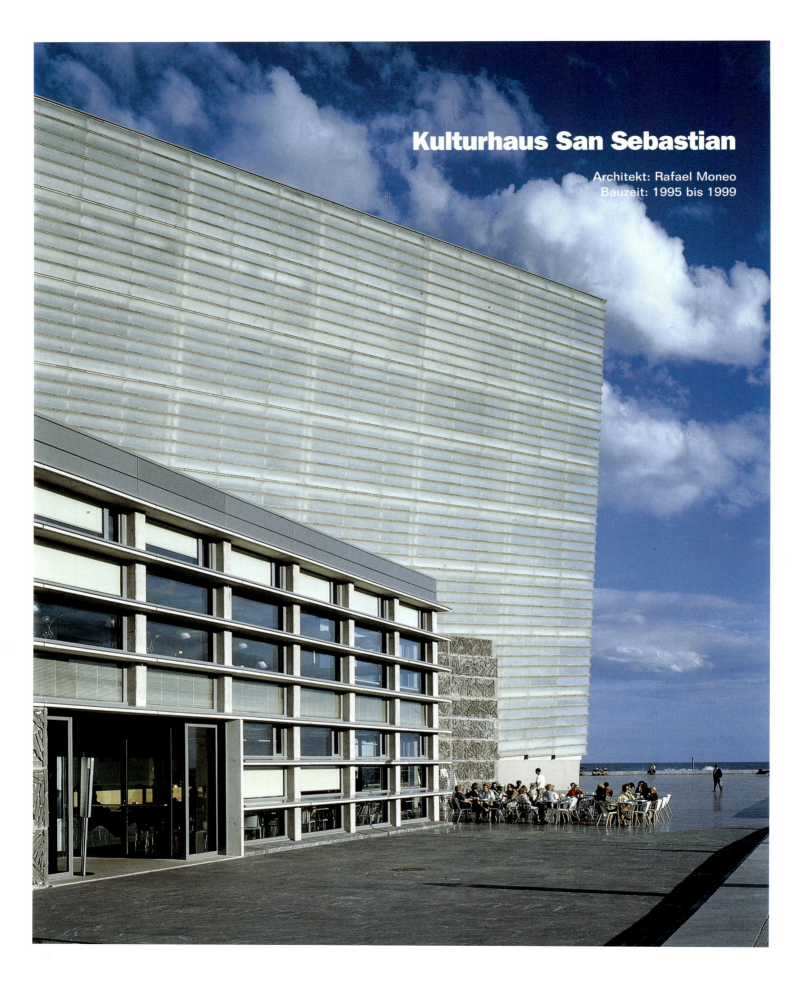

Kulturhaus San Sebastian

Architekt: Rafael Moneo
Bauzeit: 1995 bis 1999

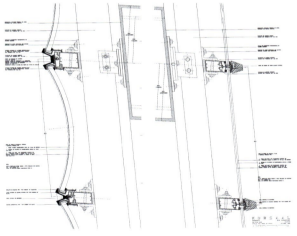

Die Schönheit San Sebastians, der Hauptstadt des Baskenlandes, hängt vorrangig mit seiner Umgebung und seiner Landschaft zusammen. Die Küstenregion, in der sich das neue Gebäude befindet, weist eine Vielfalt geographischer Gegebenheiten auf, die nicht zuletzt die Stadt und ihre Architektur prägen. Das neue Kursaalgebäude entstand an dem gleichen Ort, an dem sich seit den 20er Jahren das Casino der Stadt befand. Das Gelände liegt zwischen Uferpromenade, der Mündung des Urumea und dem angrenzenden Wohnquartier. Moneo hat das regelmäßige Blockraster des Stadtviertels nicht fortgesetzt, um mit den Neubauten nicht den Fluss zu verdecken, der sich hier senkrecht zur Uferlinie ins Meer ergießt. So sind zwei Körper entstanden, die in ihrer Ausformung mehr zur Landschaft als zur Stadt zu gehören scheinen.

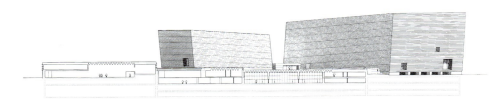
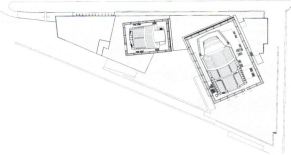

Im Zentrum des Entwurfes für dieses Gebäude stand die Idee zweier gläserner, an der Uferpromenade versunkener Kuben, die mit ihrer Oberfläche das Licht brechen, es gleichzeitig aber, soweit es die Materialdicke erlaubt, in die Tiefe leiten. So werden diese Kuben durch die ständige Veränderung im Licht schon fast zu einem natürlichen Element, wie das Wasser und der Sand, die sie umgeben.

Die Fassade sollte aus Glas bestehen, aber nicht in der sonst üblichen Dematerialisierung, sondern es wurde mattes Glas eingesetzt, das hier eine körperliche Wirkung hat. Aufgrund der beidseitigen Verkleidung des Tragwerkes wurde die Grenze von Öffentlichkeit und Abgeschlossenheit auf die Stahlbetonwände der Auditorien verschoben. Der öffentliche Raum wurde zu einem Teil im Gebäude, die Aufenthalts- und Verkehrsräume wurden Teil der Stadt.

Das Konzept der Glashülle gibt nur – von den öffentlichen Räumen aus – durch einzelne Fenster inszenierte Blicke nach außen auf die Mündung des Urumea oder auf die Uferpromenade frei. Bei dem größeren der beiden Monolithen wirken die Fenster, als seien sie zufällig eingefügt.

Die beiden Quader bestehen aus jeweils zwei Tragwerken: einem inneren aus Stahlbeton, das die eigentlichen Räume ummantelt, und dem stählernen Tragwerk der eigentlichen Quaderhülle, das wiederum innen und außen mit Glas verkleidet ist. Der Raum zwischen diesen Glasscheiben wird für eine Beleuchtung genutzt, die die beiden Gebäude in der Nacht von innen erstrahlen lässt. Nach vielen Versuchen entwickelte Moneo für dieses Konzept ein gekrümmt gewalztes Profil als horizontales Grundelement der Fassade, das seinen Vorstellungen der Lichtbrechung Rechnung trägt. Die konkaven Glaselemente setzen sich aus einer äußeren

lichtbrechenden Schicht und einer hochfesten dickeren inneren Schicht zusammen, die miteinander verklebt sind. Dieser Aufbau verschleiert selbst bei abendlicher Beleuchtung des Fassadenzwischenraumes mehr als er entblößt, die beeindruckende Stahlrahmenkonstruktion und die geschlossenen Volumen der Auditorien bleiben präsent, schimmern jedoch nur durch.

Die Wirkung dieser aus Tausenden gebogenen Gläsern zusammengesetzten Fassade ist äußerst eindrucksvoll: Licht wird zum zentralen Thema des Gebäudes. Durch die wenigen Ausblicke konzentriert sich das Innere auf Funktion, Raum und Licht: Außen jedoch verändert sich ständig die Ausstrahlung durch das unterschiedlich einfallende Licht, das sich an den Glaselementen ständig neu bricht. Die Baukörper nehmen das Licht des Meeres auf, werfen es zurück und verändern sich mit ihm.

3.7 Freizeit

Jeder spricht verächtlich darüber, aber jeder will sie erleben: die künstlichen Paradiese unserer Freizeit- und Erlebnisgesellschaft, die Shopping-Malls und Gratis-Events in einer ewig lächelnden Plastiksonne, das ultimative Fast-Food-Gefühl. Die Freizeit und die damit assoziierten Vergnügungswelten werden zum wichtigen, wenn nicht gar wichtigsten Geschäftsbereich der Konsumgesellschaft. Alles hat sich dem damit verbundenen Konsumzwang zu unterwerfen. Historische Zentren auf der einen, Naturparks auf der anderen Seite der Skala – alle Möglichkeiten werden für die unterschiedlichsten immer schnelllebigeren Verbrauchswelten genutzt.

Man muss diese Urban-Entertainment-Center nicht mögen, aber jeder noch so orthodoxe Architekt weiß, hier entstehen die Kathedralen des 21. Jahrhunderts. Durch das ständig wachsende Freizeitpotenzial sind diese die Bauaufgaben der Zukunft, und sie sind viel zu wichtig, um sie ausschließlich anonymen Investoren zu überlassen.

Ob Skianlagen in den Tropen oder perfekte Strandillusionen in nördlichen Zonen mit Postkarten-Sonnenuntergängen, Meereswellen-Animationen, überdacht und geschlossen auch an Orten, wo das reale Meer sich nur 200 m entfernt befindet. Im Winter Hawaii und im Sommer Gletscherski. In unserem Konsum- und Luxusdrang muss alles zu jeder Zeit zur Verfügung stehen, die problemlose Scheinwelt des konsumierbaren Erlebens. Die Masse begnügt sich willig mit der perfekt inszenierten Illusion aus Plastik, die makellos und anspruchslos bleibt. Der Anspruch auf Authentizität eines Ortes ist bei dieser Art Inszenierung von Gebäuden nicht mehr gefragt. Der Verstand hat Dauerpause, und begeistert erfüllt der Konsument seine Rolle als total manipuliertes Objekt in der schönen, gut funktionierenden Scheinwelt.

Wir entwickeln auch für diese Welt erlebbare, begreifbare Raumkompositionen. Kinowelten werden komponiert und begehbar gemacht, bevor man im Dunklen ganz in die virtuelle Illusion der Leinwand entschwindet. Massenveranstaltungen werden in Traumarchitekturen abgewickelt. Illusionen werden an real gebauten, perfekten Kompositionen erlebbar gemacht. Hierbei spielen für die Inszenierungen bewegliche, sich überschlagende Lichtinstallationen und Lichteffekte, Lichtführungen und Lichtfarben zur Unterstützung eine wichtige Rolle. Vielleicht machen diese die Illusionen überhaupt erst möglich.

Es gibt auf der anderen Seite aber glücklicherweise auch Kontrapunkte im gebauten Freizeitangebot, die wieder an Wert und Bedeutung gewinnen, die Ruhe und Reduktion auf das Wesentliche ermöglichen die Konzentration auf die eigene Person:

ein ruhiger Hof, ein Café, eine Therme – natürliches Licht, beruhigende Lichtführungen und Farben, bei denen man vom sonstigen Überangebot an Aktivitäten regenerieren kann.

Beide Welten werden immer nebeneinander existieren, die der skurrilen Events und die der sich zurücknehmenden Ruhe, und sie werden im Wechsel sicher auch von allen wahrgenommen, beansprucht und verarbeitet.

Für beide Bereiche sind im Folgenden Beispiele ausgewählt, die in Raum und Licht die mögliche Bandbreite ausleuchten.

Multiplex-Kino, Dresden

Architekten: Coop Himmelblau
Bauzeit: 1997 bis 1998

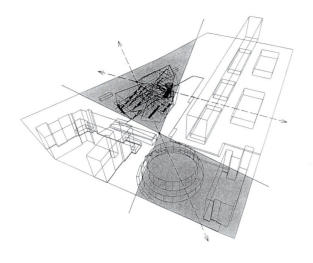
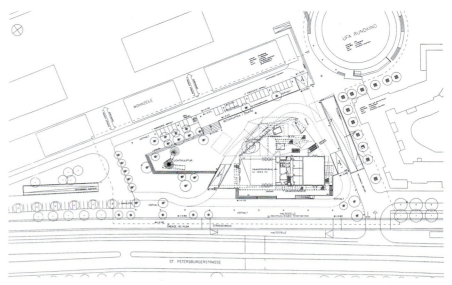

Der neue UFA-Palast in Dresden liegt an einer städtebaulichen Schnittstelle zwischen der Prager Straße, die durch ihre Plattenbauten geprägt ist, und der Petersburger Straße. Mit seiner Lage bildet er im Osten der Prager Straße einen neuen Schwerpunkt und schafft die städtebauliche Querverbindung zwischen den beiden Straßen. Das Konzept für dieses Gebäude beruht auf dem dynamischen Wechsel zwischen Öffentlichkeit und Privatheit. Durch die entstandenen unterschiedlich großen Plätze und Platzformen wurde ein vielfältiges städtebauliches Erlebnis von urbaner Dichte und Qualität geschaffen, in dem Passagen und offene Innenzonen entstanden sind. So wurde der neue Kinokomplex nicht zu einem monofunktionalen Gebäude, sondern zu einem öffentlichen Raum, zu einem urbanen Treffpunkt.

Das kristallförmige Foyer ist gleichzeitig Eingangsbereich zu den Kinos und städtisches Forum.

Die Materialien im Inneren sind rau geblieben, so wird der Stadtraum auch im Innenraum haptisch erlebbar. Gleichzeitig wird der Inhalt des Medienhauses durch die Lebendigkeit der Architektur und durch Projektionen im von außen einsehbaren Foyer als direkter Bezug transportiert. Dieses mediale Ereignis prägt und bildet den umgebenden Stadtraum mit. Die lange glatte Front steuert ihre Informationen durch große, signifikant gestaltete Flächen geschickt auf die Rezeptionsmöglichkeiten Vorüberfahrender.

Indem der gebaute Kristall auf seinen schrägen Glasflächen die Ordnung der Block- und Rasterarchitektur durch Tageslichtspiegelung aus dem Lot stürzt, spannt er einen Dialog zwischen den Gegensätzen der unterschiedlichen ihn umgebenden Bauten und der geschichtlichen Entwicklung des Ortes.

Das alte Rundkino bildet mit dem Multiplex-Kino zwar eine organisatorische Einheit, die Architekten haben allerdings bewusst auf bauliche Anbindung verzichtet. Alt- und Neubau stehen im Abstand von 50 m in der jeweiligen solitätren Form nebeneinander.

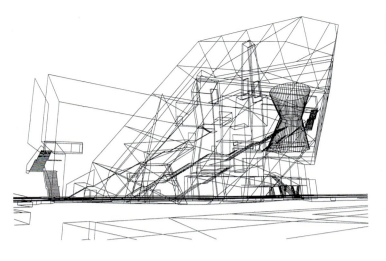
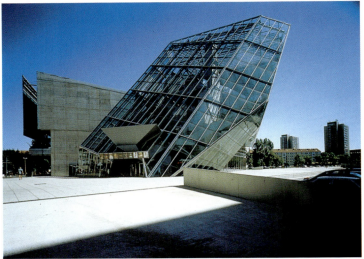

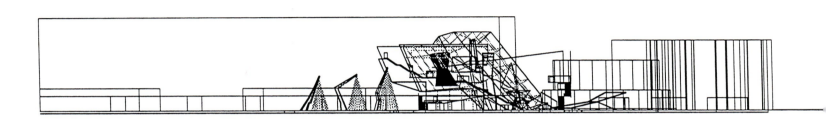

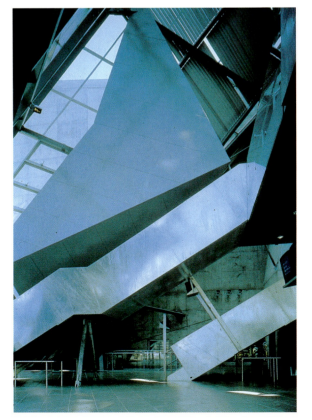

Das Hauptfoyer des neuen Lichtspielhauses, der gebaute Kristall, ist ein dynamischer expressiver Raum, in dem die Beleuchtung eine bedeutende Rolle spielt. Er kippt in einem ungewöhnlichen Winkel, ganz im Gegensatz zu den normalen Schwerkraftlinien. Die integrierte Skybar schwebt im oberen Teil des Raumes, und von hier aus blickt man aus der Vogelperspektive auf die Eingangsszenerie.

Das bestimmende Element dieses Entwurfes, der Ausdruck von Beweglichkeit und Lebendigkeit, wird durch das Erschließungssystem unterstrichen. Die Zugänge zu den acht Kinosälen führen über sichtbare, in schiefen Linien verlaufende frei schwebende Treppen, Rampen und Podeste nach oben und machen den vielschichtigen Zuschauerraum von außen ablesbar.

Der rohe Sichtbeton wurde mit verzinktem Stahlgittern verkleidet, während die Fluchttreppen aus verzinktem Stahl gebildet wurden.

Der Kristall ist tagsüber ein spiegelndes, nachts ein strahlendes Gebäude, das neugierige Passanten anzieht und sie auf neue Wege lockt.

Für die künstliche Beleuchtung wurden zwei verschiedene Beleuchtungskreise geschaffen: Einer bewegt sich im Rhythmus des Tages, während der andere dem Wechsel der Jahreszeiten folgt. Das Beleuchtungsniveau und das Farblicht sind vielfältig, um sich der Situation, sowohl innen als auch außen, anpassen zu können. Die Scheinwerfer sind Teil der Fassade, die das Foyer des Kristalls von den Filmtheatern, dem Aufzugturm, dem Medienturm und der Skybar, die als Skulpturen herausragen, trennt. Durch die Wahl dieser Kreise können verschiedene Raumillusionen geschaffen werden. Die Skulpturen werden unterschiedlich beleuchtet; in ihrer Gesamtheit von der linken Seite, der niedrigere und der oberste Teil von der rechten Seite. Sie werden durch Scheinwerfer angestrahlt oder erscheinen als Silhouetten vor einem leuchtenden Hintergrund.

Der tägliche Zyklus beginnt am späten Nachmittag, wenn die Besucher zur ersten Vorstellung kommen, mit einer langsamen, aber ständigen Zunahme des Beleuchtungsgrades. Sein Höhepunkt am Abend fällt mit dem Beginn des Hauptprogamms zusammen, danach geht er beständig zurück. Nur in der Skybar, 15 m weit oben im Herzen des gläsernen Foyers, bleibt die Beleuchtung in einem reduzierten Dämmerlicht. In den Wintermonaten wird eine Kerzenlichtatmosphäre geschaffen, die zum Frühjahr und Sommer in eine kühlende Lichtfarbe wechselt. Körper und Raum werden durch die indirekte Beleuchtung zu einem unterschiedlich farbigen Kristall. Die Pufferzone zwischen dem Lichtspielhaus und der Treppe zum Ausgang wird durch eine Reihe fluoreszierender Beleuchtungskörper in besonders lebendiges Licht getaucht. Wenn die Medienfassade beleuchtet wird, heben sich die Treppenaufgänge als Silhouette ab.

Das Kino strahlt, Tag und Nacht im Licht explodierend, und es macht damit seine Funktion in jeder Form zum Thema. Entwickelt wurden hier eine Raumkomposition, die sehr stark von ihren Gegensätzen lebt, und diese durch den Umgang mit dem Tages- und dem Kunstlicht hervorhebt.

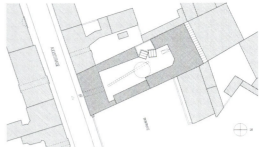

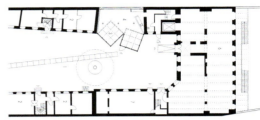

Café Bravo, Berlin

Künstlerische Idee: Dan Graham
Ausführende Architekten: Nalbach + Nalbach
Fertigstellung: 1998

Die ehemalige Margarinefabrik in Berlin Mitte, in der historischen Augustenstraße beherbergt mittlerweile den Verein Berliner Kunst e.V. und ist damit prädestiniert für besondere öffentliche Kunstveranstaltungen. Der Hinterhof des Gebäudes ist mit Kopfsteinpflaster ausgelegt, an dessen Ende durch Schließung der 10 m breiten Baulücke das Café Bravo entstanden ist, zwei gegeneinander verdrehte Kuben aus Glas und Stahl. Erst bei näherer Betrachtung werden diese Kuben als ein Pavillon erkannt. Je nach Blickwinkel spiegeln sich darin die gleichmäßigen Lochfassaden des alten Fabrikensembles, der Baum im Hof oder die Besucher.

Beim Bau des Pavillons wurden hohe Ansprüche an die verwendeten Materialien gestellt. Die Stahlkonstruktion der beiden Kuben ist mit spiegelpoliertem, scheibenbündigem Edelstahlblech verkleidet. Die Seitenflächen aus Einwegspiegelglas sowie die Decken aus transluzentem und opakem Glas wurden außenbündig eingesetzt; dadurch sind vollflächige Körper entstanden, die einmal transparent ein anderes Mal als Spiegel erscheinen. Beim Herantreten werden Einblicke in das Innere und Durchblicke durch die Kuben erlaubt. Der künst-

lerische Umgang mit Raum und Wahrnehmung bei gleichzeitiger Einbindung der Umgebung durch die Spiegelungen des Altbaus auf den Oberflächen führt zu einer Auflösung der Perspektive und damit zur Veränderung der Wahrnehmung des Innenhofes.

Das alte Spiel mit den Spiegeln wird hier vertieft und bekommt eine neue Dimension durch ein zusätzliches Spiel mit dem Dahinter, das verschiedentlich durchschimmert, sich zu erkennen gibt, um dann wieder zu verschwinden, ein Bild, das sich immer wieder während des Annäherns oder Entfernens verändert.

Man betritt den Pavillon durch eine schwere, ein Glasfeld in voller Höhe ausfüllende und durch einen Elektromotor betriebene Tür.

Auch das Innere des Cafés wird von den Wänden und Decken der Kuben aus Glas und poliertem Edelstahl bestimmt, diese heben sich in ihrer klaren Geometrie deutlich vom übrigen Raum ab.

Mit Spiegeleffekten, Tageslicht, Transluzenz und Transparenz wird hier neben der unkonventionellen Raumkomposition ein besonderes räumliches Erlebnis geschaffen.

Thermalbad »Blaue Lagune«, Reykjavik

Architekten: Vinnustofa Arkitekta
Bauzeit: Februar 1998 bis Juli 1998

Island mit seiner ursprünglichen kargen Landschaft, den ungezählten heißen Quellen und Formationen aus Lavagestein erinnert an seinen vulkanischen Ursprung. Die Heißwasser-Reservoirs tief in der Erde bilden das Rückgrat der Energieversorgung der Insel. Auf der Landzunge Reykjanes, westlich der Hauptstadt Reykjavik liegt die *Blaue Lagune*. Hier leitet ein geothermisches Kraftwerk das zur Energiegewinnung genutzte Wasser in die natürlichen Becken der Kraterlandschaft, um es dort abkühlen zu lassen.

Die *Blaue Lagune* lebt von der speziellen Atmosphäre des Ortes. Das Gebäude befindet sich am Rande des Lavabeckens, in dem die Mineralien des Wassers zu Gesundheitszwecken genutzt werden. Der 200 m lange Pfad von den Parkplätzen zum Haupteingang führt die Gäste in einem Kanal durch die Lava-Barriere. Im Inneren des Gebäudes wird der Tunnel durch eine künstlich geschaffene Lava-Wand, durch den Eingangsbereich und den Restaurantbereich weitergeführt bis zu einer Terrasse am Rande des Wassers. An diesem Punkt wird die künstliche Wand in den natürlichen Rand der Lagune überführt.

Im Foyer des neuen Thermalbades angelangt, öffnet sich der Blick durch die 7 m hohen Glaswände des Wintergartens auf die Lagune und die sie umgebenden Klippen. Das großartige Panorama der Vulkanlandschaft wird durch das Gebäude gerahmt und inszeniert.

Das Innere des Gebäudes bietet dem Badegast neu angelegte Becken und zu Saunen ausgebaute Höhlen. Ein Tunnel verbindet die äußeren und inneren Badebecken, beinahe unmerklich gleitet man in die äußere Lagune und findet sich hier unter freiem Himmel wieder, inmitten der gestalteten Naturlandschaft mit Stränden, Becken und Felsgrotten.

Die einzelnen Becken, die über Holzstege miteinander verbunden sind, bedecken zusammen eine Fläche von über 5.000 m².

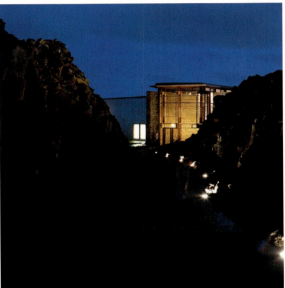

Im hohen Norden Islands herrschen sehr spezielle Lichtverhältnisse mit eigenen Lichtfarben, langen Dämmerungsphasen, fast durchgehend tageshellen Sommern und dauerhaft dunklen Wintern. Diese Extreme bilden einen anspruchsvollen Hintergrund für eine besondere Lichtarchitektur. Zusammen mit dem schwarzen Lavagestein, dem Wasserdampf, in dem sich das Licht bricht, entsteht eine mystische, ätherische Stimmung. Abends erhält die Umgebung eine akzentuierende künstliche Beleuchtung. Streiflichter auf den Wänden machen die fein strukturierten Putzflächen und das schroffe Relief des Mauerwerkes aus Lavagestein differenziert wahrnehmbar. Das Licht der Außenbeleuchtung in den Nebelschwaden über den Heißwasserbecken und über dem erleuchteten Wintergarten strahlt über das Gelände wie eine Lichtglocke. Mit geschickter Nutzung des Tageslichtes und mit dem raffiniert inszenierten Kunstlicht wird die fließende Grenze der speziellen Naturlandschaft und der in sie hinein komponierten Kunstlandschaft ganz besonders herausgearbeitet.

Eishotel, Nordkalotten

Architekt: Aimo Räisänen
Projektzeit: 1998 bis 2000

Für das Eishotel in Schweden, das auf Grund des Baustoffes und des Klimas jedes Jahr neu errichtet wird, wurde immer wieder versucht, die Atmosphäre von Eis, Kälte, Dämmerung und Licht einzufangen. Das diesjährige Projekt verfügte neben den bisher gebauten Hotelräumlichkeiten, wie z. B. den Altar, über zwei neue Räume, neue Konstruktionsformen und künstlerische Projekte. So wurde die Decke der Eingangshalle aus vorfabrizierten Eisbögen hergestellt, die auf beleuchteten Säulen auflagern. Ein Tunnel wurde mit einem Meditationsraum verbunden, dessen 25 m² große Eisdecke wahrscheinlich eine der ersten in dieser Größe auf der Welt ist. Durch raumhohe Eisfenster wird dieser Raum mit Tageslicht versorgt.

Die Eisbar wurde in einer eigens entwickelten Konstruktion gebaut. Der Raum hat einen Durchmesser von 14 m, die Decke wird von einem Rundgewölbe gebildet, das in der Mitte zu einer Stütze von 1,6 m x 1,6 m ausläuft. Von dort wird bei Tag das Licht hinunter in die Bar geleitet. Dies ist auch die einzige Tageslichtbeleuchtung für den Raum. Bei Nacht wird die Stütze von oben mit Kunstlicht angestrahlt. Für die künstliche Beleuchtung werden bisher immer Standard-Spotlights verwendet und als Ergänzung kamen Halogenlampen hinzu, die in der Mitte des Tisches befestigt sind.

Die Schwierigkeit bei diesem Sonderprojekt besteht darin, dass die künstliche Beleuchtung nur ein Minimum an Wärmeentwicklung aufweisen darf und dass sich das Gebäude im Laufe einiger Monate verändert.

Das Eishotel geht in einer besonderen Art mit dem Thema Licht um: Das seltene Tageslicht des Nordens wird in der Helligkeit durch Schnee und Eiskristalle vielfach gebrochen und in Anbetracht der Vergänglichkeit des Materials in kaum nachvollziehbarer Weise transformiert. In den dunklen Wintermonaten kämpfen sich das blaue Licht des Tages und das Nordlicht bei Nacht in das Innere, Fenster aus Eis lassen natürliches Licht ein, brechen es auf und werfen es in ständiger Veränderung zurück. Das Material Eis – kalt, klar, kompakt –, so facettenreich, wie es nur ein Naturelement sein kann, und das unterschiedliche Licht bieten hier eine sonst kaum erlebbare vielschichtige natürlich-künstliche Dimension.

3.8 Fürsorge

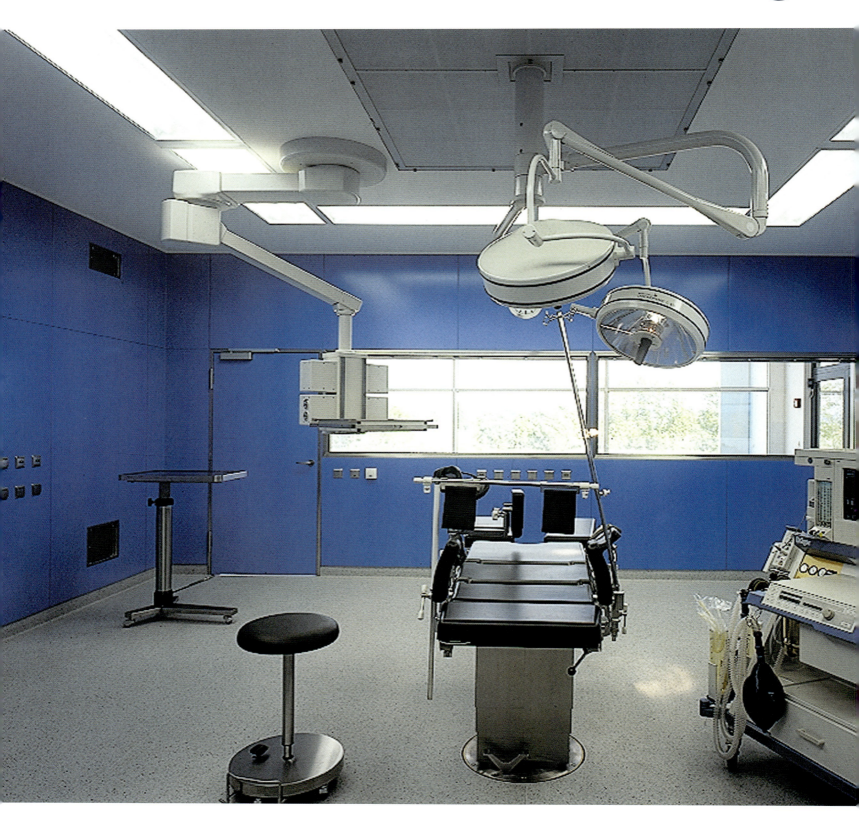

Die chemischen Reaktionen des Stoffwechsels werden von Licht und Dunkelheit unterschiedlich moderiert, und so haben sich die meisten biologischen Funktionen des Menschen daran angepasst. Der Körper ist so konzipiert, dass er das Sonnenlicht sowohl über die Augen als auch über die Haut aufnimmt und verarbeitet. Die innere Uhr gestattet es dem Organismus, mit großer Flexibilität das Richtige zur richtigen Zeit zu tun. Gesteuert wird dieser Taktgeber vornehmlich durch die regelmäßigen Wechsel von Tageslicht und nächtlichem Dunkel. Die Dynamik des Tageslichtes nehmen wir nur unterbewusst wahr, aber ihr Fehlen kann zu körperlichen Mangelerscheinungen, zu Krankheiten, reduzierter Lernfähigkeit, höheren Cholesterinwerten, zu allgemeinem Stress und Erschöpfungszuständen führen.

Der kranke und pflegebedürftige Mensch braucht, um gesund zu werden, neben Medizin und Apparatur eine Umgebung, die ihm hilft, seine Mangelerscheinungen wieder auszugleichen. Die früheren Gesundheitsfabriken orientierten sich mit ihren keimfreien Edelstahlapparaturen an einer perfekt funktionalen, technisierten architektonischen Linie. Heute legt man daneben zumindest wieder den gleichen Wert auf eine Atmosphäre der Häuser, die dem ganzen Menschen zuträglich sind und damit die notwendigen Fürsorgezeiten entsprechend schneller abbauen hilft. Licht ist dabei ein heilsames, den Genesungsprozess beschleunigendes Mittel. Licht kann helfen, wieder zur Natürlichkeit zurückfinden, den natürlichen Prozess fördern.

Dieses gilt auch und insbesondere für die Umgebung alter und pflegebedürftiger Menschen, die auf Fürsorgeeinrichtungen angewiesen sind und deren Lebensqualität viel entscheidender von der sie umgebenden baulichen Realität bestimmt wird, da ihre Mobilität in hohem Maße eingeschränkt bleibt.

Für alle Bauten fürsorglicher Einrichtungen bleibt das entscheidende Qualitätsmerkmal, möglichst nah an die Natürlichkeit der gewohnten gebauten Umgebung der zu Versorgenden zu kommen. Dass dieses sehr unterschiedlich interpretiert werden kann und muss, ist in der Vielfalt unserer naturbedingten Unterschiedlichkeiten begründet. Es muss ortsbezogen charakterisiert und von den persönlichen Bedürfnissen der zu versorgenden Menschen geprägt sein. So entsteht ein breites Spektrum notwendiger Angebote, die in diesem Aufgabenbereich baulich entwickelt werden müssen.

Krankenhaus, Meißen

Architekten: Wörner und Partner
Fertigstellung: 1991

Der Entwurfsgedanke dieses Krankenhauses lag in seinem besonderen Bezug zu Licht, Luft und zur umgebenden Auenlandschaft. Das Konzept des Gebäudes basiert auf einem wohl ausgewogenen Verhältnis optimierter Funktionen, der Umgebung und seiner Nutzer. Die Lage und Größe des leicht abfallenden Grundstücks erlaubte die Planung eines niedrigen, raumgreifenden Gebäudes, das einen Dialog mit seiner Umgebung eingeht.

Für eine einfache Orientierung innerhalb des Hauses sorgt dessen klare Gliederung in mehrere untereinander verbundene Baukörper. Eine lebendige Fassade aus Holz, Stein, Beton, Glas, Spiegelflächen, Aluminium und Putz, die sich innerhalb des Gebäudekomplexes immer wieder neu zu stabilen, transparenten oder wohnlich dicht wirkenden Baukörpern zusammensetzt, verdeutlicht die unterschiedlichen Aufgaben des Gesamtkomplexes. Der gläserne Eingangsbereich und die größtenteils transparente Eingangshalle vermitteln zwischen innen und außen. Im Inneren entstehen an den Stellen, wo raumhohe Verglasungen die geschlossenen Wände ersetzen, offene, lichtdurchflutete Kommunikations- und Begegnungsplätze mit Blick auf den Krankenhauspark. Hier ergibt sich auch der erste Kontakt mit den das ganze Haus begleitenden samtig schimmernden Holzflächen, die zusammen mit den jahres- und tageszeitlichen Licht- und Schattenspielen die atmosphärische Stimmung des Hauses ausmachen.

Den Gegenpol bilden die angrenzenden Untersuchungs- und Behandlungsräume. Entsprechend ihrer Aufgabe wurden sie ruhiger und introvertiert gestaltet.

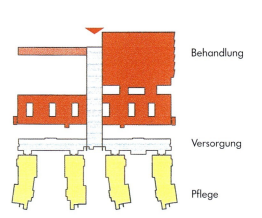

Behandlung
Versorgung
Pflege

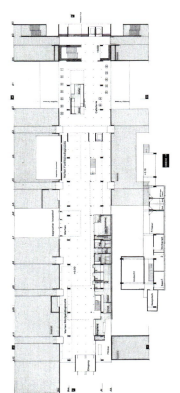

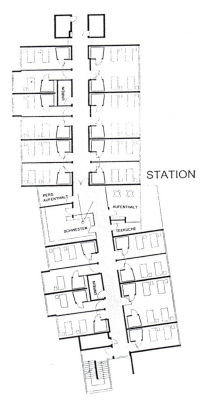

STATION

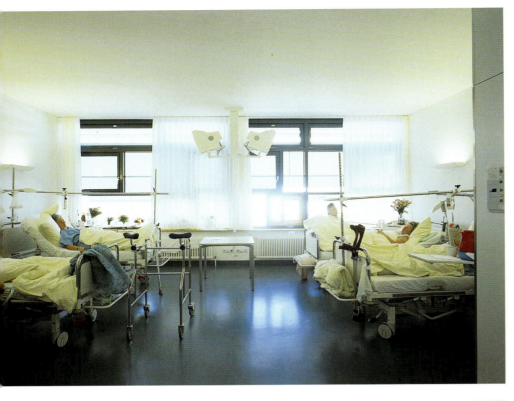
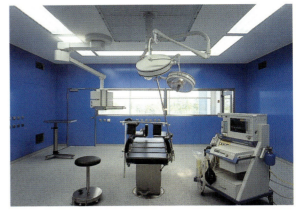

Die Fensterbänder erlauben aber auch hier einen Blick hinaus in den Park. Die Intimität wird durch die reflektierende Beschichtung des Fensterglases gewahrt. Das gleiche gilt für die dahinter liegenden Operationssäle, die ebenfalls nicht hermetisch von der Landschaft abgegrenzt werden mussten. In den Bereichen Entbindungsstation, physikalische Therapie und Pflegestation lösen sich die stabilen Fassadenelemente zu Gunsten lichter Konstruktionen auf. Große Fenster wechseln sich mit aluminiumverblendeten Brüstungs- und Sonnenschutzelementen ab.

Großflächige Fenster mit integrierten Holzöffnungsflügeln belichten die Krankenzimmer; individuell steuerbare Stoffmarkisen erlauben eine einfache Klima- und Intimitätsteuerung; neu entwickelte

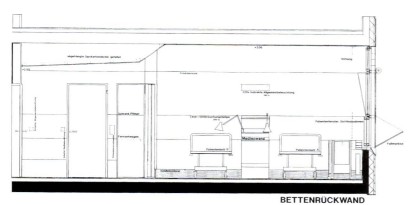

BETTENRÜCKWAND

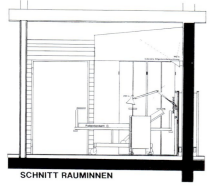

SCHNITT RAUMINNEN

Medienpaneele verdecken alle notwendige Technik. Durch jeweils eigene Duschbäder, Toiletten, Patiententeeküchen und Aufenthaltsräume, die sich zu Loggien oder Terrassen hin öffnen, wird ein Stück privater Wohnatmosphäre geschaffen. Von allen Patientenzimmern aus reicht der Blick in die umgebende Landschaft, in der sich ein kleiner See mit Holzterrasse befindet; Verweilstätten unter grünen Pergolen laden hier zum Pausieren ein.

Überall im Gebäude begleiten Licht, Luft und Landschaft den Patienten und das Personal. Das Farbkonzept sorgt zusätzlich für Orientierung, Motivation und Entspannung.

Müritz-Klinik, Müritz

Architekt: Thomas Schindler
Bauzeit: 1995 bis 1997

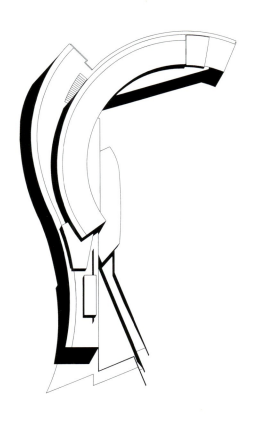

Die Klink liegt idyllisch zwischen hohen Kiefern am Strand des Müritzsees.

Sie folgt in ihrer Form der Höhenlinie eines vorhandenen Geländevorsprungs und geht gleichzeitig eine Verbindung mit der nahe liegenden Seeklinik ein. Die geschwungene Gebäudeform löst das große Raumprogramm geschickt in unterschiedliche Elemente auf und ermöglicht so Aus- und Einblicke. Es entsteht eine geschützte einladende Eingangsseite und eine sich zum See hin öffnende Gebäudefront. Eine angenehme Wohn- und Hotelatmosphäre bestimmen den Charakter des Hauses.

Die Patientenzimmer sind alle mit Blick zum See nach Süden hin ausgerichtet. Großzügige Balkone ermöglichen die Verbindung zur Natur und zum Licht. Sie sind als naturbelassene, feinteilige Holzfassade ausgebildet. Die massiven rückwärtigen Bauteile aus verputztem Mauerwerk mit strenger Lochfassade bilden den Gegenpol.

Vom Tageslicht beleuchtete Innenzonen mit Aus- und Durchblicken formen die Grundlage guter Orientierung und einer hohen Akzeptanz. Durch teilweise innere Verglasung der Räume wird dieser freundliche Eindruck noch verstärkt. Große mehrgeschossige Verglasungen im Foyer und die zusätzliche Belichtung durch ein der Erschließung folgendes Oberlicht erzeugen eine helle angenehme Grundstimmung. Ein indirektes Lichtband führt an der Fassade entlang. Die Bibliothek und die Seminarräume sind mit für dieses Projekt entwickelten indirekten, die Rippendecke betonenden Lichtbändern versehen.

Bei der künstlichen Beleuchtung wurde mit einer Mischung von indirektem Licht durch Lichtbänder und direktem Licht aus Lichtpunkten gearbeitet. Die Funktionsräume sind mit Fassaden begleitenden Einzelleuchten und Funktionsleuchten an den Arbeitsplätzen ausgestattet.

Die Außenanlagen sind in ihrer Beleuchtung ebenso sorgfältig durchgearbeitet.

Das Gebäude bietet viel Raum zur Erholung und Genesung. Es lebt durch seinen Umgang mit der Natur, dem Licht und den Materialien und gibt so seiner Funktion durch Form, Farbe, Materialien und insbesondere durch den Umgang mit Licht eine besondere Bedeutung.

Altenheim, Nofels-Feldkirch

Architekt: Rainer Köberl
Fertigstellung: 1996

Der vierseitige Hof liegt in einem Vorortgebiet von Nofels, das einen hohen Einfamilienhausanteil aufweist. In der Höhe an die umliegende Bebauung angepasst, erstreckt sich das Gebäude zweigeschossig um einen nahezu quadratischen Innenhof, umgeben von Obstgärten.

Von weitem erscheint das Gebäude eher verschlossen und bergend, lediglich Holzfensterbänder im Obergeschoss stellen den Außenraumbezug her. Wenn man sich dem Gebäude nähert, wird es jedoch immer durchlässiger und heißt Besucher willkommen. Der Hof bildet einen intimen, fast wohnlichen Raum, der von unterschiedlichen Kommunikationsflächen gesäumt wird. Im Obergeschoss erschließt eine breite Galerie die ruhigen Wohnräume, schafft so Blick- und Kommunikationsbeziehungen, aber gleichzeitig auch Rückzugsmöglichkeiten.

Durch den Umgang mit Licht, Material, Wasser und die Ausblicke nach innen und außen ist ein Gebäude entstanden, das älteren Menschen einen Ruhepunkt bietet, ohne sie abzuschotten.

Für die Bewohner dieses Hauses wurde eine wohl ausgewogene Tages- und Kunstlichtatmosphäre geschaffen, die die wohnliche Atmosphäre mit einem hohen architektonischen Anspruch sinnvoll verbindet.

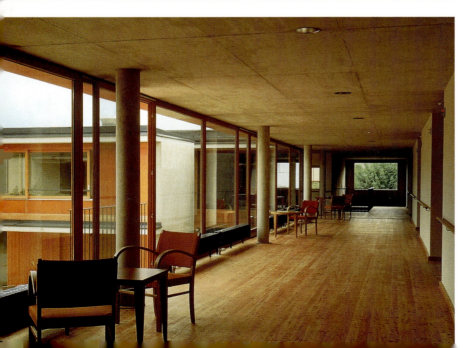

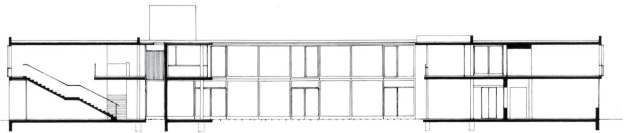

3.9 Temporär

Temporäre Bauten entwickeln aus der Möglichkeit ihrer zeitlich begrenzten Existenz besondere Innovationskräfte. Dies geschieht heute nicht mehr ausschließlich mit architektonisch konstruktiven und materiellen Mitteln, sondern insbesondere auch mit multimedialen Techniken, von denen die Beleuchtungstechnik sicher die älteste, am weitesten gereifte und grundlegendste Komponente aller weiter entwickelten oder neuen technischen Möglichkeiten ist.

Räumliche und virtuelle Illusionen werden hier mit der Wirklichkeit gebauter Strukturen vermengt, ergeben so einen hohen optischen Anspruch und bilden eine scheinbar neue Realität. Diese Form der Architektur fordert unsere Sinne in ganz anderer Weise als andere Bauten, und sie verdeutlicht sich nicht zuletzt auch im Einsatz der Materialien. Sie soll unseren Geist anregen, uns für den Augenblick ansprechen. Sie zeigt ihre Dynamik durch ihre Veränderbarkeit, erweckt Aufmerksamkeit und regt durch die Verwischung der Grenzen zwischen Realität und Illusion zu unterschiedlichen Interpretationen an.

Auf Veranstaltungen, Messen und Märkten entstehen heute Szenerien, die auf Projektionsflächen Bildwelten vermitteln, die in ihrer Komplexität über eine kaum erkennbare Materialisierung des gebauten Raumes perfekte Illusionen erzeugen. Der gebaute Raum tritt zu Gunsten von Projektionsflächen zurück, das Innere und Äußere wird vermengt, das Raumerlebnis wird zu Gunsten eines virtuellen Erlebnisses zurückgestellt bzw. ersetzt. Dabei wird die Grenze zwischen Bildraum und Betrachter aufgelöst; der Betrachter wird Teil der Illusionswelt.

Natürlich bleibt bei aller medialen und beleuchtungstechnischen Unterstützung ein konstruktives Raumgerüst notwendig, und dies entsteht bei geglückter Inszenierung durch Rampen, gekrümmte Screens und Gänge, die die Licht- und Phantasiewelt räumlich unterstützen. Unsere eigene Gedankenwelt, unsere Wahrnehmungsfähigkeiten werden essentiell gefordert, um alle Eindrücke wieder in ein gemeinsames virtuell und materiell getragenes Bild zu übertragen.

Am deutlichsten wird diese Möglichkeit und Herausforderung in Bauten der Inszenierungen der Bühnenbildner von Theater und Oper. In diesen Fällen muss mit leichten und wirtschaftlichen Mitteln eine Atmosphäre, eine Illusion, eine Charakterisierung erzeugt werden, die das vorgetragene Thema für alle begreifbar werden lässt, und das leichteste der entmaterialisierten Mittel ist sicherlich der Lichtstrahl, der abschirmt oder hervorhebt.

Bei den Bauten dieser Kathegorie ist am deutlichsten zu spüren, in welcher Dichte sich architektonische und konstruktive Vorstellungen, Beleuchtung und Belichtung gegenseitig ergänzen und stimulieren und erst gemeinsam zu greifbaren und begreifbaren Lösungen finden.

»Fiber Wave«, Lichtinstallation, Japan

Architekt: Makato Sei Watanabe
Fertigstellung: 1993

Bei dieser japanischen Installation handelt es sich um ein artifizielles Objekt, das der Eleganz und Konsequenz der Naturgesetze nahe kommt, ein Objekt, das natürliche Bewegungen ausführt wie die, die der Wind den Pflanzen ermöglicht, um dadurch selbst sichtbar zu werden. Normalerweise sind die von Menschen geschaffenen Geräte und Maschinen, die der Bewegung dienen, auf Rotationsbewegungen ausgelegt, die in der Natur so nicht vorkommen. Die Bewegungen, die diese von Menschenhand geschaffenen Halme ausführen, werden durch den Wind ausgelöst wie in einem Feld oder in einer Schonung junger Bäume. Weht kein Wind, liegt das Feld ruhig schimmernd da.

Diese Skulptur kommt ganz ohne Zuführung mechanischer oder elektrischer Energie aus. Die Installation besteht aus 150 dünnen, 4,5 m hohen Lichtfaserstäben, in deren Spitze je ein neu entwickelter Chip mit einer Solarbatterie und einer blau schimmernden Diode montiert ist. Am Tag glitzert der Chip im Sonnenschein, abends gibt er die tagsüber gespeicherte Energie an die Diode ab, die dann wie ein Glühwürmchen glimmt. Die augenscheinlich schlichte Technik ist selbst erklärend und wird von den zahlreichen Besuchern als natürlich empfunden.

Die Romantik der Arbeit wird von den Menschen intuitiv aufgenommen, und der Platz, an dem *Fiber Wave* installiert wurde, wird von Touristen und Besuchern frequentiert, ganz besonders beliebt aber ist das Werk bei Kindern und Paaren, die sich unter künstlichen Sternenhimmel verabreden, in einer durch natürliches und künstliches Licht und Bewegung lebendigen, wohlausgewogenen, beruhigend wirkenden Installation, in einer Kunst- und Kulturlandschaft.

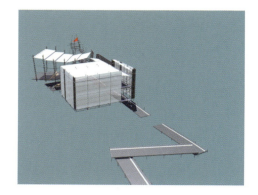
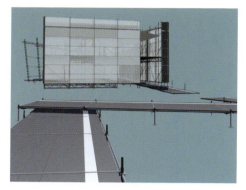
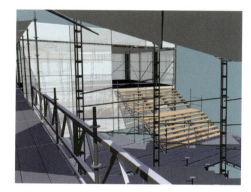

Studentenpavillon »Crescendo«, Leipzig

Gestaltung/Entwicklung: Peter Lau,
Stefan Blässe, Paavo Patz, Ute Ilse Köpke
Mentor: Prof. Henning Rambo
Installation: Mai bis August 2000

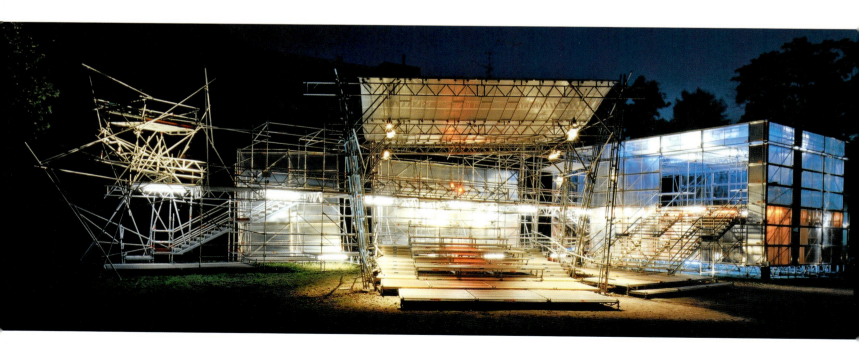

Im Studiengang Architektur der HTWK (Hochschule für Technik, Wirtschaft und Kultur) Leipzig entstand 1999 durch den Wunsch nach einer besseren Ausstattung von Räumen die Idee eines Pavillons. Aus der Vision entwickelte sich ein studentisches Projekt, in dem nicht nur der Entwurf und die Konstruktion bearbeitet und festgelegt, sondern letztendlich auch der Aufbau von den Studenten selbst organisiert und realisiert wurde.

Um eine schnelle Umsetzung des Entwurfes zu ermöglichen, stand von vornherein die Arbeit mit offenen modularen Systemen im Mittelpunkt.

Die Umsetzung des Themas »von der Ordnung zum Chaos« erfolgte durch verschiedene aufeinander folgende Baukörper bzw. Skulpturen, die sich entlang einer in das Grundstück gelegten Achse gruppierten, dem Erschließungsband. Wenngleich die verschiedenen Teile der Raumskulptur mit diesem Band spielten, es »über sich hoben« oder »unter sich drückten«, war es doch immer vorhanden, durchfloss die einzelnen Abschnitte und gab den Weg vor.

Den Anfang bildete eine sich über zwei Etagen erstreckende Box. Innerhalb dieses Kubus wurde Raum für Ausstellungen, Präsentationen und Entwurfseminare geboten. Die transluzente Fassade gewährleistete einen ausreichenden Lichteinfall und machte für Passanten ablesbare, interessante Farb- und Lichteffekte möglich.

An die Box schloss sich eine breite Sitztreppe an, die leicht aus der zentralen Achse herausgedreht war. Diese diente zum einen als Erschließung für das Obergeschoss und bot zum anderen die Möglichkeit zum Verweilen.

Den Mittelpunkt des Ensembles bildete ein seitlich überspannter Veranstaltungsbereich. Dieser schob sich über das Erschließungsband und fiel zum vorderen Bereich ab, was eine Nutzung für Sommerkino, Theater, Musik, Vorträge und Vorlesungen im Freien möglich machte.

Den Höhepunkt dieser Aufzählung kontinuierlich aus dem Ordnungsprinzip ausbrechender Strukturen bildete das finale Stab-Chaos: Eine Auflösung des vertikalen Tragsystems erfolgt nicht nur formal, sondern auch in statischer Hinsicht.

Die Grundausleuchtung erfolgte mit Feuchtraum-Leuchtstoffröhren unter dem Fußboden in der unteren und oberen Etage der Box, unter dem Dach sowie im Erschließungsgang. Die unter Stahlgitterböden angebrachten Leuchtstoffröhren erschienen im Fußboden als leuchtendes Band. Unterschiedliche Lichtfarben wurden mittels um Röhren gewickelte Farbfolien erreicht.

Im Veranstaltungsbereich erfolgte die Ausleuchtung über Scheinwerfer, wie sie üblicherweise bei der Beleuchtung von Konzert- bzw. Theaterbühnen zum Einsatz kommen.

Durch die Konzentrierung der Beleuchtung in der Box wurde diese in der Nacht zu einem strahlenden Kubus, auf dessen transluzenter Fassade sich die Konturen als Schattenrisse der Besucher abzeichneten: eine lebendig gewordene Virtualität, bei der Licht, Stimmungsraum bildend, einen entscheidenden Konstruktionsfaktor darstellte.

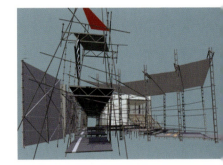
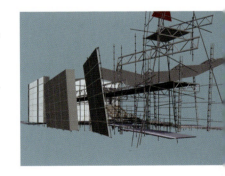

Audi Messestand, Frankfurt/Paris

Architekten: Ingenhoven Overdiek und Partner
Lichtplanung: Werner Tropp und Partner
Four to one: scale design
Installation: 1999

Der Audi Messestand wurde 1999 entwickelt und stand sowohl in Frankfurt am Main als auch in Paris. Die Fahrzeuge und Exponate wurden in einer eigenständigen Ausstellungswelt inszeniert, wobei die Präsentationsfläche von einer mehrfach räumlich gekrümmten Fassadenkonstruktion umschlossen wurde. Die Grundrissform und die gekrümmte Schnittkurve bildeten ein durchgängiges Raumkontinuum. Lichtführung, Projektionstechnik und ein leicht ansteigender Boden unterstrichen das inszenierte Raumgefühl. Die komplexe Fassadenkonstruktion war sowohl Standbegrenzung und Raumabschluss als auch Kommunikationsträger und transluzente Hülle der Präsentationsfläche.

Durch eine 300 m lange Schleife (Loop) wurde die gesamte 4.200 m² große Standfläche in einen inneren und äußeren Bereich unterteilt. Der innere Bereich diente der Fahrzeugpräsentation, wobei jede der Buchten einer Fahrzeuggruppe gewidmet und durch die jeweilige Projektion, die Musik und das Licht definiert war. In den Außenbuchten befanden sich Technik- und Motorengalerie, das Service-Center und die quattro GmbH.

Drei ellipsenförmige Treppenanlagen verbanden das Erd- mit dem Obergeschoss.

Im Obergeschoss befanden sich die VIP-Lounge, der Händlertreff, die Präsentationsfläche für Sonderfahrzeuge, die Besucher-Lounge und der Audi Kids Club.

Durch transparente Glasfüllungen überblickte man die gesamte Installation.

Die den Ausstellungsstand umschließende 6 m hohe, mehrfach räumlich gekrümmte Glaskonstruktion bestand aus gebogenen, diagonal gestellten Edelstahlrohren. Die insgesamt 1.800 m² große Glasfläche setzte sich aus 12.000 dreieckigen, teilweise satinierten, teilweise transparenten Glasscheiben in 3.000 unterschiedlichen Glasformaten zusammen. Die in zwei Ebenen verlaufenden Edelstahlrohre wurden in ihrem Kreuzungspunkt durch eine Klemme unverschieblich miteinander verbunden. Im Fußpunkt waren die Rohre in einer Fundamentkonstruktion aus Stahlprofilen eingespannt und am Kopfpunkt durch ein oberes Randrohr miteinander verbunden. Zur weiteren Stabilisierung

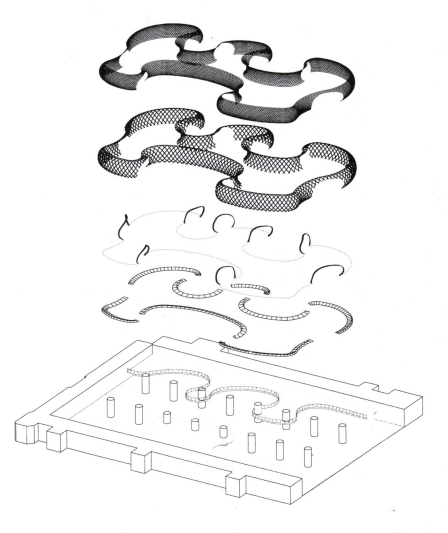

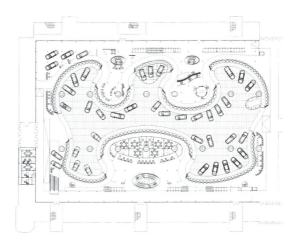

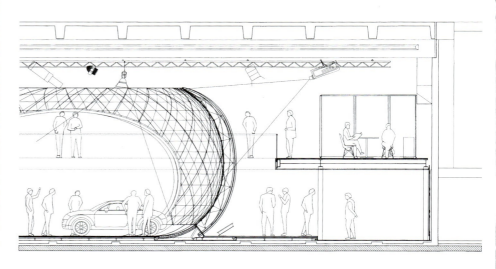
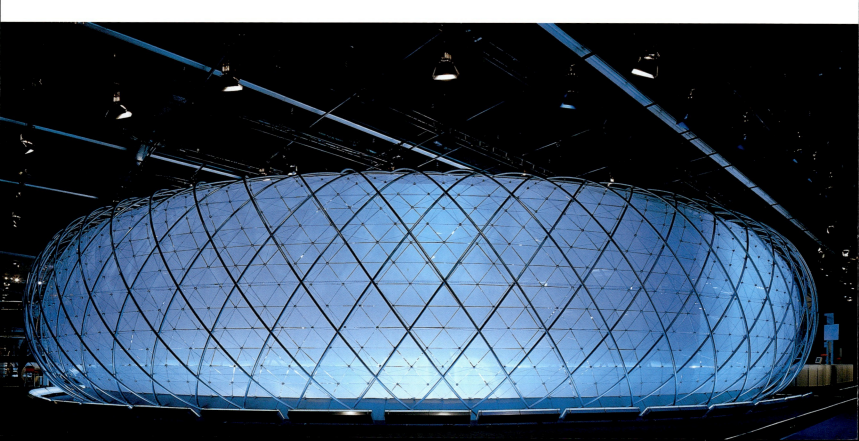

der Primärstruktur verbanden horizontale Edelstahlspannseile die Kreuzungspunkte. Als eigentliche Haltekonstruktion für die Glasfläche des *Loop* diente ein in geringem Abstand vor die Primärkonstruktion gespanntes Seilnetz aus Edelstahlseilen. Der *Loop* wurde trotz seiner Größe und seiner komplexen Struktur in nur neun Tagen aufgebaut, was ein konsequentes konstruktives, die Erfordernisse der Montage berücksichtigendes Design aller Details sowie eine ausgefeilte logistische Planung voraussetzte.

Der *Loop* diente nicht nur als Korpus, sondern auch als Projektionsfläche. Transparenz war das wesentliche Merkmal der Installation, und daraus folgte als dominantes Medium das Licht. Transparente und satinierte Gläser wechselten in den Übergangsbereichen zu den dahinter liegenden Funktionsflächen einander ab; Transparenz gewährte Blickbeziehungen zwischen Fahrzeugpräsentation, Motorentechnik und Lounges. 25 Digital-Hochleistungsprojektoren dient der *Loop* als Projektionsfläche, die Projektion bestand aus vier parallel laufenden Filmen mit intermittierenden gemeinsamen Szenen, deren Bilder sich im Laufe des Tages kontinuierlich veränderten.

Alle Komponenten der Licht-, Bild- und Filmprojektion waren auf das Glas abgestimmt. Gezeigt wurden überwiegend abstrakte Form- und Farbmetamorphosen, in die Landschafts- und Naturelemente (wirbelndes Laub, brechende Wellen etc.) eingespielt waren; darauf abgestimmte Klangcollagen verdichteten die Stimmung. Mit den projizierten Filmen war farbiges Licht gekoppelt, das synchron zu den Bildern die Farbe veränderte.

Licht unterstützte im Zusammenhang mit der Form den Aufbau und die Bildung einer virtuellen Realität, die in einer großen Zahl verschiedener Transformationen sichtbar wurde.

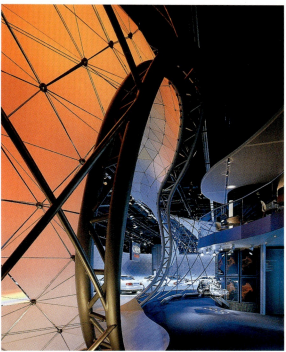

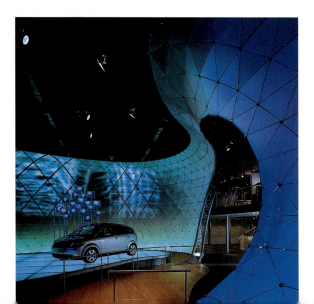

3.10 Landschaft

Nach einer Nacht beginnt es zu dämmern, die Sonne geht auf. Ihr Licht wird auf unterschiedlichste Art und Weise von allem durch sie Sichtbaren reflektiert. Durch Luftfilter, Wolken, Blätter, Wind, durch ihren eigenen Himmelslauf bleibt ihr Licht, sich von Minute zu Minute verändernd, immer in Bewegung, bis der Tag über die Dämmerung wieder zur Nacht wird. Dieser Prozess wiederholt sich täglich und ist doch jedes Mal ein anderer. Er beeinflusst Mensch und Natur.

Tageslichtempfindungen unterscheiden sich auf verschiedenen Breitengraden, Klimazonen und Kulturkreisen. Ein Mensch am Äquator wirft keinen Schatten, während er im Norden überlebensgroß erscheint. Das äquatoriale Licht hat eine andere Qualität als das Licht des Polarkreises.

Unsere Vorstellung von Landschaft wird – trotz aller künstlichen Verformungen – durch die Natur bestimmt, der wir automatisch das Tageslicht zuordnen, während wir die gebaute Stadt mit Kunstlicht in Verbindung bringen und dabei auch die wichtigsten Natureinflussfaktoren wie das Wetter, die Jahreszeit und die Tageszeit entsprechend relativieren.

Das dicht besiedelte Europa zeichnet sich durch viele künstliche Landschaften aus, die, über Jahrhunderte entstanden und immer wieder durch weitere Eingriffe verändert, von Wegen, Bahntrassen und Straßen durchschnitten werden, lineare Elemente, die große, flächig angelegte Kulturfelder gegeneinander abgrenzen. Topographie und Klima bleiben aber trotz aller Eingriffe die prägenden, sehr unterschiedlichen Landschaftscharakteristiken.

Unsere Umwelt ist zum größten Teil zur Kulturlandschaft geworden, nicht nur in ihrer äußeren Wahrnehmbarkeit, sondern auch in ihren strukturellen Elementen. Alles, was uns umgibt, ist die physische Auswirkung landschaftlicher Geschichte, die übereinander lagernd dem jeweiligen Ort Gestalt gegeben hat, ist aber auch die Geschichte unserer kulturellen Eingriffe.

Natur- und kulturgeprägte Landschaften bilden Gegenpole, zwischen denen das breite Spektrum aller Zwischenschattierungen liegt, in denen die Großzügigkeit und die Vielfältigkeit der Natur, aber auch die kulturell gesteuerte Verformung bis hin zur Stadtlandschaft und zur gebauten Stadt liegt.

Landschaft ist für einen Großteil der Bevölkerung nur noch zu einem Freizeiterlebnis geworden, das dazu noch mit dem Faktor Zeit und Geschwindigkeit des Vorbeifahrenden eine andere Dimension erhält.

Das Erlebnis Licht in der Natur zu erfahren, im Licht zu gehen, den Park im Licht der Herbst- und Frühjahrsbeleuchtung zu erleben, ist zu einem besonderen Ereignis geworden. Die richtige Inszenierung von künstlichem Licht in der Landschaft kann unsere Sinne auch dafür wieder empfindsam werden lassen, für die besondere Qualität von Licht in der Natur.

Landschaftskunst, Schweizer Alpen

Architekt: Craig P. Verzone
Installation: 1997 bis 1998

Die Schweizer Alpen bewegen sich kaum, sie verändern sich jedoch im Licht der Tages- und Jahreszeiten essentiell. Grandios und allgegenwärtig bieten sie ein tägliches Schauspiel: Sonne, Mond, Wolken, Nebel, Schnee und Schattenmuster überziehen den Boden, Schnee verwandelt das Bergreich im Winter am deutlichsten, er bedeckt den Boden und erfüllt die Luft mit Stille.

Am 9. November 1997 wurde diese Landschaft von Menschen verändert: in den Boden einer Alm in der Westschweiz wurden 100 Pfähle gerammt. Diese Pfähle waren in parallelen und senkrecht abgestimmten Linien in den Boden geschlagen und unterstützen die Topographie im 20 × 20 m Raster. Dort blieben sie 250 Tage lang, im späten Frühjahr 1998 wurden sie wieder entfernt, um die Heuernte nicht zu behindern.

Das Material, aus dem sie bestehen, ist Holz und stammt aus dieser Gegend. Die gesamte räumliche Anordnung jedoch gehörte zu einem anderen Ort, gehorchte einer anderen Ordnung. Die Pfähle sollten zusammen mit der Umgebung und dem Wetter die Landschaft verändern. Das Rasterfeld stellte den Vordergrund für das Schauspiel der umgebenden Landschaft.

Die Gesamtanlage durchkreuzte unseren gewohnten Ausblick auf die Landschaft. Der Hintergrund veränderte sich unablässig. Der Vordergrund blieb in seinem Konstruktionsraster erhalten. Da sich der Hintergrund unablässig veränderte, musste der Vordergrund gleich bleiben. Die Gleichförmigkeit unterstrich die Unterschiede und verstärkte sie: Wenn das Gleichförmige verschwindet, bleiben die Unterschiede erhalten. Das Ungewohnte lenkte die Aufmerksamkeit auf das, was kaum wahrgenommen wird, den Hintergrund. Die Berge bewegten sich immer noch nicht, aber sie veränderten sich, wurden besonders grandios und omnipräsent.

Hier wurde mit unterschiedlichem Tageslicht und Jahreszeitabhängigkeiten verdeutlicht, welche Rolle Licht in unserem Wahrnehmungsprozess spielt.

Landesgartenschau, Weil am Rhein

Architekt: Zaha Hadid
Fertigstellung: 1999

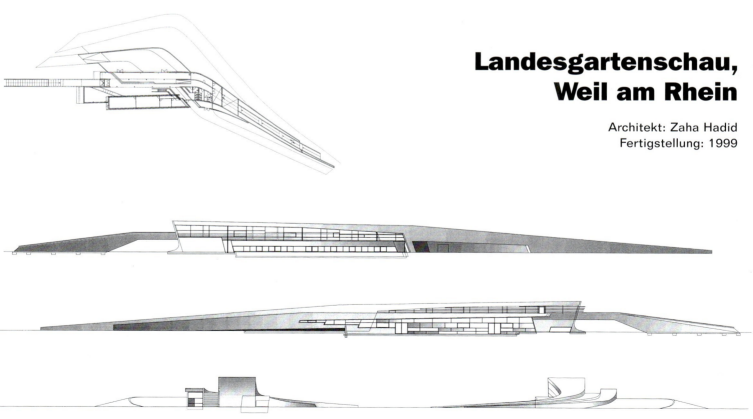

Der Pavillon auf der Landesgartenschau hebt sich mit weichem Schwung aus der Fläche einer ehemaligen Kiesgrube und nimmt das Auge mit auf eine Reise über den 140 m langen Betonrücken. Ausgangspunkt für die fließenden Betonmassen war die Natur der oberrheinischen Flusslandschaft. Es entstand ein Bau, der allmählich aus der Topographie herauswächst und sich fließend aus der Geometrie des ihn umgebenden Wegenetzes entwickelt. Er vermittelt ein gebautes Bild, dessen Ausgangspunkt die Natur war.

Landschaftslinien, die sich mit Wegen decken, bilden das Zentrum des Pavillons mit Ausstellungshalle, Café und Umweltzentrum. Die Wege verändern und entwickeln sich im Laufe eines Prozesses und bilden so immer wieder neue Durchblicke und Räume, die sowohl mit der Topographie als auch untereinander in einen Dialog treten. Dadurch beginnen sich die Grenzen zwischen innen und außen, zwischen Landschaft und Architektur zu verwischen, und Licht wird zu einem natürlichen Element dieses Gebäudes.

Den ersten Weg bildet als aufgesplittete Rampe der 140 m lange Baukörper, der zweite markiert die Ausdehnung des Terrains, und der dritte führt zum Eingang und durch das Gebäude hindurch. Vier parallele Räume, die teilweise miteinander verflochten sind, werden in diese Wege integriert.

Ausstellungshalle und Café erstrecken sich entlang der Wege, sie lassen einerseits das Sonnenlicht ins Innere und bieten andererseits weite Ausblicke. Eine doppelte Stützenreihe und einige Treppenstufen definieren die optische Grenze zum tiefer liegenden Café, das sich hinter einer Glasfront zur Terrasse hin erweitert. Zur offenen, mit Bäumen bestandenen Landschaft hin erhielt das Gebäude eine Holzverkleidung. Beton und Holz unterscheiden im Inneren zwischen Front und Rücken des Hauses und markieren an ihrer Nahtstelle wie selbstverständlich den Eingang. Der eingegrabene Gebäuderiegel wird in der Ausstellungshalle zum offenen Zwischengeschoss. Der Pavillon befindet sich in einem Veränderungsprozess, in dessen Verlauf Ein- und Aussichten gewährt werden. Das elegante Gebäude ist weniger Statik als Bewegung, weniger Raum als fließende Linie. Der Umkehrprozess von Nacht und Tag läuft im Gebäude gestaffelt ab, alles geht langsam ineinander über. Der Pavillon spielt mit Licht und Schatten ebenso wie mit Formen und wird so zu einem Teil der Natur; eine Zustandsbeschreibung unserer Gesellschaft, die ständig in Bewegung ist, vielschichtig, ohne Zentrum, mit vielerlei Perspektiven, einer Gesellschaft, deren Mitglieder ohne Kontinuität, dauerhafte Gewissheiten und Ruhe auskommen.

Hadid demonstriert mit ihrer Architektur einen dynamischen Prozess, der, auf wenige Materialien beschränkt, die gewachsene Dynamik der Landschaft nachvollzieht. Sie dekonstruiert das Material zum zeitlichen Ereignis und tut dies – trotz ausgesprochen komplexer Formen – auf schlichte und bis ins Detail entschlüsselbare Weise.

Literaturverzeichnis

Teil 1 und 2: Verwendete Literatur

[1] Spektrum der Wissenschaft – Dossier
Die Evolution des Menschen
Spektrum der Wissenschaft 3/2000
Spektrum Akademischer Verlag,
Heidelberg, Berlin

[2] Schrenk, F.; Bromage, T. G.
Der Hominiden-Korridor Südostafrikas
Spektrum der Wissenschaft 8/2000
Spektrum Akademischer Verlag,
Heidelberg, Berlin

[3] GEO Wissen
Die Evolution des Menschen
Gruner + Jahr, Hamburg, 1998

[4] Wehr, M.; Weimann, M.
Die Hand – Werkzeug des Geistes
Spektrum Akademischer Verlag,
Heidelberg, Berlin, 1999

[5] Zajonc, A.
Die gemeinsame Geschichte von Licht und Bewußtsein
Hamburg, 1994

[6] *Das Geheimnis der Pyramiden*
3sat Mainz, 2000

[7] v. Dithfurt, H.; Arzt, V.
Querschnitte
dtv, München, 1982

[8] Trolle, A.
Megalithkulturen, Semesterarbeit
Hochschule für Technik, Wirtschaft und Kultur, Leipzig, 1997

[9] Teichmann, F.
Der Mensch und sein Tempel – Megalithkultur in Irland, England und der Bretagne
Urachhaus Johannes M. Mayer, Stuttgart, 1983

[10] Benevolo, L.
Die Geschichte der Stadt
Campus, New York, Frankfurt, 1982

[11] *Propyläen Kunst und Geschichte*
Propyläen, Berlin, 1989

[12] Heine, E. W.
New York liegt im Neandertal
Diogenes, Zürich, 1986

[13] Mola, S. u. a.
Castel Del Monte
Mario Adda Editore, Bari

[14] Engel, H.
Leonardo da Vinci
Vernissage Nr. 1/2000
Vernissage, Heidelberg, 2000

[15] Spektrum der Wissenschaft
Galileo Galilei
Spektrum Akademischer Verlag,
Heidelberg, Berlin, 1998

[16] Friedell, E.
Kulturgeschichte der Neuzeit
Biederstein, München, 1947

[17] www.urban envirement NYC
New York zoning law

[18] Koolhaas, R.
Delirious New York
Arch, Aachen, 1999

[19] Benevolo, L.
Geschichte der Architektur
dtv, München, 1993

[20] Barrow, J. D.
Die Entdeckung des Unmöglichen
Spektrum Akademischer Verlag,
Heidelberg, Berlin, 1999

[21] Calvin, W. H.
Wie das Gehirn denkt
Spektrum Akademischer Verlag,
Heidelberg, Berlin, 1998

[22] Hubel, D. H.
Eye, Brain and Vision
Scientific American Library, New York, 1988
Deutsch: *Auge und Gehirn. Neurobiologie des Sehens*
Spektrum Akademischer Verlag,
Heidelberg, Berlin, 1989

[23] Greenfield, S. A.
Reiseführer Gehirn
Spektrum Akademischer Verlag,
Heidelberg, Berlin, 1999

[24] Gregory, R. L.
Seeing in the Light of Experience
Trotter-Paterson Memorial Lecture, Lighting Res.
and Technology, Band 3 Nr. 4, 1971

[25] Thompson, R. F.
The Brain
Freeman, W. H., New York, 1985
Deutsch: *Das Gehirn*
Spektrum Akademischer Verlag,
Heidelberg, Berlin, 1990

[26] Schierz, C.
Sehen im Lichte der Wahrnehmung
Archithese, Zeitschrift für Architektur, Zürich, 1998

[27] Gibson, J. J.
The Perception of visual World
Hougthon Mifflin, Boston, 1950
Deutsch: *Die Wahrnehmung der visuellen Welt*
Beltz, Weinheim, 1973

[28] Gibson, J. J.
The Senses considered as perceptual Systems
Hougthon Mifflin, Boston, 1966
Deutsch: *Die Sinne und der Prozeß der Wahrnehmung*
Huber, Bern, 1973

[29] Gibson, J. J.
The ecological Approach to visual Perception
Houghton Miflin, Boston, 1965

[30] Goldstein, E. B.
Wahrnehmungspsychologie
Spektrum Akademischer Verlag,
Heidelberg, Berlin, 1997

[31] Bellone, E.
Galilei – Leben und Werk eines unruhigen Geistes
Biographie
Spektrum der Wissenschaft 11/1998
Spektrum Akademischer Verlag,
Heidelberg, Berlin

[32] Blackwell, H. R.
Development and Use of a quantitive Method for Specification of interior Illumination Levels on the Basis of Performance Data
at + al Illuminating Engineering, New York, 1959

[33] Boyce, R. P.; Eklund, H. N.; Simpson, S. N.
Individual Lighting Control: Task Performance, Mood, and Illuminance
Journal of the Illuminating Engineering Society,
Vol. 29, New York, 2000

[34] Fechner, G. T.
Elemente der Psychophysik
Breitkopf und Härtel, Leipzig, 1860

[35] Helmholtz, H.
Handbuch der physiologischen Optik
Voss, Hamburg und Leipzig, 1867

[36] IESNA
Lighting Handbook
Illuminating Engineering Society of North America,
New York, 9/2000

[37] Loe, D. L.; Mansfield, K. P. and Rowlands, E.
Appearance of light Environment and its Relevance in Lighting Design: Experimental Study
Lighting Ressort of Technology, 26 (3), 1994

[38] Metzger, W.
Gesetze des Sehens
Kramer, Frankfurt, 1975

[39] Weber, E. H.
Der Tastsinn und das Gemeingefühl
Handwörterbuch der Physiologie, Band III/2,
Vieweg, Braunschweig, 1846

[40] Sterk, H.
Stadtlichter
Dr. Peter Müller, Wien, 1991

[41] Kramer, H.
*Anforderung des Menschen an Architektur und Licht – Lichtplanung und Gestaltung
Die menschliche Wahrnehmung*

[42] Kramer, H.
Renaissance des Tageslichtes
Jahrbuch für Licht und Architektur
Das Beispiel, Darmstadt, 1998

[43] Neutra, R.
Gestaltete Umwelt
Volk und Wissen, Berlin, 1972

[44] Begemann, S. H. A.; van den Beld, G. J.;
Tenner, A. D.
Daylight, artificial Light and People in an Office Environment, Overview of visual and biological Responses
International Journal of Industrial Economics
20, 1997

[45] Fisch, J.
Licht und Gesundheit – Das Leben mit optischer Strahlung
Technische Universität Ilmenau, Fachgebiet Lichttechnik, 2000

[46] Lam, W. M. C.
An Approach to the Design of the luminous Environment
MIT, Boston, 1976

[47] Lam, W. M. C.
Perception and Lighting as Formgivers for Architecture
McGraw Hill, New York, 1977

[48] Lam, W. M. C.
Sunlighting as Formgiver for Architecture
Van Nostrand Reinhold, New York, 1986

[49] Rosenthal, E.; Kasper, S. F.
LICHT THERAPIE – Das Programm gegen Winterdepressionen
Wilhelm Heyne, München, 1997

[50] Boyce, R. P.; Eklund, H. N.; Simpson, S. N.
Lighting and Sustained Performance
Journal of the Illuminating Engineering Society (I.E.S.), Vol. 29, New York, 2000

[51] Collins, B.
Post Occupancy Studies
U.S. Department of Commerce, Gaithersburg, 1990

[52] Veitch, J. A.; Newsham, J. R.
Terminance of Light and Quality I: State of the Science
Journal of the I.E.S., Vol. 27, New York, 1998

[53] Veitch, J. A.; Newsham, J. R.
Lighting Quality and Energy Efficiency Effects on Task Performance, Mood, Health, Satisfaction and Comfort
Journal of the I.E.S., 1998

[54] Kramer, H. (Hrsg.); Flagge, I.
Lichtdecken
Jahrbuch für Licht und Architektur
Ernst und Sohn, Berlin, 1992

Teil 1 und 2: Weiterführende Literatur

CIE – Commission Internationale de l'Eclairage
Proceedings of the First CIE Symposium on Lighting Quality
National Research Council Canada, Ottawa, Ontario, 1998

Clausberg, K.
Neuronale Kunstgeschichte – Selbstdarstellung als Gestaltungsprinzip
Springer, Wien, New York, 1999

Ganzlandt, R.; Hofmann, H.
Handbuch der Lichtplanung
Friedr. Vieweg & Sohn, Braunschweig, Wiesbaden, 1992

Gombrich, E. H.
Kunst und Illusion
C.H. Beck, München, 1987

Fillitz, H.
Das Mittelalter, Reihe: Kunst Propyläen über das Mittelalter
Ullstein-Verlag, Frankfurt a. M., Berlin, 1990

Flynn, J. E.
A Study of subjective Responses to low Energy and non uniform Lighting Systems
Lichtdesign + Application, New York, 1977

Flynn J. E.; Subisak, G. J.
A Procedure for qualitative Study of Light Level Variations and System Performance
Journal of the I.E.S., 8 (1), 1978

Kruft, H.-W.
Geschichte der Architekturtheorie
C.H. Beck, München, 1985

Lehmann, D.
Ramses
GEO 2/1999
Gruner + Jahr, Hamburg, Seiten 11–45

Lodge, D.
Denkt
Haffmans, Zürich, 2001

Loe, D. L.; Rowlands, E.
The Art and Science of Lighting: A Strategy for Lighting Design
Lighting Research and Technology, 28, 1996

Mayr, E.
Darwins Einfluß auf das moderne Weltbild
Spektrum der Wissenschaft 9/2000
Spektrum Akademischer Verlag, Heidelberg, Berlin

Rademacher, C.
Geo-Epoche, Ägypten
Gruner + Jahr, Hamburg, 1999

Rademacher, C.
Geo-Epoche, Mittelalter Nr. 2
Gruner + Jahr, Hamburg, 1999

Schievelbusch, W.
Licht – Schein und Wahn
Ernst und Sohn, Berlin, 1993

Spektrum der Wissenschaft 7/1999
Spektrum Akademischer Verlag, Heidelberg, Berlin

Studer, E.
Licht und Schatten im Pantheon
Archithese Fachzeitschrift für Architektur, Zürich, 1997

Toman, R. (Hrsg.)
Gotik, Architektur und Kunst
Könemann, Köln, 1998

Veitch, J. A.
Lighting Quality Contributions from Biopsychological Processes
Journal of the I.E.S., Winter 2001

Veitch, J. A.
Psychological Processes Influencing Lighting Quality
Journal of the I.E.S., Winter 2001

Zeki, S.
Inner Vision – An Exploration of Art and the Brain
Oxford University Press, Oxford, 1999

Teil 3: Weiterführende Literatur

Augé, M.
Orte und Nicht-Orte
S. Fischer, Frankfurt a. M., 1994

Barth, S.
Tadao Ando
Vice Versa, Berlin, 1999

Berger, P. L.
Die Grenzen der Gemeinschaft
Bertelsmann Stiftung, Gütersloh, 1997

Blaser, W.
Transformation – Livio Vacchini
Birkhäuser, Berlin, 1994

Breidenbach, J.; Zukrigl, I.
Tanz der Kulturen
Rowohlt, Hamburg, 2000

Graeve, H.
Die offene Zukunft
FAZ und Verlag Resch, 1996

Guski, R.
Wahrnehmen – ein Lehrbuch
Kohlhammer, Stuttgart, Berlin, Köln, 1996

Hall, P.; Pfeiffer, U.
Urban 21
DVA, Stuttgart, 2000

Hartgemeyer, M.; Hartgemeyer, J.; Dhority, L. F.
Miteinander denken – Das Geheimnis des Dialogs
DVA, Stuttgart, 1998

Jodidio, P.
Tadao Ando
Taschen, Köln, 1999

Luhmann, N.
Die Kunst der Gesellschaft
Suhrkamp, Frankfurt a. M., 1999

Mack, G.
Kunstmuseen – Auf dem Weg ins 21. Jahrhundert
Birkhäuser, Berlin, 1999

Plumer, H.
Light in Japanese Architecture
a+u (architekture and urbanism) Publishing Co. Ltd., Tokyo, 1995

Schlegel, K.
Vom Regenbogen zum Polarlicht
Spektrum Akademischer Verlag, Heidelberg, Berlin, 1999

Sennett, R.
Der flexible Mensch – Die Kultur des neuen Kapitalismus
Goldmann, Berlin, 2000

Streitz, N. (Hrsg.)
Arbeitswelten im Wandel – fit für die Zukunft?
DVA, Stuttgart, 1999

Topos (european landscape magazine)
Gestalten mit Licht
Callwey, München, 20/1997

Wagner, M.
Stoppt das Kuturgeschwätz
Böhlau, Wien, 2000

Wang. W.
Herzog & de Meuron
Birkhäuser, Berlin, 1998

Zanjioc, A.
Die gemeinsame Geschichte von Licht und Bewußtsein
Rowohlt, Hamburg, 1994

Abbildungsverzeichnis

Seite 10:	Abb. 1.1.1 akg-images
Seite 12:	Abb. 1.1.2 Thomas Ernsting, Bilderberg
Seite 14 – 16:	Abb. 1.1.3 / 1.1.4 David Brill
Seite 17:	Abb. 1.1.4 John Reader / T. Moon, J. Paul Getty Trust / N. Agnew, J. Paul Getty Trust
Seite 18:	Abb. 1.1.5 Lichtdesign Ingenieurgesellschaft mbH / J.-H. Liebich, Köln
Seite 19:	Abb. 1.1.6 Lichtdesign Ingenieurgesellschaft mbH / J.-H. Liebich, Köln
	Abb. 1.1.7 Frank Teichmann, Stuttgart
	Abb. 1.1.8 akg-images
Seite 20:	Abb. 1.2.1 Wilfried Bauer, Hamburg
Seite 22:	Abb. 1.2.2 Luc-Laurent Bernard, Köln
	Abb. 1.2.3 Lichtdesign Ingenieurgesellschaft mbH, Köln
Seite 23:	Abb. 1.2.4 Stefan Elleringmann, Bilderberg
Seite 23 / 24:	Abb. 1.2.5 / 1.2.6 Lichtdesign Ingenieurgesellschaft mbH / J.-H. Liebich, Köln
Seite 24 – 27:	Abb. 1.2.7 – 1.3.3 akg-images
Seite 27:	Abb. 1.3.4 Lichtdesign Ingenieurgesellschaft mbH / J.-H. Liebich, Köln
Seite 28 – 29:	Abb. 1.4.1 – 1.4.3 Ernst Studer, Bubikon
Seite 30:	Abb. 1.4.4 – 1.4.6 akg-images
Seite 31:	Abb. 1.4.7 / 1.4.8 Ernst Studer, Bubikon
	Abb. 1.4.9 akg-images
Seite 32:	Abb. 1.5.1 Könemann Verlag GmbH, Köln; Foto: Achim Bednorz
	Abb. 1.5.2 Lichtdesign Ingenieurgesellschaft mbH / J.-H. Liebich, Köln
Seite 33:	Abb. 1.5.3 / 1.5.6 akg-images
	Abb. 1.5.4 Könemann Verlag GmbH, Köln; Foto: Achim Bednorz
	Abb. 1.5.5 Lichtdesign Ingenieurgesellschaft mbH / J.-H. Liebich, Köln
Seite 34:	Abb. 1.5.7 Luc-Laurent Bernard, Köln
Seite 35 / 36:	Abb. 1.5.8 / 1.5.9 Könemann Verlag GmbH, Köln; Foto: Achim Bednorz
Seite 37 – 39:	Abb. 1.5.10 – 1.6.4 akg-images
Seite 40:	Abb. 1.6.6 Staatsbibliothek zu Berlin – Preußischer Kulturbesitz, Abteilung Historische Drucke
	Abb. 1.6.7 Civica Raccolte d'Arte Achille Bertarelli – Gabinetto dei Disegni, Mailand
Seite 41:	Abb. 1.6.8 Bridgeman Art Library, London
	Abb. 1.6.9 Bibliothek des Seminario Vescovile, Padua
Seite 42:	Abb. 1.6.11 Bildarchiv Preußischer Kulturbesitz, Berlin
Seite 42 – 45:	Abb. 1.6.10 – 1.6.15 Vincenzo Pavan, Verona

Seite 46:	Abb. 1.7.1 – 1.7.3 Claude-Nicolas Ledoux, Bibliothèque Nationale de la France, Paris		Abb. 1.8.25 Bild: www.erco.com, ERCO Leuchten, Lüdenscheid
Seite 48 – 49:	Abb. 1.7.5 – 1.7.8 akg-images	Seite 65 – 67:	Abb. 1.8.26 – 1.8.32 akg-images
Seite 51:	Abb. 1.7.9 / 1.7.10 Staatliche Museen zu Berlin, Kunstbibliothek	Seite 68:	Abb. 1.8.33 VG Bild-Kunst, Bonn
	Abb. 1.7.11 Plansammlung der Universitätsbibliothek der TU Berlin; Inv.-Nr. F1604		Abb. 1.8.34 akg-images
	Abb. 1.7.12 akg-images	Seite 69:	Abb. 1.8.35 M. C. Escher's »House of Stairs«, 2001 Cordon Art B.V., Baarn – Holland
	Abb. 1.7.13 Plansammlung der Universitätsbibliothek der TU Berlin; Inv.-Nr. F1610	Seite 70:	Abb. 1.8.36 Rudolf B. Husar, Washington University of St. Louis
Seite 52 / 53:	Abb. 1.7.14 – 1.7.17 Staatliche Museen zu Berlin, Kunstbibliothek	Seite 71:	Abb. 1.9.1 aus »Benevolo, Leonardo: Die Geschichte der Stadt«, Campus Verlag GmbH, Frankfurt / New York
Seite 54:	Abb. 1.7.19 akg-images		
Seite 55:	Abb. 1.7.20 / 1.7.21 Bauhaus-Archiv, Museum für Gestaltung, Berlin		Abb. 1.9.2 Lichtdesign Ingenieurgesellschaft mbH / J.-H. Liebich, Köln
	Abb. 1.7.22 Luc-Laurent Bernard, Köln	Seite 72:	Abb. 1.9.3 akg-images
Seite 56 – 58:	Abb. 1.8.1 – 1.8.10 akg-images		Abb. 1.9.4 aus »Benevolo, Leonardo: Die Geschichte der Stadt«, Campus Verlag GmbH, Frankfurt / New York
Seite 59:	Abb. 1.8.11 Baum der Evolution aus Haeckels »Anthropogenie«, 4. Auflage; mit freundlicher Genehmigung von Le Scienze, Mailand		
			Abb. 1.9.5 Tom Till Photography, Moab, Utah, USA
Seite 59:	Abb. 1.8.12 Patricia J. Wynne	Seite 73:	Abb. 1.9.6 / 1.9.7 aus »Benevolo, Leonardo: Die Geschichte der Stadt«, Campus Verlag GmbH, Frankfurt / New York
Seite 60:	Abb. 1.8.13 akg-images		
Seite 61:	Abb. 1.8.14 Deutsches Archäologisches Institut, Abteilung Kairo, Berlin	Seite 74:	Abb. 1.9.8 Agentur FOCUS, Hamburg
Seite 61 – 63:	Abb. 1.8.15 – 1.8.21 akg-images	Seite 75 – 76:	Abb. 1.9.9 aus »Benevolo, Leonardo: Die Geschichte der Stadt«, Campus Verlag GmbH, Frankfurt / New York
Seite 63:	Abb. 1.8.22 Lichtdesign Ingenieurgesellschaft mbH / J.-H. Liebich, Köln		
Seite 64:	Abb. 1.8.23 Museum für Völkerkunde, Hamburg		Abb. 1.9.10 – 1.9.12 Agentur FOCUS, Hamburg
	Abb. 1.8.24 Lichtdesign Ingenieurgesellschaft mbH / J.-H. Liebich	Seite 77:	Abb. 1.9.13 / 1.9.15 Luc-Laurent Bernard, Köln
		Seite 77 – 78:	Abb. 1.9.14 / 1.9.16 / 1.9.17 Agentur FOCUS, Hamburg
		Seite 79:	Abb. 1.9.18 / 1.9.19 akg-images

Seite 80 / 81:	Abb. 1.9.20 / 1.9.21 Luc-Laurent Bernard, Köln	Seite 178:	Dieter Leistner, Mainz / Walter von Lom & Partner, Köln
Seite 82 – 84:	Abb. 1.9.22 – 1.9.24 Lichtdesign Ingenieurgesellschaft mbH / J.-H. Liebich, Köln	Seite 179:	Dieter Leistner, Mainz
Seite 85 – 109:	Abb. 2.1 – 2.73 Lichtdesign Ingenieurgesellschaft mbH, Köln	Seite 180 – 182:	Christof Gebler + Klaus Sill, Hamburg / Jochen Keim + Klaus Sill, Hamburg
Seite 110:	Abb. 2.74 akg-images	Seite 182 – 183:	Christof Gebler + Klaus Sill, Hamburg
Seite 110 / 111:	Abb. 2.75 – 2.79 Lichtdesign Ingenieurgesellschaft mbH, Köln	Seite 184:	Jean-Marie Monthiers, Paris
Seite 112:	Abb. 2.80 akg-images	Seite 185:	Jean-Marie Monthiers, Paris / Philippe Gazeau, Paris
Seite 112 – 123:	Abb. 2.81 – 2.105 Lichtdesign Ingenieurgesellschaft mbH, Köln	Seite 186:	Dieter Leistner, Mainz / Walter von Lom & Partner, Köln
Seite 124:	Abb. 2.106 Marc Riboud / Magnum Photos, Paris	Seite 187:	Dieter Leistner, Mainz
Seite 125 – 145:	Abb. 2.107 – 2.198 Lichtdesign Ingenieurgesellschaft mbH, Köln	Seite 188:	Luuk Kramer, Amsterdam / Arconiko Architekten, Rotterdam
Seite 148:	Yann Kersalé, Vincennes	Seite 189:	Luuk Kramer, Amsterdam
Seite 150:	Erick Saillet, Lyon	Seite 190:	Anin Jeromin Filitidis & Partner, Düsseldorf
Seite 152:	Philips AEG Licht GmbH, Springe	Seite 192:	architekturphoto
Seite 154:	Jean-Pierre Charbonneau, Paris	Seite 193:	Foster & Partners, London
Seite 155 – 157:	Erick Saillet, Lyon / Jean-Pierre Charbonneau, Paris	Seite 194:	architekturphoto / Foster & Partners, London
Seite 158 / 159:	Yann Kersalé, Vincennes	Seite 195:	Dieter Leistner, Mainz / Foster & Partners, London
Seite 160 / 161:	H. G. Esch, Hennef	Seite 196:	ERCO Leuchten GmbH, Lüdenscheid / Anett Stuth, Berlin / Foster & Partners, London
Seite 162 / 163:	Christian Richters, Münster / Julia Bolles + Wilson, Münster	Seite 197:	architekturphoto / Foster & Partners, London
Seite 164:	Dennis Gilbert / VIEW	Seite 198:	Margherita Spiluttini, Wien / Charles Tashima, London
Seite 166:	Foster & Partners, London	Seite 199:	Margherita Spiluttini, Wien
Seite 167:	Dennis Gilbert, VIEW / Nigel Young, London	Seite 200:	Eduard Hueber, New York / Baumschlager & Eberle, Lochau
Seite 168:	Dennis Gilbert, VIEW/ Michael Hopkins & Partners, London	Seite 201:	Eduard Hueber, New York
Seite 169:	Dennis Gilbert, VIEW	Seite 202:	Duccio Malagamba, Barcelona
Seite 170:	Dietmar Strauß, Besigheim / Mahler Günster Fuchs, Stuttgart / Christian Richters, Münster	Seite 203:	Jose Rafael Moneo, Madrid / Duccio Malagamba, Barcelona / Roland Halbe, Stuttgart
Seite 171:	Christian Richters, Münster / Dietmar Strauß, Besigheim	Seite 204 / 205:	Anin Jeromin Filitidis & Partner, Düsseldorf / Holger Knauf, Düsseldorf
Seite 172:	John Edward Linden, Marina del Rey / Nicholas Grimshaw & Partners, London	Seite 206:	Helmut Stahl, Köln / Walter von Lom & Partner, Köln
Seite 173 – 175:	John Edward Linden, Marina del Rey	Seite 207:	Helmut Stahl, Köln / Martin Claßen, Köln
Seite 176:	Ingo Maurer GmbH, Foto: Markus Tollhopf / Auer + Weber + Partner, Stuttgart	Seite 208:	Dieter Leistner, Mainz
Seite 177:	D. I. Angelo Kaunat, Graz		

Seite 209:	Tom Ch. Brebeck, Köln / Dieter Leistner, Mainz / Walter von Lom & Partner, Köln
Seite 210:	Dieter Leistner, Mainz
Seite 210 – 215:	Thomas van den Valentyn, Köln
Seite 216:	H.-Ch. Schink, Punctum
Seite 217:	H.-Ch. Schink, Punctum / Peter Kulka, Köln
Seite 218:	Wilmar Königs, Berlin
Seite 219:	Gerd von Bassewitz, Hamburg / Engel und Zillich, Berlin
Seite 220:	Walter von Lom & Partner, Köln
Seite 221 – 223:	Walter von Lom & Partner, Köln / Dieter Leistner, Mainz
Seite 224:	Erika Barahano Ede, Bilbao
Seite 226:	Frank O. Gehry & Associates, Inc., Santa Monica / Erika Barahano Ede, Bilbao
Seite 227:	Thomas Mayer, Neuss
Seite 228:	Ralph Richter, architekturphoto / Frank O. Gehry & Associates, Inc., Santa Monica / Erika Barahano Ede, Bilbao / Thomas Mayer, Neuss
Seite 229:	Thomas Mayer, Neuss / Erika Barahano Ede, Bilbao
Seite 230:	Gerhard Richters, Münster / Michel Denancé, ARCHIPRESS / Renzo Piano, Genua
Seite 231:	Thomas Dix, architekturphoto / Renzo Piano, Genua
Seite 232 / 233:	Thomas Dix, architekturphoto
Seite 234:	Walter von Lom & Partner, Köln / Helmut Stahl, Köln
Seite 235:	Helmut Stahl, Köln
Seite 236:	Reinhard Görner, Berlin
Seite 237:	Ulrich Schwarz, Berlin / Werner Huthmacher, Berlin
Seite 238:	Duccio Malagamba, Barcelona
Seite 239 / 240:	Jose Rafael Moneo, Madrid / Duccio Malagamba, Barcelona
Seite 241:	Duccio Malagamba, Barcelona / Roland Halbe, Stuttgart
Seite 242:	Vinnustofa Arkitekta, Reykjavík
Seite 244:	Gerald Zugmann, Wien
Seite 245:	Coop Himmelb(l)au, Wien / Gerald Zugmann, Wien
Seite 246:	Coop Himmelb(l)au, Wien / Gerald Zugmann, Wien / Helene Binet, London
Seite 247:	Gerald Zugmann, Wien
Seite 248:	Nalbach + Nalbach, Berlin
Seite 249:	Stefan Müller, Berlin / Christian Gahl, Berlin
Seite 250 / 251:	Vinnustofa Arkitekta, Reykjavík
Seite 252 / 253:	Aimo Räisänen, Göteborg
Seite 254:	Dieter Leistner, Mainz
Seite 256 / 257:	Wörner + Partner, Frankfurt / Dieter Leistner, Mainz
Seite 258:	Dieter Leistner, Mainz
Seite 259:	Wörner + Partner, Frankfurt / Dieter Leistner, Mainz
Seite 260 / 261:	Thomas Schindler, Waldkirch
Seite 262 / 263:	Rainer Köberl, Innsbruck
Seite 264:	H. G. Esch, Hennef
Seite 266 / 267:	Makoto Sei Watanabe, Japan
Seite 268 / 269:	Projektteam Lau, Leipzig / Thomas Schulze, Leipzig
Seite 270:	H. G. Esch, Hennef
Seite 271 – 273:	H. G. Esch, Hennef / Ingenhoven Overdieck und Partner, Düsseldorf
Seite 274 – 277:	Craig P. Verzone, Flendruz
Seite 278:	Zaha Hadid Ltd., London / Gerhard Richters, Münster
Seite 279:	Gerhard Richters, Münster

Vielfältig, neu, individuell. Die kreative Freiheit für eine neue Lichtkultur.

Waldmann Schutzrohrleuchten. Für Architekten und Planer.

www.waldmann.com

Alles über das Gesamtprogramm Architektur-Leuchten,
lichttechnische Planungsdaten und Ausstattungen.

Herbert Waldmann GmbH & Co. KG · 78057 Villingen-Schwenningen
Telefon +49 (0)7720 601-100 · Telefax +49 (0)7720 601-356

Waldmann Lichttechnik

Natürliches Licht ist etwas sehr Delikates. Deshalb ist es auch so schwierig, es in einen geschlossenen Raum zu bringen.

Das natürliche Licht bestimmt unseren Biorhythmus. Vom Sonnenaufgang bis zur Dämmerung beeinflusst es unsere Stimmungen. Wenn wir uns in geschlossenen Räumen aufhalten, in denen es wenig oder gar kein natürliches Licht hat, fehlen uns das Morgen-, Mittags-, Nachmittags- und Abendlicht. Wir fühlen uns lustlos oder zumindest nicht stimuliert.

iGuzzini hat deshalb ein System entwickelt, das natürliches Licht in Innenräume transportiert. Es heißt Sivra.

Sivra bringt *biodynamisches Licht* überall dorthin, wo es uns fehlt. Experimente des Polytechnic Institute of Troy, New York haben ergeben, dass dieses Licht von Sivra das Wohlbefinden steigert, die Stimmung hebt und unsere Leistungen verbessert.

Wenn Sie dazu Fragen haben: www.iguzzini.de bringt Ihnen einiges ans Tageslicht.

Mit iGuzzini gegen den Licht-Smog.
Auch im Innenbereich.

PHILIPS **AEG**

Starker Auftritt: Ihr Licht

Unser Licht erhellt Deutschlands beste Adressen. Wir ermöglichen einen starken Auftritt sowohl am Potsdamer Platz und am Spreebogen in Berlin als auch in München, Frankfurt, Hamburg und bei Ihnen. Realisieren auch Sie Ihre Licht-Wünsche mit uns – ganz individuell.

Philips AEG Licht GmbH · Rathenaustraße 2-6 · 31832 Springe · www.aeglicht.philips.de · Service-Telefon (0 18 02) 5 42 48